JN055350

平和構築と個人の権利
―救済の国際法試論

Peacebuilding and Human Rights:
Saving Individuals under International Law

片柳　真理

坂本　一也

清水奈名子

望月　康恵

目　次

第5章　国際刑事裁判所（ICC）における被害者救済の取組み
　　― 平和構築機能としての意義と課題　　　　　　　　　望月　康恵

略語一覧

CPA（Coalition Provisional Authority）
　連合国暫定当局

DDR（Disarmament, Demobilization and Reintegration）
　武装解除・動員解除・社会復帰

EULEX（The European Union Rule of Law Mission in Kosovo）
　欧州連合法の支配ミッション

IGC（Iraqi Governing Council）
　イラク統治評議会

INTERFET（International Force in East Timor）
　東ティモール国際軍

ISAF（International Security Assistance Force）
　国際治安支援部隊

JIAS（Joint Interim Administration Structure）
　共同暫定行政機構

KFOR（Kosovo Force）
　コソボ治安維持部隊

MINUSCA（United Nations Multidimensional Integrated Stabilization Mission in the Central African Republic）
　国連中央アフリカ多面的統合安定化ミッション

MINUSTAH（United Nations Stabilization Mission in Haiti）
　国連ハイチ安定化ミッション

MONUC（United Nations Organization Mission in the Democratic Republic of the Congo）
　国連コンゴ民主共和国ミッション

MONUSCO（United Nations Organization Stabilization Mission in the Democratic Republic of the Congo）
　国連コンゴ民主共和国安定化ミッション

OSCE（Organization for Security and Co-operation in Europe）
　欧州安全保障協力機構

SNC（Supreme National Council）
　カンボジア最高国家審議会

SSR（Security Sector Reform）
　治安部門改革

UNAMA（United Nations Assistance Mission in Afghanistan）
　国連アフガニスタン支援ミッション

UNAMET（United Nations Mission in East Timor）
　国連東ティモールミッション

UNAMSIL（United Nations Mission in Sierra Leone）
　国連シエラレオネミッション

UNCC（United Nations Compensation Commission）
　国連補償委員会

UNCRO（United Nations Confidence Restoration Operation）
　国連クロアチア信頼回復活動

UNDOF（United Nations Disengagement Observer Force）
　国連兵力引き離し監視隊

UNHCR（United Nations High Commissioner for Refugees）
　国連難民高等弁務官事務所

UNICEF（United Nations Children's Fund）
　国連児童基金

UNITAF（Unified Task Force）
　統一タスクフォース

UNMIK（United Nations Interim Administration Mission in Kosovo）
　国連コソボ暫定行政ミッション

UNMIL（United Nations Mission in Liberia）
国連リベリアミッション

UNMISET（United Nations Mission of Support in East Timor）
国連東ティモール支援団

UNMISS（United Nations Mission in the Republic of South Sudan）
国連南スーダン共和国ミッション

UNOSOM I（United Nations Operation in Somalia I）
第一次国連ソマリア活動

UNOSOM II（United Nations Operation in Somalia II）
第二次国連ソマリア活動

UNPROFOR（United Nations Protection Force）
国連保護軍

UNTAC（United Nations Transitional Authority in Cambodia）
国連カンボジア暫定機構

UNTAES（United Nations Transitional Authority in Eastern Slavonia, Baranja
and Western Sirmium）
国連東スラボニア、バラニャおよび西スレム暫定機構

UNTAET（United Nations Transitional Administration in East Timor）
国連東ティモール暫定行政機構

UNTSO（United Nations Truce Supervision Organization）
国連休戦監視機構

はじめに

　平和構築とは、「永続する平和の達成を目指した取組み」である。国際の平和と安全の維持は、二度の世界大戦を経験した国際社会において重要な目標であり、普遍的な国際機構としての国際連合（国連）の創設には、平和を希求する世界中の人々の想いがあった。

　国際の平和と安全の維持という目的を掲げながら、国連は1990年代までその達成に向けた機能を十分に果たすことができなかった。冷戦構造の下、アメリカとソ連に代表される東西陣営の対立により、安全保障理事会（安保理）では決定を行えず、国連憲章に基づく集団安全保障体制はほとんど用いられなかった。そのような中で生み出されたのが、平和維持活動（PKO）である。

　国連の平和維持活動は、国連の実行を通じて発展してきた国連憲章に規定のない活動である。平和維持活動の当初の機能は、当事者間の武力紛争を終結させる支援として、国連加盟国が提供した軍が現地に第三者として駐留し、停戦を監視することであった。いずれの紛争当事者にも与せず、中立的な立場をとる平和維持活動は、当事者による紛争の根本的な解決を間接的に支援する任務を担った。

　国連加盟国が自発的に派遣する軍により構成され、停戦監視という限定的な機能を担う平和維持活動の機能と規模は、後に拡大していった。平和維持活動は国家間紛争に加えて内戦後にも派遣され、停戦監視のみならず選挙監視などの任務にも携わるようになった。比較的規模の大きい平和維持活動は、1960年代のコンゴ国連軍など初期の活動においてもみられたが、本格的に活動が拡大したのは冷戦終結後の1990年代以降である。それは当時の紛争の特徴を反映したものであったが、同時に、多くの場合に、内戦などの複雑な状態において平和維持活動に様々な機能が求められていった。

　平和維持活動は、国連憲章に根拠規定がないこともあり、法的な制約を受けることなく、社会の要請に応じる形で展開することができた。平和維持活動は、和平協定が締結されていない極めて困難な状況において、緊張状況の緩和に貢献したことが評価され、1988年にノーベル平和賞を授与された[1]。

---

[1] https://www.un.org/en/sections/nobel-peace-prize/united-nations-peacekeeping-forces/index.html#:~:text=The%20Nobel%20Committee%20awarded%20the,has%20yet%20to%20be%20established%E2%80%9D（閲覧日2020年12月31日）

1

停戦監視など第三者としての立場をとる平和維持活動に続いて、1990年代以降、平和構築の活動や取組みが行われてきた。平和構築は紛争により影響を受けた国家の能力を強化する取組みであり、現在では、紛争発生時から考慮されうる国際社会による営為である。

　冷戦終結後、国連において大国間の合意がみられるようになり、安保理はようやく機能し始めた。国際協調の場として、独自の活動を行う国連に対する国際社会の期待も高まった。また、安保理が機能する一方で、紛争に第三者として関与してきた平和維持活動の意義も再確認された。

　こうした国際社会からの期待に応えて、国連もより積極的な行動をとろうとした。ブトロス・ブトロス・ガリ（Boutros Boutros-Ghali）事務総長による報告書『平和への課題』は、国際の平和と安全の維持における国連の能動的な方針を表している。国連憲章第7章に基づく措置について、報告書は従来の憲章の解釈を拡大する内容であった。すなわち報告書は、平和への関与について、紛争予防から平和構築までが平和を達成するプロセスであることを示し、紛争の根本原因を特定し対応することにより、安定した平和な状況をどのように作り出すのかという長期に及ぶ取組みの必要性と、国連の積極的な役割を提示した。

　平和構築は、当初、平和を達成するプロセスの一部として位置づけられた。すなわち紛争の予防、停戦後の平和維持を経て、平和構築が行われると考えられており、開発援助が行われるまでの暫定的な取組みを指すものであった。しかしながら、一時的であるはずの平和構築の活動は長期化していった。その理由は、次の通り考えられる。

　第1に、戦後の復興に多くの時間と資源を要することが挙げられる。紛争後の社会の再建には様々な取組みが必要である。しかし当該地域を統治する能力を有する政府が存在しない、あるいは存在したとしてもその能力が極めて低く、再び紛争に陥る可能性がある場合には、国連により暫定的に当該地域を管理することが求められてきた。国連による活動が、特定の地域において政府の代替として一時的に統治を担うことが、国連憲章第7章に基づいて決定されたのである。その役割は国家の統治機構の設立の支援であり、当該社会の立法機関や行政機関の機能を暫定的に肩代わりすることであったが、現地の状況によって

は活動が数十年にも及ぶ[2]。

　第2に、維持すべき平和が不確定であるという事実である。現在の紛争のほとんどは内戦であり、政府と武装勢力との間の争いや複数の武装勢力間の衝突、大国による武装勢力への支援など、紛争の様相が複雑化してきた。また休戦協定が締結されても、紛争が再発する可能性が高い。維持すべき平和自体が不確かな場合には、一方では紛争を阻止する対応が求められ、他方では紛争の再発を防ぐために紛争の根本原因に対処する必要が生じる。そこで平和構築には、平和が定着し、安定した社会を確立する取組みが求められることになる。

　第3に、国家主権の相対化と国家の役割の精緻化が挙げられる。伝統的には、主権国家における国内管轄事項は当該国家によって決定され、排他的権限に服すると考えられていた。しかし、国際法規範の確立により、主権国家の権限が徐々に制限されてきた。また世界人権宣言や人権諸条約の策定は、世界のあらゆる個人に適用される人権規範を特定し発展させてきた。国内の個人や集団の処遇に関して、主権国家が自国の管轄事項を主張し、国際的な基準の適用を排除したり、あるいは自国民や自国領域内の個人をその裁量に基づいて処遇したりすることは、もはや認められない。さらには、人権諸条約の締約国による条約の履行確保のための手続きや、国際機構の人権諸機関における審議のメカニズム、国際的な裁判所における判例などを通じて、人権の保護と促進に向けた国家の役割が確認され精緻化されてきた。

　このように国際社会の変化を反映して実施される平和構築において、国際的な人権規範に基づく人権の保護と促進に向けて、紛争により被害を受けた国家の社会制度の確立が目指されているのである。平和構築は、紛争により影響を受けた社会における平和の定着を目的とした取組みとして、国際法規範に基づいて実施される。様々な取組みを含む平和構築の実践を通じて浮かび上がる問題として、以下の点が挙げられる。

　第1に、平和構築の内容についてである。平和を定着させるための多様な取組みには、国際社会が主導するあらゆる活動が含まれうる。平和構築は、当初、平和維持の後に行われる暫定的な取組みとして考えられていた。しかし紛争の長

---

[2]　国連コソボ暫定行政ミッション（UNMIK）は1999年に設立され、一部の機能を欧州連合法の支配ミッション（EULEX）に移管し任務と規模を縮小しながら展開中である（2020年12月31日現在）。

期化と、紛争と紛争終了後の区別が困難な状況において、平和構築は、紛争の終了が必ずしも特定できない中で実施される取組みでありプロセスとなっている。

第2に、平和構築の担い手の問題である。本来、国家の在り方を決定するのは、その国の人々である。しかし平和構築においては、少なくとも展開の当初は、国民の意見を反映した形で取組みを行うことは困難な場合が多い。そこで、国際社会が中心となり、活動を決定し実行する。このことは、平和構築の目的や取組みについて誰が決定し実行するのか、またそれは当該地域に住む人々の意見を反映したものといえるのか、という活動の決定者と担い手に関する問題を提示する。

第3に、平和構築においては、紛争後の社会に平和を定着させるために、民主主義体制の導入が前提とされてきた。国際社会にとって望ましいと考えられている制度が確立され、そのプロセスにおいて外部から制度設計がなされることは、当該社会への価値の押し付けとして批判される。

今日、平和維持活動や平和構築の取組みは、平和活動と呼ばれる。この分野における国際法学の議論の中心は、国連憲章において規定されていない平和維持活動の国際法上の位置づけに関するものであった。従来の研究においては、個別の平和維持活動の設立や機能、平和維持活動の展開が国際法に及ぼす意義、また国際機構の権限が焦点となった。平和維持活動の機能が拡大し、特定の領域を管理するようになると、そのような権限の根拠や国際法上の位置づけ、さらには活動を通じての国際法への影響についても論じられた。

これまでの議論は、平和に関する活動の法的根拠やその活動を行う国際機構の権限に関するものであり、平和を実現する一連の取組みから生じる法的現象については十分な焦点が当てられてこなかった。平和構築を含む平和活動の目的の1つは、人権の保護と促進、より具体的には紛争後の復興を通じて、被害を受けた人々の人権の保護と促進を含む「救済」である。この目的との関連において、平和構築についての法的検討が必要である。つまり紛争下に、あるいは紛争が終了し永続する平和な状況に至るプロセスにおいて、個人の人権の救済を実現するための法制度の設立、具体的な措置について国際法上の検討が求められる。これまで、紛争後の個人の救済の議論は武力紛争の被害者の救済という観点から、国際人道法の議論として主に扱われてきた。紛争において被害を受けた人や社会に対する措置として、平和構築が行われる状況や実体は、国

際人道法の適用や解釈という枠組みでは十分に捉えることができない法現象を生み出している。

平和構築は紛争後の復興に向けた包括的な取組みではあるが、それらを規律する国際法が必ずしも明確ではないことから、その活動がもたらす課題についても検討が必要である。とりわけ、人権の保護と促進を含む個人の救済という視点からは、次の課題が指摘される。

第1に、紛争後の社会においては、政府がその機能を十分に担えない場合や政府の存在が不確かな場合がある。そのような状況下で行われる、平和を維持し構築する活動においては、活動の法的根拠に加えて現地の適用法について検討が求められる。とりわけ人権の保護と促進の観点から、どのような法が適用可能なのか、また活動において誰が義務を担うのかについて問題となる。

第2に、国連による活動を規律する法についてである。現地における国連の活動には、国内法が適用されず、また関係国からの介入を妨げる特権免除が付与される。国連がその活動により紛争の根本原因に対処しようとすればするほど、それは現地の一般住民の生命や生活に直接に作用する。その結果、個人が被害や損害を被った場合について、適用される法と対応が求められる組織や場が未確定なままとなる。平和をめぐる活動は、本来であれば、紛争により被害を受けた人々に対して人権の保護と促進、救済を促すものである。しかしながら活動を通じて住民が被害を受けた場合については、活動を実施する主体が享受する免除を理由として、救済を受けられない問題が生じた。特に平和活動に関与する要員によって引き起こされた現地住民に対する人権侵害行為や性的搾取・虐待については、平和活動の信頼を脅かす重大な問題であり、国際社会における実践的な対応が求められている。

第3に、紛争により被害を受けた個人への救済の具体的な方法である。紛争の被害者に対する様々な賠償については、1980年代から国際法上の議論の俎上に上り、国連において原則が採択されてきた。紛争後は社会の制度構築が優先され、個人の被害に対する措置を具体的に講じることは資源の観点からも現実的ではないと一般的に考えられてきた。しかし最近では、国際刑事裁判所（ICC）において被害者に対する賠償命令が下されており、その判断には、個人の被害に対する償いのみならず、被害を受けた社会に対する賠償も含意されている。刑事司法機関における被害者への賠償制度について平和構築の観点からの分析

が必要とされる。

　以上の通り、紛争により被害を受けた個人の権利の救済に着目し、平和構築における国際法の役割や意義、さらには課題を論じるのが本研究である。平和構築は、安定した平和な状況を確立するプロセスを含むものの、その広範な取組みにおける国際法の適用や解釈については、これまでは十分に明らかにされてこなかった。本書は、平和構築を通じての個人の救済における国際法の機能および役割という新たな視座を提示するものである。

　ここで本書における平和維持活動、平和構築、平和活動の用語について言及しておきたい。これらは、時代に応じて多様に用いられてきた。平和維持活動は国連による特定の活動や、活動の総称である。平和構築は1990年代以降に、平和活動は2000年代に国連の政策文書において用いられ、いずれも平和維持活動を含むより広い概念である。この一連の用語は、文脈や研究分野において様々に用いられてきた。本書においても、論者の議論に即して、文脈毎に用いられる。

　本研究は、上記の問題関心を共有する4名の研究者による成果である。執筆者は、「平和構築と国際法」研究会を通じて研究を進め、2019年国際法学会研究大会においてパネル報告を行った。そのパネル報告に基づく研究成果が本書である。国際法学会のパネル報告において、司会と討論者を務めてくださった佐藤哲夫先生（広島市立大学教授、一橋大学名誉教授）に心より感謝申し上げる。

　本書の出版に際し、山下真佑美氏、永友恵氏をはじめ、広島大学出版会の方々、また匿名の査読者の方々にお世話になった。記して感謝申し上げる。

　本書を通じて、人々の権利の実現を目指す平和構築における国際法の役割と機能、また平和構築から明らかになる国際法上の課題など、学術上の議論がさらに深まることを希望している。なによりも国際社会における平和を希求する取組みが、より平穏で安定した社会を作り、人々に平和をもたらすことを願ってやまない。

2021年6月

片柳　真理

坂本　一也

清水奈名子

望月　康恵

第1章

「平和構築」の展開

望月　康恵

本章の位置づけ

　本章では、国際社会における平和構築の変遷について概観する。平和構築は国連の実践を通じて発展してきた概念であり、実践に伴い研究も進んできた。本章では第1に、国連の政策文書から、平和構築がどのような内容の用語として捉えられ、また発展してきたのか検討する。第2に、平和構築をめぐる学術研究について紹介し、従来の研究では平和構築の取組みから生じる法現象について十分に論じられていないことを指摘する。第3に、国際法学の観点から平和構築を論じる必要性について示し、特に人権の保護と促進に着目し、救済の国際法と位置づける意義を紹介する。

1．国連における平和構築の変遷

　国際社会にとって、紛争のない平和な世界の実現は、最も重要な目的の1つである。第二次世界大戦後に設立された国際連合（国連）は、その主要な目的として、「国際の平和と安全の維持」を掲げ、この目的達成のために、紛争処理の多様なメカニズムを備えた。その1つが集団安全保障体制である。国連憲章の下の集団安全保障体制とは、国家に対して、紛争の平和的解決と、武力の威嚇と武力行使禁止を約束させる一方、この約束に違反した国に対しては、安全保障理事会（安保理）の決定に基づき強制措置を講じる仕組みである。これにより、国家間同士の紛争の勃発と拡大を予防することが目指された。

　ところがアメリカとソ連を中心とした東西冷戦は国際社会を二分し、集団安全保障体制は機能不全に陥った。そこで設立されたのが平和維持活動（PKO）である。平和維持活動は、紛争当事者の合意の下で、現地における休戦協定の遵守を監視することにより、第三者として、最終的な紛争解決に向けた当事者への支援を担うものである。平和維持活動は、国連憲章第6章の下の紛争の平和的解決と、第7章の強制措置の間に位置する第6章半の活動として展開していった。

　冷戦の終結を経て、1990年代にようやく安保理が機能しはじめた。この時期、国連に対する期待は高まり、国連も国際の平和と安全の維持により積極的に対応できるようになった。1992年の事務総長報告書『平和への課題』は、国際の平和と安全の維持のために、国際社会がいかなる措置を講じることができるのか、また措置をとるべきかについて論じたものである。この報告書は、国連の

役割や機能として予防外交、平和創造、平和維持について述べ、また平和構築
については次の通り説明した。

> 本報告書はさらに…紛争後の「平和構築」という概念を取り上げる。これ
> は、紛争の再発を防ぐために平和を強化し、固定化するのに役立つ構造を
> 確認し、支援する行動である。予防外交は、暴力行為が発生する以前に紛
> 争を解決することを目的とする。平和創造と平和維持は、紛争を停止させ、
> いったん回復された平和を保つために必要となる。その成功は、紛争後の
> 平和構築の機会を強化し、それが国家および民族の間の暴力行為の再発を
> 防止する[1]。

　すなわち、平和構築とは、他の活動と密接に関連しながら、紛争後に行われ
る平和の強化に資する構造を支援する活動であること、それにより暴力行為の
再発を防ぐことが想定されていた。平和構築はしたがって、紛争後に実施され
る活動であり、また制度に対する支援と考えられていたのである。
　事務総長報告書は、紛争後の平和構築について、包括的な取組みの必要性、
具体的な共同プロジェクト等を用いる可能性、さらに新たな環境の建設を目指
す努力として説明する[2]。平和構築は、予防外交、平和創造、平和維持と並んで
時系列に捉えられ、紛争解決の流れの中に位置づけられた[3]。さらに、平和を永
続的なものとするために、経済・社会・文化などあらゆる枠組みからの包括的
な平和構築支援の必要性も提言された[4]。
　冷戦後には、国連による活動に対する期待が高まり、国連自身がより積極的
な役割を担う姿勢がみられたものの、実際の活動から生じた課題や問題点が明
らかになる中で、先の報告書を改定した『平和への課題　追補』（1995年）が出
された。この文書では、紛争後の平和構築における実施の複雑さが指摘された
が、ここでも平和維持活動後の平和構築をどのように行うのか、という観点か

---

[1] U.N. Doc. A/47/277-S/24111, 17 June 1992, para. 21.

[2] *Ibid.*, paras. 55-57.

[3] 山内麻里「国連における平和構築支援の潮流—平和構築委員会の課題と展望」『国連研究
平和構築と国連』第 8 号（2007年）117頁。

[4] 本多倫彬『平和構築の模索：「自衛隊 PKO 派遣」の挑戦と帰結』（内外出版、2017年）80頁。

ら論じられた。また平和構築の目標として、平和の制度化が論じられるなど[5]、国際社会が主権国家の制度の構築に関わることが含意された。

その後、平和の維持、平和の建設と区別されてきた取組みは平和活動と呼ばれ、その一貫性が確認された。2000年には国連の平和・安全保障活動の見直しを行うために国連平和活動検討パネルが設立され、『国連平和活動に関するハイレベル・パネル報告書』（ブラヒミ報告書）において、平和活動を効果的に実施する国連の能力をどのように強化すべきかについて勧告がなされた。ブラヒミ報告書は、平和構築の概念を再提示し、他の活動との関係性を明らかにした。すなわち平和構築は、「紛争終結を受けて、平和の基盤を寄せ集め、この基盤を土台として、単に戦争がない状態を超える実質的平和を作り上げるための活動を指す」[6]と定義された。つまり、紛争によって影響を受けた地域にさらに関与する平和構築の取組みの必要性が示された。また平和構築は必ずしも厳密に紛争後の段階のみに行われるものではなく[7]、紛争の終結を待たずとも、平和を構築する取組みがなされることが確認されたのである。

2001年の同時多発テロ以降は、アフガニスタンをはじめ紛争後の国家をどのように再建していくのかという視点から、平和構築が論じられた。アメリカが国連憲章の規定に基づかずイラクに武力攻撃を行ったことは、国際の平和と安全の維持における国連の役割について再考を促した。国連の機能が危機にさらされているという認識の下で、事務総長により設立されたハイレベル・パネルは、平和構築の任務の拡大を指摘する。ハイレベル・パネル報告書では、紛争発生前の紛争予防を平和構築に含め、平和活動は平和維持活動後の復興活動を含む長期に及ぶ活動と捉えられた[8]。さらにハイレベル・パネルは、平和構築に十分な投資を行わなければ紛争再発の危険性が高まることを指摘し[9]、国連における能力強化の文脈から、平和構築委員会、平和構築支援事務局などの設立を提案した。くわえて内戦の勃発前から内戦後の脱却過程における平和を構築す

---

[5] U.N. Doc. A/50/60-S/1995/1, 25 January 1995, para. 49.

[6] U.N. Doc. A/55/305-S/2000/809, 21 August 2000, para. 13.

[7] 篠田英朗「国連平和構築委員会の設立―新しい国際社会像をめぐる葛藤」『国際法外交雑誌』第105巻第4号（2007年1月）82頁。

[8] 山内「前掲論文」（注3）119頁。

[9] U.N. Doc. A/59/565, 2 December 2004, para. 224.

る取組みの欠如が、平和の実現にとって大きな課題であることも指摘された[10]。こうして平和活動全般における平和構築の重要性が認識されることになる。

さらに国連では、平和維持の経験から得られた教訓を明らかにし、そこから導かれた平和維持活動の基本原則と理念、また平和維持活動の強みと限界について実務家の理解を助けることを目的として、2008年に『国連平和維持活動—原則と指針』（キャップストーン・ドクトリン）を策定した。同文書は、平和構築を次の通り示した。

　　平和構築とは、国内のあらゆるレベルで紛争管理能力を強化することにより、紛争の発生や再発のリスクを低め、持続可能な平和と開発に向けた基礎を築くための幅広い措置を指す。平和構築は持続可能な平和に必要な条件を整備するという、複雑で息の長いプロセスである。したがって、武力紛争の根深い構造的な原因について、包括的な対策を講じることが主眼となる。平和構築の具体的措置では、社会と国家が機能するために必要な中心的課題に取り組むとともに、国家がその中心的機能を実効的かつ合法的に果たせる能力の向上を目指す[11]。

この文書は、平和活動に含まれる紛争予防、平和創造、平和維持、平和構築、平和執行の間の境界線が不明確になってきていることを指摘する。例えば、平和維持活動は、本来、和平協定の実施を支援するが、初期の平和構築活動に従事する可能性も示された。また各活動の相互の関係性についても捉えなおされている。つまり紛争後の平和構築と紛争再発の防止は、停戦前にも実施され、平和維持を包含する概念として位置づけられ、平和創造や平和執行と部分集合を構成する。このように、平和構築の展開の時期もまたその内容についても、より広範な概念として説明された。

キャップストーン・ドクトリンはさらに、持続可能な平和の達成に必要とさ

---

[10] 本多『前掲書』（注4）88頁。

[11] United Nations Peacekeeping Operations: Principles and Guidelines,『国連平和維持活動原則と指針』2008, 13頁. http://www.unic.or.jp/files/pko_100126.pdf.（以下本章におけるインターネット資料へのアクセス日は2020年12月31日である。）

れる４つの重要分野における進展を指摘する。すなわち、国家が安全を提供し、治安を維持できる能力を回復すること、法の支配と人権尊重を強化すること、正当な政治制度・機関と参加プロセスの発現を支援すること、紛争で生じた国内避難民や難民の安全な帰還または再定住を含む、社会的、経済的な復興と発展を促進することである。また安保理から権限が与えられる平和構築の活動として、武装解除・動員解除・社会統合（DDR）、地雷対策、治安部門改革（SSR）、人権の保護と促進、選挙支援、国家権力の回復と拡大への支援が示されるなど[12]、平和維持活動を通じて平和構築が担われることについても確認された。

　国連の平和活動については再び2015年に包括的検討がなされ、『平和のために私たちの力を合わせることに関する平和活動についてのハイレベル独立パネル報告書：政策、パートナーシップおよび人々』（HIPPO 報告書）が公表された[13]。この報告書作成の背景として、紛争の変化に平和活動の対応能力が追い付かない現状への懸念があり、それゆえに平和活動が新たな環境に適応し、将来において、一層の効果と適切な使用を確保するために変化が求められていることがあった。HIPPO 報告書では、平和活動を国連の取組みの中心と位置づけ、より良い成果を生み出すために４つの本質的な転換が求められるとする。すなわち、①政治的な解決を通しての平和の達成、②平和活動は包括的であり、現場の状況に対応して柔軟に用いられること、③強力かつ包括的なパートナーシップの必要性、④現場に着目した人々を中心とした活動の必要性である。報告書はまた「国家建設は平和構築ではない」と述べ、限定的な平和構築の役割を確認しつつも、平和構築が、国家機関を強化する長期の取組みであり平和の持続であるとして、その包括性を指摘した[14]。その上で、より長期の持続可能な平和を築くことに着目する必要性を示した。つまりは国連の報告書からは、平和活動の包括性という方向性が確認されるのである[15]。

　これら一連の報告書が、国連による実践に基づいて、教訓や指針として提示されたものであることに鑑みた場合には、平和と安全の維持という目的を達成する国連の機能に限界がみられることが指摘される。1990年代には、国連の潜

---

[12] *Ibid.*, pp. 25-26.

[13] U.N. Doc. A/70/95-S/2015/446, 17 June 2015.

[14] *Ibid.*, para. 132.

[15] 本多『前掲書』（注4）100-101頁。

在的な能力に対して期待が高まり、国連による様々な実践は、平和の維持や構築に国連が一定の役割を担うことを証明した。しかしそれは同時に国連の機能の限界を明らかにした。国連は、国家の代替でなく、また機能不全に陥った国家を再建する機能を担うのでもない。国連の平和活動は、国家に対する支援にとどまることが確認されたのである。

　このように、国際社会の実践を通じて、平和構築の意義と、平和活動の一環としての取組みの範囲と限界が明らかになった。また国連では、前述したように、内部機関として平和構築委員会、平和構築支援事務局、平和構築基金が設立され、これら機関は平和活動を強化する、国連の平和構築構造と位置づけられた。この平和構築構造について、設立から 5 年を経て再評価が行われる中で、平和構築の実践上の課題が改めて確認された。すなわち平和構築が複雑なプロセスであり、紛争により破壊された関係性の構築には時間を要すること、縦割りや地上軍の展開には適していないこと、平和の定着には対象国のオーナーシップが必要不可欠であること、平和維持活動に続く平和構築が効果を有するとは限らず、むしろ平和維持活動の開始時から連続性を持つものであること、平和構築は、政治的、安全保障上また開発上のニーズとの関連性に注意を払いながら資源を動員する必要があること、女性の貢献の重要性と現地との関係の必要性について指摘された[16]。このような認識に基づいた平和構築構造の再評価からは、平和構築が、軍事行動と一線を画していること、また活動が展開される地域の国家主権を尊重しながら、包括的な取組みを行うその重要性が確認されたといえるだろう。

　さらに平和構築のアプローチ全体について見直す必要性が再認識され、平和の持続（sustaining peace）という考えが注目された。平和構築構造を再検討するために事務総長により任命された専門家助言グループは、平和構築を包含する用語として、平和の持続を提唱した。その含意は、紛争後という文脈を払しょくすることにあった[17]。ここで、現代の複雑な紛争に対処する際に、従来の順序づけられた平和を実現する取組みは、紛争の再発を十分に阻止できないことが指摘された。平和の持続という概念を用いることにより、平和を構築す

---

[16] U.N. Doc. A/64/868-S/2010/393, 21 July 2010, paras. 14-32.

[17] U.N. Doc. A/69/968-S/2015/490, 30 June 2015, para. 26.

るための新たなアプローチが示されたのである。

　以上のように、国連では政策上の観点から、平和の維持から平和の構築、さ
らには平和の持続を唱え、自身の関与と加盟国の協力を論じた。国連は、紛争
影響国に対して支援を行う立場を明確にしながら、平和構築から平和の持続の
達成へと認識を変えることにより、紛争後のみならずあらゆる段階において、
平和の実現に向けて関与する立場を明確にしているのである。

２．国際社会の変化と平和に対する認識

　国連の政策文書からは、国際社会における平和の捉え方の変遷が確認される。
第１に、平和に対する理解の変化がみられる。第二次世界大戦後、平和は、紛
争が生じない状況として捉えられていた。しかしながら、冷戦構造と、核兵器
を含む大量破壊兵器の開発、大国間の軍拡競争は、平和が恒常的に脅かされつ
づける状況を生み出した。そのような中で平和や暴力に関しても、社会のあり
方に根差す課題としての理解が深まった。すなわち、紛争が生じていない状況
を表す消極的平和のみならず、貧困など社会の構造に起因する暴力のない、積
極的平和も着目されるようになった。

　平和を実現する具体的な方法について、1970年代に、ヨハン・ガルトゥング
（Johan Galtung）は多様な平和の概念を確定し、平和を実現する３つのアプロー
チを主張した。彼は、平和維持、平和創設、平和構築を論じ、それぞれについ
て分離するアプローチ、紛争解決アプローチ、結合アプローチとして説明した。
ガルトゥングによれば、平和が根付くメカニズムは構造化されたものであり、
健全な身体が自らの免疫を生み出すように平和な制度自身の貯蔵庫（reservoir）
として存在しなければならない。特にそれは、戦争の原因を取り除き、争いが
発生しうる場合には戦争に代わるものを提供する構造でなければならないので
ある[18]。ガルトゥングは、直接的な暴力や構造的暴力など紛争の多面性に着目
し社会の基礎構造としての平和という考えを提示した。

　ガルトゥングが論じる平和構築は、当時の文脈の中で理解されるものである。
東西冷戦における平和の構造は国家間の関係において説明される。平和の構造
に必要な要素として、国家間の公平、様々な主体の参加、多様な相互依存、多

---

[18] Johan Galtung, "Three Approaches to Peace: Peacekeeping, Peacemaking, and
Peacebuilding," *Peace, War and Defense: Essays in Peace Research*, Vol. 2 (1976), pp. 297-299.

様な交流さらに超国家構造が提案された。平和の構造としてノルディック諸国や欧州共同体諸国の関係が例示されている。つまり、ガルトゥングの主張する平和構築とは、静態的な国家間の関係であり、超国家的な組織の確立により実現される、という枠組みにおいて論じられていた。その議論には、内戦によって生じる統治機構の機能不全など、現代的な課題は検討の埒外にある。そうではあるものの、1970年代の平和に関する議論は、現代における考え方の端緒といえる。平和の実現においては平和を損なう状況をもたらす構造の変革が求められること、またそのために長期的な展望に基づいて具体的な措置を講じる必要性が確認されている。

　第2に、共同体としての国際社会という意識の高まりが挙げられる。冷戦終結後、内戦が勃発し増加する状況において、国連をはじめとする普遍的国際機構を中心に措置をとることが求められていった。特定の国内の状況になぜ国際社会が関与するようになったのか。その理由として、人権などの普遍的な価値が共有されてきたこと、国際的な制度の発展に伴い、国内管轄事項が縮小してきたことが挙げられる。世界人権宣言をはじめとする人権文書の採択や人権諸条約の策定は、国際的な人権規範の発展へとつながった。また人権文書に基づいた、国家の人権状況の審議や、人権規範に合致しない国内の政策に対する非難が行われた。例えば南アフリカ共和国のアパルトヘイト政策に対して、国連憲章に基づいて強制措置が決定されるなど、普遍的な人権価値の実現を妨げる主権国家の政策を国際社会は見過ごさず、その政策の廃止を目指して措置が講じられたのである。このような国際機構の取組みは、国際社会に共通する価値を確認し、国際法規則や諸原則の発展を促してきた。

　第3に、国際社会を体現する国連は、紛争後の国家体制、特に統治機構の在り方について、国際社会にとって望ましい体制を紛争影響国に提示してきた。すなわちリベラルな平和という理念に基づき、新たな国家は民主主義を導入し法の支配に基づき、人権を保護し促進すべきであるという考えが支配的となり、そのような国家体制の確立が目指されてきたのである。国際社会にとって望ましいと考えられる主権国家体制の設立と、それに資する活動が平和構築の取組みにおいても重要視されてきた。

3．平和構築の実践過程において生じる問題

　平和構築は、実践において多様な取組みや活動を包含する。例えば東ティモールやコソボにおいて、国連が平和維持活動を展開し平和構築が実施された[19]。ボスニア・ヘルツェゴビナにおけるデイトン和平合意の実施に向けて、国連諸機関や欧州安全保障協力機構（OSCE）、上級代表により措置が講じられる[20]。またアフガニスタンやイラクにおいて多国籍軍による軍事行動の後に実施された制度構築も、平和構築と捉えられる。平和構築は特定の領域における措置であり、また上述の通り、武装解除・動員解除・社会統合や治安部門改革など分野を特定した活動も平和構築に含まれる。

　平和構築において目指されてきたのは、紛争を経験した国や地域に平和な状態が持続し定着する制度が創られることである。その際には、上述の通り国際社会にとって望まれる支援が行われ制度構築が促されてきた。本来であれば、国家の体制は、主権者である国民の意思に基づいて決定される。しかしながら、紛争を経験した国においては、主権者の意思を反映させる制度が存在せずあるいは存在しても機能しない。そこで国際社会が制度構築に関与することにより、国家制度が設立されてきた。

　紛争の目的の変化も、平和に対する取組みに再考を促してきた。今日の紛争は「新しい戦争」とも呼ばれ、かつてカール・フォン・クラウセヴィッツ（Karl Von Clausewitz）が論じた戦争とは論理を異にする[21]。伝統的な戦争は、当事者が自らの意思を達成するために行われる暴力である。これに対して、現代において、紛争当事者は、紛争で勝利を収めるよりも、紛争そのものから利益を得ようとする。紛争の継続が紛争当事者にとっては経済的、政治的な意義を持つある種の事業となり、そのような場合には、紛争を終結させることは難しく、むしろ紛争は長期化し拡大する[22]。このような紛争の目的の変化は、平和への取組みにも変化を促す。国連は、平和を維持し構築するための措置に柔軟に取

---

[19] 長谷川祐弘『国連平和構築：紛争のない世界を築くために何が必要か』（日本評論社、2018年）。

[20] Elizabeth M. Cousens and Charles K. Cater, *Toward Peace in Bosnia: Implementing the Dayton Accords* (Lynne Rienner Publishers, 2001), pp. 33-51.

[21] クラウセヴィッツ、淡徳三郎訳『戦争論』（徳間書店、1965年）。

[22] Christine Chinkin and Mary Kaldor, *International Law and New Wars* (Cambridge University Press, 2017), p. 7.

り組まなければならない。また紛争の終結さえも見通せない状況においても、平和のための活動の継続が求められる。こうして、平和活動は、それぞれの活動の区分がより曖昧な、また終了が明確ではない長期の取組みとなっている。そのような状況において、平和維持と平和構築は別個の機能を担いながら、密接な関係性を有し任務を遂行することが求められている。

　　複合型平和活動が現地に展開される場合、平和維持要員は平和構築に向けた現地の環境を整える任務を負う一方で、平和構築要員は自立した安全な環境を整える政治的、社会的、経済的変革を支援する任務を負う。このような環境がなければ、国際社会が平和維持部隊の撤退後の紛争の再発を容認する用意がない限り、平和維持部隊が撤収できる見通しは立たない。歴史をみても、平和維持要員と平和構築要員は、複合型活動において不可分の関係にあることがわかる。平和構築要員は平和維持要員の支援なしに役割を果たせないおそれがある一方で、平和維持要員は平和構築要員の活動がない限り、撤退できないからである[23]。

　紛争の終結が不確定な状況において、平和維持活動と平和構築の有機的な関係の必要性が強調される。平和活動の一部としての平和構築は、他の活動との区別が曖昧となりあるいは他の活動と密接に関連し並行して実施される[24]。このように平和構築は、他の活動と関係を有する、紛争影響国における多分野の長期的な営みなのである。

４．法的アプローチの必要性

(1) 国際政治学における議論

　平和構築の実践は、学術的な議論を活発化した。国際政治学の分野においては、平和構築の具体的な活動の意義や、その活動の基礎となる平和構築の概念、概念に含意される思想的な背景について検討されてきた。

---

[23] U.N. Doc. *supra* note 6, para. 28.

[24] 実際に、平和維持活動と平和構築の区別は必ずしも明確でない場合もある。国連が設立した平和維持活動が、現地において平和構築の機能を担うこともある、次章以降で検討される、国連東ティモール暫定行政機構（UNTAET）や国連コソボ暫定行政ミッション（UNMIK）は、国連では平和維持活動として説明される。

理念的な研究として、自由主義に関するものがある。社会において紛争の再発や状況の悪化を防ぎ、持続可能で自立的な平和を創り出す平和構築は、紛争の根本原因に対処し、また人権の尊重を含む、平和的な社会制度と価値を（再）構築し、さらには統治制度や法の支配を確立することを目指す取組みである。これは、市場経済と西欧の自由主義的な民主主義をモデルとするものであり、リベラル平和構築として説明されてきた[25]。

　このリベラル平和構築の考えの背景には、民主主義国家はお互いに戦争に訴えないという主張に基づく「デモクラティック・ピース」理論がある[26]。この理論によれば、民主的な制度の国家が増えることにより、紛争が妨げられる。そこで民主的な制度の国家が設立されることにより国際社会において平和の実現が目指される。ただし、このデモクラティック・ピース理論の問題点も指摘される。その１つは、この理論の背景となる考えに対する批判である。すなわち自由主義的な民主主義、自由主義的な人権、自由主義に基づく市場経済の価値、グローバリゼーション、集権化された世俗的な国家への社会の統合などは、国際社会において必ずしも普遍的な価値ではないことである。それ故にそのような考えに基づく措置が、平和構築を必要とする社会にとっては適切ではないと主張されてきた[27]。またデモクラティック・ピースの考えは、民主的な政府の存在や市場主義経済の制度が所与とされるなど、確立した国家の機能を前提とする。したがって、紛争により被害を受けた国家において、いかに機能する政府や制度を設立するのかという課題については、この理論は示唆を与えていない[28]。さらにこの議論は、民主主義制度を持つ国家間の関係を念頭においたものであって、民主主義国と非民主主義国との関係性においては理論の埒外であるばかりか、むしろ両国間の紛争の可能性を否定できないのである。

---

[25] Edward Newman, Roland Paris, Oliver P. Richmond, *New Perspective on Liberal Peacebuilding* (United Nations University Press, 2009), pp. 10-14.

[26] Bruce Russett, *Grasping the Democratic Peace: Principles for a Post-Cold War World* (Princeton University Press, 1993); ブルース・ラセット、鴨武彦訳『パクス・デモクラティア：冷戦後世界への原理』（東京大学出版会、1996年）。

[27] Newman, Paris, Richmond, *supra* note 25, pp. 10-14.

[28] Roland Paris, *At War's End: Building Peace after Conflict* (Cambridge University Press, 2004), pp. 43-51.

　またリベラルな思想に基づく平和構築に対する批判として、平和構築を通じて平和が必ずしも実現されないことや、平和構築の従事者によって引き起こされる問題などが指摘される。これら批判に対しては、例えば平和構築が処遇する人権について、市民的政治的権利に加えて経済的社会的文化的権利の保護と促進を確実にする包括的な人権アプローチにより、リベラルな平和構築の考えでは十分に注目されなかった新たな枠組みを提供できる、と主張される[29]。またリベラルな思想に基づいた単一のモデルを前提にするのではなく、個別具体的な状況に着目した議論の必要性も論じられる[30]。リベラルな平和に対する批判は、ハイブリッドな平和の主張や[31]、平和構築が行われる現地への着目という方向転換の議論へと発展している[32]。このようにリベラルな平和という枠組みで論じられる平和構築に対しては、国際社会が主導するトップダウンの活動であることや、現地に対する理解が不足していること、また現地に平和が定着しないことについて批判されてきた。

　以上の通り、平和構築の従来の研究は、平和構築の提供者と受益者の関係性、平和構築が実施される地域と受益者の捉え方等、平和構築の背景にある思想を問うものであった。ここには、国際社会が主導する平和構築の意義と限界、望ましい平和構築がどのように実施されるべきかという政策志向の考えがみられる。

(2)　国際法学における議論

　国際法学において平和構築をめぐる議論はそれほど活発ではない。その理由としては、平和構築が平和維持活動の延長上の活動として理解されてきたこと、

[29] これは平和構築の課題に人間の安全保障から着目する代替アプローチである。Amanda Cahill-Ripley, "Reclaiming the Peacebuilding Agenda: Economic and Social Rights as a Legal Framework for Building Positive Peace- A Human Security Plus Approach to Peacebuilding," *Human Rights Law Review*, Vol. 16 (2016), pp. 223-246.

[30] 本多『前掲書』(注4) 119-120頁；Oliver P. Richmond, *A Post-Liberal Peace* (Routledge, 2011).

[31] Roger Mac Ginty, *International Peacebuilding and Local Resistance: Hybrid Forms of Peace* (Palgrave Macmillan, 2011).

[32] Caroline Hughes, Joakim Öjendal and Isabell Shierenbeck, "The Struggle versus the Song-the Local Turn in Peacebuilding: an Introduction," *Third World Quarterly*, Vol. 36, No. 5 (2015), pp. 817-824; Roger Mac Ginty, "Where is the Local? Critical Localism and Peacebuilding," *Third World Quarterly*, Vol. 36, No. 5 (2015), pp. 840-856. ただし現地への方向転換の議論についても時代に応じた研究の違いがある。Thania Paffenholz, "Unpacking the Local Turn in Peacebuilding: a Critical Assessment towards an Agenda for Future Research," *Third World Quarterly*, Vol. 36, No. 5 (2015), pp. 857-874.

また紛争後の平和構築が、紛争の再発防止を目的とした一連の措置により構成されると考えられたことが挙げられる[33]。さらに平和の構築が平和活動の目的として考えられるなど、平和構築が政策上の用語であり、法的概念ではなく法の適用や解釈と直接に関連するものではないと捉えられてきたこともある。また、次章以降で検討される通り、平和構築が行われる状況は、現地における法規範の適用そのものも議論となりうる状況であることにもよる。

平和構築に関連する国際法上の議論としては次のものがある。第1に、領域管理の法的分析を通じて、平和構築が抱える法的問題を検討する研究である[34]。領域管理とは、特定の領域と当該領域に居住する住民に対する、国際機構による統治権限の行使を意味する。この議論においては、平和構築の手段や活動の中で、領域管理においても行われている活動が扱われている。ただし、平和構築そのものが議論の中心ではない。またこの研究では、領域管理の分析を通じて平和構築の法的問題の検討に貢献することが目指されるものの、平和構築の営為そのものを中心にした国際法上の検討は行われていない。さらに1990年代に生じた活動や取組みの起源を歴史的にいかに特定するのか、また新たな活動を既存の国際法学のどの分野の議論として位置づけるのか、多様な主張が可能となるだろう。

第2に、平和構築における法の支配という観点から論じる研究がある。この議論においては、平和構築は法の支配を目指すものと位置づけられる。平和構築は、狭義の法の支配すなわち実定法に基づく活動であるのみならず、人間の尊厳に関する法規範すなわち広義の法の支配にも根差したものとして説明される。また法の支配は、国内社会と国際社会において共通の自由主義思想に即しており、したがって平和構築の取組みにおいて両者が調和的な側面を有することが主張される[35]。この議論により、平和構築の活動が、紛争後の社会においてある種の介入主義的な性質を持つことを認めながら、その前提となる思想的な背景においては国際社会と国内社会における調和が確認されること、また人権の保護と促進が国際社会においても目指される重要な価値規範であることが指摘される。

---

[33] Chinkin and Kaldor, *supra* note 22, p. 412.

[34] 山田哲也『国連が創る秩序：領域管理と国際組織法』（東京大学出版会、2010年）27-29頁。

[35] 篠田英朗『平和構築と法の支配：国際平和活動の理論的・機能的分析』（創文社、2003年）。

20

　この研究は、平和構築を法の支配の確立という観点から捉え、平和構築の体系化を目指したものであり、本研究との関連においては特に、人権の保護と促進の重要性について指摘できる。すなわち、法の支配においては、「人権など人間の尊厳にかかわる根本規範の土台の上に、社会制度を構築していくという思想的態度を表現し…『法の支配』は紛争（後）地域に新しい安定的な社会の諸制度を作り上げていこうとするときに、深く関わってくる」という理解である[36]。本書を通じて、平和構築における人権規範の適用を検討しまたそこから生じる課題を明らかすることにより、従来の主張の妥当性をあらためて検証することになるだろう。

(3) 従来の議論の問題点

　平和構築を国際法や国際組織法の問題として認識すべきことについては、次の通り指摘されている。第 1 に国際法も国際組織法も平和構築の名の下に実施される多様な活動を法的に根拠づけるものとして機能していること、第 2 に国際法や国際組織法は、諸活動の正統性や法的な限界を示すものとして機能すること、第 3 に平和構築が、伝統的な平和維持活動の文脈を越えて、より一般的にガバナンス（統治）の問題と結びついて議論されていることからも、平和構築と国際法の関係に注意を払う必要性が増すということである[37]。

　この指摘は、平和構築が平和維持活動の延長線上にあり、あるいは平和維持活動から発展したものであるとの認識に基づくものである。つまり平和維持活動から進展した平和構築の活動の法的根拠の検討、平和構築として望ましい活動についての検証、平和構築の拡大と国際法との相互の関係についての問題関心は、国際機構により発展してきた活動や機能の再検討である。この議論は平和構築という営為そのものを検討の対象としてはおらず、国際機構によって行われる平和構築についての分析であり、すなわち国際機構の権限を問う研究といえる。従来の議論は、平和構築を研究の対象としているものの、平和構築の取組みそのものに着目し、その取組みから生じてきた法現象についての検証は、いまだ十分になされていないといえるだろう。

---

[36] 同上　iv 頁。
[37] 山田『前掲書』（注34）27-29頁。

(4) 本書の目的

　平和構築に関する既存の研究は、平和構築の機能や活動の法的根拠を検証し、あるいは平和構築を行う国際機構の権限に関するものであった。本研究は、平和構築それ自身に着目し、平和構築から生じるあるいは平和構築に関わる法現象および法的課題を検討するものである。国際法の俎上において平和構築を論じる理由は、以下の通りである。

　第1に、平和構築は、適用される法が不明確な状況や地域において実施される。紛争後の社会においては、法が機能しない、または法を機能させる統治機構が存在しない、あるいは法の存在が不確かである。そのような中で、国際的な主体により活動が実施されている。国際法の適用についての分析は、平和構築の動態的な内実を法的に確認する作業となる。

　第2に、平和構築においては、人権の保護と促進を含む、住民の救済に向けた取組みが中心であるという視点である。従来の平和構築の議論では、主権国家の統治機構や制度への支援について注目されていた。紛争後の社会の再建においては、紛争により被害を受けた多数の人々の権利の回復が目指されている。本書における救済とは、損害の回復としての賠償などに加えて、将来における再発の防止という観点から人権の保護と促進を含む広義の意味である。住民に対して講じられる救済の措置の検証は、その実施可能性と共に限界について法的に探る作業となる。

　第3に、平和構築は被害を受けた人の救済を目的とする取組みであるが、その一方で、活動を通じて人権侵害も生じている。それは平和構築における政策を通じて、あるいは平和活動の従事者による性的搾取や虐待行為として顕在化する。平和構築が国際的な主体により実施されることにより、その活動に携わる要員による違反行為に対して法的措置を講じることに限界がみられるものの、解決に向けた多様な措置は、平和構築のための活動もまた、国際法規範の遵守が求められていることを示している。

　第4に、被害を受けた個人に対する具体的な救済措置は、資源の観点から限界がある。措置の一環として、信託基金の設立や基金を通じての支援策がとられるが、基金の資源不足や、法的な救済と位置づけられない点について問題視される。また、紛争を原因とする人権侵害の被害者に対しては、本来であれば、違反行為者が引き起こした侵害行為の特定と、行為者による被害者に対する賠

償が想定される。これに関して国際的な刑事司法機関は、被害者に賠償を提供するメカニズムを備えるようになった。平和構築における個人の救済の課題が明らかになる中で、刑事司法による賠償命令の検討は、個人の権利の回復および被害を受けた社会に対する措置の意義を明らかにすることになる。

(5) 研究の概要

　本書における各研究は、平和構築の取組みにおける国際法上の役割と意義、さらに課題を探るものである。平和構築における国際法の適用が、個人の権利を保護し促進する、「救済の国際法」と捉えられることを検討する。

　伝統的に、個人の救済は主権国家において侵害を受けた個人に対する司法上、行政上、立法上の措置として行われてきた。個人の地位についての国際法上の伝統的な議論は、国家の権利としての外交的保護権の行使である。外交的保護権は、被害を受けた個人がまずその地域を統治する国家において利用可能な救済をすべて尽くすことがその行使の条件となっており、当該地域の法および統治機能が機能していることが前提である。しかし、平和構築の対象となる地域では、紛争下において一般の住民の権利が侵害され、現地に援用される法が不明かあるいは十分に機能しない。

　国際法上の個人の救済に関しては、第二次世界大戦後の国際社会の人権意識の高まりと人権諸条約の制定と適用と連動する。また欧州や米州の地域裁判所における判例を通じて、地域の人権条約に基づいて救済を受ける権利が確認されてきた[38]。国連も、国際法上の被害者の救済の権利を確認し、その実施のための指針を提供する原則を採択してきた。例えば1985年の「犯罪および権力濫用の被害者の正義に関する基本原則宣言」[39]は、被害者の司法や救済へのアクセス権を確認し、公式あるいは非公式な手続を通じて必要な場合に救済を得ることができるように国家によるメカニズムの設立を定める。また「国際人権法

---

[38] 徳川信治「国際法における個人と国家―欧州人権条約における個人救済―」『立命館法学』第5・6号（2015年）395-419頁。

[39] Declaration of Basic Principles of Justice for Victims of Crime and Abuse of Power, U.N. Doc. A/RES/40/34, Annex, 29 November 1985; Nigel D. White, "Peacekeeping and International Law," Joachim A. Koops, Norrie Macqueen, Thierry Tardy and Paul D. Williams (ed.), *Oxford Handbook of United Nations Peacekeeping Operations* (Oxford University Press, 2015), p. 55.

の大規模な違反および国際人道法の重大な違反の被害者のための救済と賠償の権利に関する基本原則および指導原則」[40]は、国際人権法と国際人道法上の国家の義務を確認し、かかる法違反により害を受けた者を特定し、被害者が有する救済の権利としての司法へのアクセスや賠償などを確保するために、国家がとるべき措置について定める[41]。国際人権法において、人権侵害行為に対する補償などを含む救済は、重要な要素となり、国内の裁判所、地域機構の裁判所、国際機構を通じて、救済に関する判例や実践が蓄積し、国際人権法上の救済の理論が提唱されてきた[42]。さらに国際人道法違反行為による被害に対しては、委員会が個別に設置され補償が行われる場合もある[43]。国際的な原則の採択は、たとえそれが国内での救済措置の実施を前提としているとしても、被害者志向の政策や実践の形成に向けたプロセスにとっての試金石といえるだろう。

　侵害された個人の権利への救済に関する国際法の確立と精緻化という国際社会の潮流に、平和構築の取組みも位置づけられる。紛争を経験した国は社会制度の構築に加えて多数の被害者の人権侵害の回復も求められるが、平和構築が実施される状況において現地の法が適用されるのかについては不明確であり、平和構築を実施する主体は、多くの場合に国際法を援用する。紛争影響国においては、紛争等により被った権利侵害の回復と、個人を救済する法制度が求められる。社会の安定のためには、憲法の制定、統治機構の設立を通じて、人権が救済されるメカニズムを構築していく必要がある。また紛争中に被った人権侵害行為に対して賠償などが求められている。平和構築のプロセスにおいて、個人に対する救済は、社会の再建においても重要な位置を占める。

　平和構築における人権の侵害の特定や回復に向けた一連の取組みを、救済の国際法として論証する場合に、次の点について検討が試みられる。まず個人が受けた侵害行為を、いかなる法に基づいて誰が特定するのか、侵害された権利

[40] Basic Principles and Guidelines on the Right to Remedy and Reparation for Victims of Gross Violations of International Human Rights Law and Serious Violations of International Humanitarian Law, U.N. Doc. A/RES/60/147, Annex, 16 December 2005.

[41] Christine Evans, *The Right to Reparation in International Law for Victims of Armed Conflict* (Cambridge University Press, 2012), pp. 36-38.

[42] Dinah Shelton, *Remedies in International Human Rights Law, Third Edition* (Oxford University Press, 2015).

[43] 古谷修一「国際人道法違反と被害者に対する補償―国際的制度の展開」『ジュリスト』No. 1299（2005年）64-72頁。

はどのように回復されるのか、という点である。つまり、人権侵害行為に対して、①違法行為を特定し、②被害者の権利を物理的、精神的に回復（賠償）し、③再発の防止を目指す、という一連の措置を意味する。救済の視点を取り入れることは、個人の権利の回復、保護と促進を目指して実施される多様な措置に着目し、平和構築の活動に関わる国際法の適用、解釈を通じて、平和構築において適用が求められる国際法の明確化や精緻化を確認する作業になる。

　現地において実施される国際法に基づく営為は、個人の救済を目指しながら、永続的な制度の確立も伴う。救済の国際法はすなわち平和構築において実施されあるいは制定される、人権侵害の被害者に対応する法的措置である。それは被った害に対する救済であるが、ここで救済は広範な意味を有する。つまりは国家の制度が脆弱であり、十分に機能しない状況下において、民主的な制度構築、法制定、司法制度の確立を通じて、紛争中、移行期に生じた人権侵害行為や人権問題に対処することを目的とした、現地社会におけるあるいは現地社会を対象とした措置や手段の制定や実施を意味する。これは現地の状況に応じて行われるものの、国際社会の基準に基づいて実施されることにより、国際社会における取組みとしての一連の現象として捉えられる。その一方で、平和構築の取組みにおいて、個人の権利の救済には限界もある。例えば活動の従事者が享受する免除により、その個人による違法行為については適切な法的措置がとられないという問題である。救済の国際法は包括的な内容を含むものであるが、本書ではその中でも、特に平和構築における適用法の議論、暫定統治機構における責任の議論、性的搾取・虐待に対する救済と防止、刑事司法機関による賠償に焦点を当てる。

　平和構築における措置は、個別具体的な取組みではあるものの、国際法に基づく継続的な取組みである。平和構築を通じて、個人の権利を回復しまた保護し促進する、救済の国際法と特定化される法現象に着目する本書は、従来の研究では見過ごされてきた平和構築の活動や機能の進展について法的に探るものである。

結び　平和構築の新たな検証に向けて

　平和構築の目的の1つは、社会制度の構築に対する支援を通じた、個人の権利の回復である。平和構築を通じて展開してきた法現象を探ることにより、本

書は平和構築が個人の権利の回復、保護と促進を目指すものであること、その営みに適用される国際法は救済の国際法と位置づけられることを主張する。本章ではその導入として、平和構築の概念や活動の変遷について、国際社会の動向を概観した。まず国連の政策文書を取り上げ、平和に関する捉え方を概観し、社会の変化に対応した平和構築の概念の変遷を指摘した。また平和構築に関する既存の研究を検証し、平和構築そのものに着目した国際法上の議論の必要性について論じた。今日、あらゆる段階において実施されうる平和構築は、紛争と紛争後の境界が不明確な状況において、人々の人権を保護し促進する措置を含む取組みである。平和構築の機能の長期化と多様化は、そのプロセスを通じての独自の法現象を生み出してきた。次章以降で、その法現象を探ることにより、平和構築における国際法の意義と課題を明らかにする。

参考文献

クラウセヴィッツ、淡徳三郎訳『戦争論』（徳間書店、1965年）。

篠田英朗『平和構築と法の支配：国際平和活動の理論的・機能的分析』（創文社、2003年）。

──「国連平和構築委員会の設立─新しい国際社会像をめぐる葛藤」『国際法外交雑誌』第105巻第4号（2007年1月）68-93頁。

徳川信治「国際法における個人と国家─欧州人権条約における個人救済─」『立命館法学』第5・6号（2005年）395-419頁。

長谷川祐弘『国連平和構築：紛争のない世界を築くために何が必要か』（日本評論社、2018年）。

古谷修一「国際人道法違反と被害者に対する補償─国際的制度の展開」『ジュリスト』No.1299（2005年）64-72頁。

本多倫彬『平和構築の模索：「自衛隊PKO派遣」の挑戦と帰結』（内外出版、2017年）。

山内麻里「国連における平和構築支援の潮流─平和構築委員会の課題と展望」『国連研究 平和構築と国連』第8号（2007年）115-144頁。

山田哲也『国連が創る秩序：領域管理と国際組織法』（東京大学出版会、2010年）。

ラセット、ブルース、鴨武彦訳『パクス・デモクラティア：冷戦後世界への原理』（東京大学出版会、1996年）。

Cahill-Ripley, Amanda, "Reclaiming the Peacebuilding Agenda: Economic and Social Rights as a Legal Framework for Building Positive Peace-A Human Security Plus Approach to Peacebuilding," *Human Rights Law Review,* Vol. 16 (2016), pp. 223-246.

Chinkin, Christine and Mary Kaldor, *International Law and New Wars* (Cambridge University Press, 2017).

Cousens, Elizabeth M., and Charles K. Cater, *Toward Peace in Bosnia: Implementing the Dayton Accords,* (Lynne Rienner Publishers, 2001).

Evans, Christine, *The Right to Reparation in International Law for Victims of Armed Conflict* (Cambridge University Press, 2012).

Galtung, Johan, "Three Approaches to Peace: Peacekeeping, Peacemaking, and Peacebuilding," *Peace, War and Defense: Essays in Peace Research*, Vol. 2 (1976), pp. 282-304.

Hughes, Caroline, Joakim Öjendal and Isabell Schiereneck, "The Struggle Versus the Song-the Socal Turn in Peacebuilding: an Introduction," *Third World Quarterly,* Vol. 36, No. 5 (2015), pp. 817-824.

Mac Ginty, Roger, *International Peacebuilding and Local Resistance: Hybrid Forms of Peace* (Palgrave Macmillan, 2011).

――"Where is the Local? Critical Localism and Peacebuilding," *Third World Quarterly*, Vol. 36, No. 5 (2015), pp. 840-855.

Newman, Edward, Roland Paris and Oliver p. Richmond, *New Perspectives on Liberal Peacebuilding* (United Nations University Press, 2009).

Paffenholz, Thania, "Unpacking the Local Turn in Peacebuilding: a Critical Assessment Towards an Agenda for Future Research," *Third World Quarterly*, Vol. 36, No. 5 (2015), pp. 857-874.

Paris, Roland, *At War's End: Building Peace After Civil Conflict* (Cambridge University Press, 2004).

Richmond, Oliver P., *A Post-Liberal Peace* (Routledge, 2011).

Russett, Bruce, *Grasping the Democratic Peace: Principles for a Post-Cold War World* (Princeton University Press, 1993).

Shelton, Dinah, *Remedies in International Human Rights Law, Third Edition* (Oxford University Press, 2015).

White, Nigel, D., "Peacekeeping and International Law," Joachim A. Koops, Norrie Macqueen, Thierry Tardy and Paul D. Williams (ed.), *Oxford Handbook of United Nations Peacekeeping Operations* (Oxford University Press, 2015), pp. 43-59.

国連文書

A more secure world: our shared Responsibility, Report of the High-level Panel on Threats, Challenges and Change, U.N. Doc. A/59/565, 2 December 2004.

An Agenda for Peace Preventive diplomacy, peacemaking and peace-keeping, Report of the Secretary-General pursuant the statement adopted by the Summit Meeting of the Security Council on 31 January 1992, U.N. Doc. A/47/277-S/24111, 17 June 1992.

Basic Principles and Guidelines on the Right to Remedy and Reparation for Victims of Gross Violations of International Human Rights Law and Serious Violations of International Humanitarian Law, U.N. Doc. A/RES/60/147, Annex, 16 December 2005.

Challenge of sustaining peace Report of the Advisory Group of Experts on the Review of the Peacebuilding Architecture, U.N. Doc. A/69/968-S/2015/490, 30 June 2015.

Declaration of Basic Principles of Justice for Victims of Crime and Abuse of Power, U.N. Doc. A/RES/40/34, Annex, 29 November 1985.

Report of the High-level Independent Panel on Peace Operations on uniting our

strengths for peace: politics, partnership and people, U.N. Doc. A/70/95–
S/2015/446, 17 June 2015.

Report of the Panel on United Nations Peace Operations, U.N. Doc. A/55/305–
S/2000/809, 21 August 2000.

Review of the United Nations peacebuilding architecture, U.N. Doc. A/64/868–
S/2010/393, 21 July 2010.

Supplement to An Agenda for Peace: Position paper of the Secretary-General on
the occasion of the Fiftieth Anniversary of the United Nations, U.N. Doc.
A/50/60–S/1995/1, 25 January 1995.

第2章

平和構築における人権規範
―― ユス・ポスト・ベルム（*jus post bellum*）論の考察

片柳　真理

本章の位置づけ

　第１章では平和構築の変遷が示され、平和構築を国際法の視点から捉えなおす意義が論じられた。それを受けて本章では、多国籍軍による軍事行動後や国連の平和活動中の政治・社会制度の改革について、そのような活動を律する法がないことによる問題に注目する。前者は「変革的占領（transformative occupation）」と呼ばれることもあるが、その際には占領法では想定されていない活動が行われる。そのため、これまでの戦時と平時とに２分する国際法のあり方に限界があることが指摘される。そこで議論されるようになったのがユス・ポスト・ベルム（*jus post bellum*）の必要性である。本章が特に焦点を当てるのは、平和構築において誰が人権保護・促進の義務の担い手（duty-bearer）なのかという問いである。それは通常、国家であり、人権条約の締約国はその管轄の下にある人に対して人権保障義務を負う。これについて紛争影響国では、主権を行使できる状況にあるかどうかが問題となる。そのため、本章では多国籍軍の武力行使後に行われる活動や国連平和活動時に、どのような法が適用されるのか、主権のあり方はどのように解釈されるのかを検討することを通じて、人権保護義務の担い手を分析していく。

　武力行使後の多国籍軍による活動は占領法規によって律されるとの見方については、本章においても触れるが、第３章でさらに詳細な検討が加えられる。また、第３章では平和構築活動において適用される国際人権規範についても論じられる。そして、本章で確認される平和構築規範の欠落の実際的問題として、国連暫定統治機構により被害を受けた個人の救済が行われないという、国連のアカウンタビリティの課題が問われる。国連平和活動の要員による現地の人々の権利侵害として特に重視されている性的搾取・虐待（sexual exploitation and abuse）については、第４章で詳細に論じられる。

　ユス・ポスト・ベルムの射程には移行期正義が含まれるが、その一端を担うようになったのが国際刑事裁判所（ICC）である。ICC の賠償と平和構築の関係は第５章で論じられる。

本章の背景と問い

　1990年代以降、国家間の紛争である国際武力紛争より、政府と反政府勢力の間や、国内の集団の間で戦いが繰り広げられる、非国際的武力紛争の数が圧倒的に多くなっている。ジュネーブ・アカデミーの武力紛争における法の支配（Rule of Law in Armed Conflicts）プロジェクトでは、2018年の統計として、

69の紛争の内51は非国際的武力紛争であると報告している[1]。その背景は冷戦の終焉であり、これは米ソ対立による大規模な戦争を懸念しながら、現実には複数の代理戦争が行われてきた時代から、国家間の問題を武力で解決する可能性が低い時代への変化を示している。また、大国が政府への支援を緩めた結果、国内の対立を抑えられなくなった国々では、国内で武力紛争が勃発することになった。さらに、ソ連の崩壊と東欧での共産主義の弱体化は、西側諸国の自由権と民主主義に関する取組みを強めた[2]。そして、冷戦の終焉によって国連安全保障理事会（安保理）における決議の採択が容易になり、国際社会は増加する非国際的武力紛争に対する具体的措置について合意することが可能になった。その１つの形態は国連平和維持活動である。

　国連平和維持活動は1948年に中東の停戦監視を目的として派遣された国連休戦監視機構（UNTSO）以来、70年以上の歴史を刻み、これまでに71のミッションが派遣され、2020年11月末現在13の活動が行われている[3]。1989年までに開始された活動は18件、これに対し1990年代以降に53件が開始された[4]。平和維持活動はすべての当事者の合意があること、公平性を持つこと、そして最低限の武力の行使という３つの原則を有するものとされ、国連憲章（憲章）6章半のミッションともいわれてきた。1990年代に急速に増加した平和維持活動は、カンボジアにおいては暫定統治として選挙の実施や人権監視を含む多機能型平和維持となり、ソマリアにおいては第一次国連ソマリア活動（UNOSOM I）の平和維持から第二次国連ソマリア活動（UNOSOM II）での武力行使を伴う平和執行を経験するなど、活動を拡大した。他方、武力行使を伴うことが想定される状況では、国連の授権により、または明示の授権がないままに、コソボ、アフガニスタンやイラクなどのように有志国による介入も行われるようになった。

[1] Geneva Academy, "The War Report, Armed Conflicts in 2018," 3 June 2019. http://www.rulac.org/news/the-war-report-armed-conflicts-in-2018（以下本章におけるインターネット資料へのアクセス日は2020年12月31日である）。

[2] Steven R. Ratner, *The New UN Peacekeeping: Building Peace in Lands of Conflict After the Cold War* (MacMillan Press, Ltd, 1997), pp. 14-15.

[3] Global Peacekeeping Data (as of 30 November 2020). https://peacekeeping.un.org/en/data

[4] List of Peacekeeping Operations 1948-2019. https://peacekeeping.un.org/sites/default/files/unpeacekeeping-operationlist_3_1_0.pdf.

平和構築については、ブトロス・ブトロス・ガリ（Boutros Boutros-Ghali）事務総長が1992年に発表した『平和への課題』において、「紛争の再発を避けるために平和を強化しやすい構造を特定し支援する活動」が、紛争後の平和構築であると定義された[5]。しかし、その後の『国連平和活動に関するハイレベル・パネル報告書』（ブラヒミ報告書）においては、「複雑な平和活動が現場に入る場合、平和構築のために安全な現地環境を維持するのが平和維持要員の役目であり、自律的に安全な環境を創造する政治的、社会的および経済的変化を支援するのがピースビルダーの役目である」として、平和構築と平和維持の協働性が認識されるようになった[6]。

　平和構築の活動は、司法改革、治安改革、民主化、経済再建、移行期正義など多岐にわたる。これらの活動を含むコソボや東ティモールでの国連暫定統治は、第4世代の平和維持とも呼ばれる[7]。平和な社会の基盤を作るという平和構築の活動には、国連のみならず、前述のように有志国が武力行使を伴う介入をした場合に、それらの国家が被介入国にとどまって関与するものも含まれる。

　平和活動が行われる紛争影響国では、紛争中に大規模な人権侵害が起こっている場合がほとんどであり、そのため紛争から平和への移行には人権保護と促進が重要な要素となる。よって、国連平和維持活動においては人権に関する活動が徐々に強化され、人権監視や人権侵害の調査、キャパシティ・ビルディング、法の支配の確立、移行期正義への支援、人権アドボカシー等が行われるようになっている[8]。2019年の『国連人権報告書』によれば、14ある国連平和ミッションのうち12に人権部門があり、人権担当の人員は合計524名にのぼる[9]。同

---

[5] An Agenda for Peace Preventive diplomacy, peacemaking and peace-keeping, Report of the Secretary-General pursuant to the statement adopted by the Summit Meeting of the Security Council on 31 January 1992, U.N. Doc. A/47/277-S/24111, 17 June 1992, para. 21.

[6] United Nations, *Report of the Panel on United Nations Peace Operations (Brahimi Report)*. U.N. Doc. A/55/305-S/2000/809, 21 August 2000, para. 28.

[7] Boris Kondoch, "The United Nations Administration of East Timor," *Journal of Conflict and Security Law*, Vol. 6, No. 2 (2001), p. 246.

[8] Mari Katayanagi, "UN Peacekeeping and Human Rights," in Jared Genser and Bruno Stagno Ugarte (eds), *The United Nations Security Council in the Age of Human Rights* (Cambridge University Press, 2014), pp. 123-153.

[9] United Nations, *UN Human Rights Report* 2019, p. 7.

様に平和構築における人権保護・促進活動でも、人権監視・報告、人権侵害の捜査、国際人権条約批准の勧奨に加え、法改正への助言、国内人権委員会設立などを含む制度構築が行われている。さらに、キャパシティ・ビルディング、アドボカシー、移行期正義への支援等も実施されている。

　ところで、紛争から平和への移行期には、国際法上どのような規範が適用されるのであろうか。国際法においては、戦争の合法性を問うユス・アド・ベルム（*jus ad bellum*）と、武力行使のあり方を規定するユス・イン・ベロ（*jus in bello*）が形成されてきた。ロバート・コルブ（Robert Kolb）によれば、この 2 つが明確に同等の形で実定法に位置づけられたのは国際連盟の時期である[10]。これに対し、武力行使後、紛争から平和への転換に関わる活動について、明確な規範は存在しない。これは国際法が戦時と平時を区別する二分法の構造を持つのに対し、現実に起こっている紛争から平和への転換は、この二分法に適合しないためである[11]。この規範の空隙を埋める必要を説く論者から提起されてきたのがユス・ポスト・ベルム（*jus post bellum*）必要論である。とはいえ、必要論が広く支持されているとまではいえず、不要論を唱える国際法学者もいる。

　ユス・ポスト・ベルムが対象とする範囲は論者によって説明が異なるものの、補償を受ける権利、和平合意形成への参加、難民の帰還、法の支配の確立、移行期正義における刑事手続制度などが含まれると考えられている[12]。規範が存在しないことに起因して平和構築活動の現場で指摘されてきた問題としては、令状なしの逮捕、長期にわたる拘禁、新法の遡及的適用、公正な裁判手続の欠如などがある[13]。そのため、ユス・ポスト・ベルムの議論は人権の保護・促進と密接に関わり、平和構築活動に国際法が適用され、その活動が行われる国や地域の住民に国際法が救済をもたらし得るかどうかという問いに繋がる。

---

[10] Robert Kolb, "Origin of the Twin Terms Jus ad Bellum/Jus in Bello," *International Review of the Red Cross Archive*, Vol. 37, No. 320 (1997), p. 558.

[11] Carsten Stahn, "Jus Post Bellum: Mapping the Discipline(s)," *American University International Law Review*, Vol. 23, No. 2 (2007), p. 316.

[12] Kristen E. Boon, "Obligations of the New Occupier: The Contours of Jus Post Bellum," *Loyola of Los Angeles International and Comparative Law Review*, Vol. 31 (2009), p. 76.

[13] Lindsey Cameron, "Human Rights Accountability of International Civil Administrations to the People Subject to Administration," *Human Rights and International Legal Discourse*, Vol. 1, No. 2 (2007), pp. 268-269.

本章では、ユス・ポスト・ベルムの必要論と不要論の議論を出発点に、国際法が平和構築における人権保護をどのように確実なものにすることができるのかという観点から、平和構築の実行を検討する。大規模かつ組織的な人権侵害を経験した社会において、平和構築活動では人権が保護される制度を導入し、また国家の人権保護能力を高めようとする。しかしそれはときに長期間を要するプロセスである。武力紛争が和平合意の締結により、あるいは一方の紛争当事者の軍事的勝利によって終結されたことをもって、直ちに人権問題がなくなるわけではない。人権侵害は平和構築の目的に反するため、平和構築活動の最中にどのように人権を保護・促進するのかは重要な問題である。

　人権保護に関し、サマンサ・ベッソン（Samantha Besson）は、義務の担い手（duty-bearers）と責任を担う者（bearers of responsibilities）とを区別すべきだと論じている。前者は通常国家であり、権利保持者の属する領域を管轄している主体である。国家以外に例外的にこの義務を担う主体としては欧州連合（EU）が挙げられる[14]。ベッソンによれば、人権に関する責任は「義務の担い手による人権侵害の防止を助け」、または義務の担い手が「その義務を履行できないか履行する意思がないとき」人権侵害の救済を行うもので、義務と並んで存在するものである[15]。この責任の担い手は国際社会一般であり、それを構成する個人、義務の担い手以外の国家、そして国際機関も含まれる[16]。本章ではこの人権保護の義務の担い手と責任の担い手という概念を用いて、平和構築に関する検討を行う。

　本章の検討は、多国籍軍が武力行使を伴う活動を行った後に平和構築活動とみなされる活動に関わる場合と、国連暫定統治における平和構築活動の両方を射程に入れる。その両者において人権保護を確保するためには、適用法が明確であり、かつ誰が人権保護義務の担い手なのかを明らかにする必要がある。しかし、現実には適用法に混乱が生じ、誰が人権保護を担うのかも明らかではない状況が起こっている。本稿が特に注目するのは、人権を保護・促進する制度や能力が整っていない移行期である平和構築の期間に、人権保護義務を誰が負

---

[14] Samantha Besson, "The Bearers of Human Rights' Duties and Responsibilities for Human Rights: A Quiet (R)Evolution?," *Social Philosophy and Policy*, Vol. 32, No. 1 (2015), pp. 253-257.

[15] *Ibid.*, p. 262.

[16] *Ibid.*, p. 263.

い、くわえて人権保護・促進の責任を担う主体は存在するのか、存在するとすればその責任が分担されることはあるのか、その分担の仕方について規範は存在するのか、という点である。

　次節ではユス・ポスト・ベルムの必要論および不要論を概観し、一部の論者によってユス・ポスト・ベルムを代替し得るとされる占領法規の検討を行った上で[17]、平和構築の規範としてのユス・ポスト・ベルムを考察する。第 2 節では実際の平和構築がどのように行われてきたのかを、一方で武力行使後の多国籍軍、占領国および国連の活動と、他方で国連暫定統治という 2 つの文脈に分けて検討する。第 3 節では前節の事例を元に、国際法を通じて平和構築における人権保護を確保する可能性を論じる。

1．ユス・ポスト・ベルムをめぐる議論

　ユス・ポスト・ベルムをめぐっては、必要論と不要論が展開されている。本節ではその異なる立場を概観し、不要論者が既存の規範の 1 つとして挙げる占領法規のユス・ポスト・ベルムとしての有効性を検討する。その上で、占領法規では平和構築における人権の保護と促進を十分に律することができない問題を指摘する。

(1) ユス・ポスト・ベルム必要論

　ユス・ポスト・ベルム必要論は正戦論の観点から強く主張されてきた。正戦とは、神の赦しによる聖戦とは異なり、道徳的に正しい戦いを意味する。戦争を開始する理由が正しい、つまりユス・アド・ベルムに反しないものであり、戦い方がユス・イン・ベロに従った合法的なものであったとしても、戦後の状況に正義が存在しない場合、それは正戦とはならない。だからこそ、ユス・ポスト・ベルムが必要であるとの主張に繋がる[18]。国際法の分野でユス・ポスト・ベルムの議論が特に盛んになったのは2003年のイラク戦争後である。この戦争については、イラクが大量破壊兵器を保有し、国連の査察活動に対して非協力

---

[17] 占領法規は、ハーグ陸戦規則、ジュネーブ諸条約第 4 条約（文民条約）およびジュネーブ諸条約の国際的な武力紛争の犠牲者の保護に関する追加議定書（第一追加議定書）、ならびに国際慣習法を法源とする。Michael J. Kelly, *Restoring and Maintaining Order in Complex Peace Operations: The Search for a Legal Framework* (Kluwer Law International, 1999), pp. 111-143.

[18] 例えば Brian Orend, *The Morality of War*, 2nd edition (Broadview Press, 2013).

的であるという理由付けがなされた。この武力行使自体の合法性は疑問視され
ながら、戦後には米国が中心となって体制転換を伴う様々な復興活動を行った。
民主化、人権、自由主義経済を基本的枠組みとするその活動は、リベラル・ピー
スをモデルとする平和構築活動と変わらなかったといえよう。しかし、戦争の
合法性が問われるからこそ、交戦国であった米国による国際人道法上の占領を
越える行為は、正戦論のみならず国際法の分野でもユス・ポスト・ベルムの必
要性を認識させた。

　前述の通り、国際法は平時と戦時の２種類の法によって構成される。カルス
テン・スターン（Carsten Stahn）は、この二分法が現代の状況に適さないこ
とを次のように指摘する。20世紀には「戦争は法的に受け入れられるパラダイ
ムとしては扱われなくなり、（異なる体系の）法律によって規律される事実上
の出来事として扱われるようになった」こと、国際武力紛争の減少と非国際的
武力紛争の増加により、もはや「戦争と平和の間に明確な境目がない」こと、
そして「紛争から平和への移行期に発生する一部の問題は『平時の法』または
『戦時の法』の単純な適用によって対応できるものではなく、『状況に応じた』
調整が求められる」ことである[19]。スターンによれば、現代のユス・ポスト・
ベルムはジュネーブ諸条約に基づくユス・イン・ベロに直接的に含まれる介入
に限らず、例えば憲章第７章下の平和執行をも射程に入れるべきものである。
また、内戦後の状況にも適用する必要があるとする[20]。

　では、必要論者の間に、ユス・ポスト・ベルムがどのような態様で、具体的
に何を規定すべきなのか、共通理解はあるのだろうか。結論からいえば、態様
について明確な提示は乏しく、具体的内容についても共通理解があるとはいえ
ないが、議論の初めとしてどのような規則および原則が必要なのかについて検
討されている。ここではいくつかの例を挙げる。

　スターンは、（1）和平合意の公平性や包含性、（2）侵略に対する処罰として
の補償、武装解除や戦争犯罪の裁判、（3）経済的能力に配慮した賠償、（4）連
帯責任ではなく個人責任、（5）正義と和解を組み合わせるモデル、（6）国家中

---

[19] Carsten Stahn, "'Jus ad bellum', 'jus in bello' …'jus post bellum'? – Rethinking the Conception of the Law of Armed Force," *European Journal of International Law*, Vol. 17, No. 5 (2007), pp. 923-924.

[20] Stahn, *supra* note 11, p. 333.

心ではなく人々を中心としたガバナンスを、ユス・ポスト・ベルムに含まれるべき事項として提示している[21]。移行期正義に重点を置きながら、ガバナンスまで視野に入れた立場である。

同様に移行期正義に焦点を当てているのがラリー・メイ（Larry May）とエリザベス・エデンバーグ（Elizabeth Edenburg）である。ユス・ポスト・ベルムの原則の中で最も重要な要素を、懲罰、和解、再建、返還、賠償、そして均衡性としている[22]。

他方、平和構築活動全般を念頭に置いていると思われるのがクリステン・ブーン（Kristen Boon）の主張である。移行期政府のアカウンタビリティ、経済的なグッド・ガバナンス、スチュワードシップ（現地住民の最善の利益のために行動する義務）、そして「占領または平和構築ミッションの法律上の最終目標に照らした均衡性」を、生まれつつあるユス・ポスト・ベルムの規範として挙げる[23]。

さらに、特徴的なのはインゲル・ウステルダル（Inger Österdahl）とエスター・ヴァン・ザデル（Esther van Zadel）の議論である。平和構築が文脈に応じて行われるべきものであることを重視し、ローカル・オーナーシップを尊重しつつ、いわばテーラーメードのユス・ポスト・ベルムを作ることができると主張している[24]。このように必要論自体の内容には幅があるものの、武力紛争中の人権侵害への対応、個人の救済、紛争当事者間の和解への視点を包含していることを指摘できる。

(2) ユス・ポスト・ベルム不要論

前述の通り必要論の中で目立つのは正戦論に基づく議論であり、武力行使が正当であるためには、武力行使の結果としての変化（transformation）が正しいものでなければならないとの見方が示される。例えばイラク戦争が正戦であ

---

[21] Stahn, *supra* note 19, pp. 938-941.

[22] Larry May and Elizabeth Edenburg, "Introduction," in Larry May and Elizabeth Edenburg (eds), *Jus Post Bellum and Transitional Justice* (Cambridge University Press, 2013), p. 3.

[23] Boon, *supra* note 12, pp. 77-82.

[24] Inger Österdahl and Esther van Zadel, "What Will Jus Post Bellum Mean? Of New Wine and Old Bottles," *Journal of Conflict & Security Law*, Vol. 14, No. 2 (2009), pp. 175-207.

るならば、その後のイラクの統治がイラク国民にとって良い結果をもたらすものでなければならないと考える。これに対して不要論からは、戦争を開始する理由と戦争後の活動を結びつけるべきではないという批判がなされている。武力行使後の活動が占領地の利益になるものであったとしても、それが武力行使自体を正当化するものではないという議論である[25]。

　不要論の強力な論者であるエリック・デ・ブラバンデーレ（Eric de Brabandere）は、ユス・ポスト・ベルムは国際法の一定の基本原則にとって有害であり、また紛争後の法的枠組みにとって中立性の点から問題があるばかりでなく、既存の義務を単にまとめるに過ぎないと批判する[26]。国際社会による紛争後の介入が民主主義の導入を伴う点に注目するデ・ブラバンデーレは、そのような介入主義的な関与は、安保理による授権によってのみ可能になると論じる[27]。デ・ブラバンデーレにとって、戦時から平時への移行に関する法は「ほぼ既存の規則および原則によって対処されている」。例えば、和平合意に関する規則、原則および制限については条約法に関するウィーン条約、国際違法行為に対する国家の責任に関する条文ならびに市民的および政治的権利に関する国際規約などを例示している[28]。また、紛争後のガバナンスに関する規則および原則については、安保理決議ならびに人権法および占領法規を挙げる[29]。つまり、移行期を律する新たな法を作るのではなく、これらの既存の法を適用することで足りるという考え方である。

　これに対しアダム・ロバーツ（Adam Roberts）は、占領の目的が既存の占領法規を越えるのであれば、法的には2つのアプローチがあり得ると論じる。1つは特定の行動や目的に関して安保理の決議をとりつけ、人権法と人道法の適用を重視しながら、合法性を確保することである。2つ目は「変革的占領（transformative occupation）を許容するようにハーグ陸戦規則および文民条

---

[25] Eric de Brabandere, "The Responsibility for Post-Conflict Reforms: A Critical Assessment of Jus Post Bellum as a Legal Concept," *Vanderbilt Journal of Transnational Law*, Vol. 43 (2010), pp. 137-141.

[26] *Ibid.*, pp. 121-122.

[27] *Ibid.*, p. 125.

[28] *Ibid.*, pp. 143-144.

[29] *Ibid.*, pp. 145-148.

約の正式な改正」を試みることである[30]。ロバーツはユス・ポスト・ベルム不要論を明示的に唱えているわけではないが、2つ目のアプローチについても慎重な考えを示している。占領法規の正式な改正を行うことなく占領法規の不足を補うものとして、人権法、安保理決議、そして「損害の及んだ社会の変革を国際社会がいかに適切に支援することができるかについて発展しつつある慣習」を挙げている[31]。

　ユス・ポスト・ベルム不要論者の間では、占領法規と国連安保理決議の組み合わせ、国際人権法の適用、そして和平合意をもって、十分に平和構築に関する法規範は存在するとの主張が主流である[32]。しかし、現実の平和構築では、コソボや東ティモールで適用法の決定を変更するという混乱が生じ、国連の活動について人権侵害の批判が起こり、またイラクでは占領法規を逸脱する過度な介入が行われたと批判される状況が発生している。既存の法や規範が平和構築活動に関して十分な規律を提供しているのであれば、このような事態は生じないと考えられる。そこで次に、不要論の中でユス・ポスト・ベルムの役割を果たすとも論じられる占領法規について、平和構築への適用の妥当性を検討する。

(3) ユス・ポスト・ベルムとしての占領法規の可能性

　1907年ハーグ陸戦規則の第42条によれば、占領は敵軍の権力による実効支配が及んだ状態である。この支配は主権の移譲を意味せず、占領は一時的であり、占領軍は変革を意図することなく限定的な活動を行う、という原則が占領法規の基底にある[33]。

　このような原則を持つ占領法規を、平和構築に適用することはできるのだろうか。1990年代初頭から約30年の経験の中で、国際社会は平和構築が長期にわたることを学んできた。例えば、1995年に和平合意が締結されたボスニア・ヘルツェゴビナでは、同合意の文民面の履行を監視する国際機関である上級代表事務所が現在も存続している。同機関は武力行使の主体ではなく、陸戦規則に

---

[30] Adam Roberts, "Transformative Military Occupation: Applying the Laws of War and Human Rights," *American Journal of International Law*, Vol. 100, No. 3 (2006), p. 622.

[31] *Ibid.*

[32] *Ibid.*; Boon, *supra* note 12.

[33] Boon, *supra* note 12, p. 61.

定める「占領」とは全く異なる条件ではあるが、上級代表は法律の制定、改廃、公職者の追放などの強権発動が可能な、平和構築の主体の1つである[34]。この例は平和構築が長期にわたることを示すとともに、社会に及ぼす影響力の強さを示している。

　平和構築は武力紛争を経験した、またはしている社会に平和の基盤を築く活動であるため、変革を企図しないという原則はそもそも相容れない。前述の上級代表の例は、強権を発動してでも和平の阻害要因を取り除くことを示すもので、まさに変更を意図した活動を行うことを意味する。ボスニア・ヘルツェゴビナの上級代表事務所は同国特有の国際機関であるが、平和構築においてより多くの例が存在するのは国連暫定統治である。占領法規は国連暫定統治に適用されないと考えられており、例えばエヴァル・ベンヴェニスティ（Eval Benvenisti）はこれについて6つの根拠が挙げられてきたことを次のようにまとめている[35]。第1に、国連暫定統治が行われる場合にはその統治下にある主権者による同意がある。第2に、国連は武力紛争法に直接服するものではない。第3に、国連暫定統治は武力紛争の結果ではないので占領には当たらない。第4に、国連主導の行政は公正かつ公平、または独自のアカウンタビリティの制度を有し、住民に対し中立であることが確保される[36]。第5に、国連行政は信頼に足るものであるにもかかわらず、それを占領法規で制限することは当該国の法に必要な変更を加える努力を弱体化させてしまう。最後に、仮に既に述べた5つの議論が誤っていたとしても、憲章第7章下の安保理決議によって国連の活動は制約を受けない、との主張である。しかし、ベンヴェニスティ自身は、国連の授権による統治は占領の定義に当てはまり、従って占領法規が適用されるとの立場をとる。

　同様に、マルコ・サッソーリ（Marco Sassòli）は、国連や地域機構が主権者の意思に沿わずに領域に実効的な支配を確立する場合には、占領法規が適用されるとの立場をとる。ただし、暫定統治が軍隊により行われる場合であると

---

[34] この権限については第3章注6参照。

[35] Eval Benvenisti. *The International Law of Occupation* (Oxford University Press, 2nd ed., 2012), p. 278.

[36] 現実には、国連の活動が常に正しく現地の人々に対して利益をもたらすということはできない。この点については第3章および第4章参照。

する[37]。これについては、主権国家の合意なく国連平和維持活動を実施することは原則に反し、特に暫定統治の場合は当該国または地域の合意なき活動の開始は考えにくい。後に検討するソマリアでの統一タスクフォース（UNITAF）のように、安保理決議に基づく有志国による平和活動であって、武力行使を伴う場合には占領法規の適用が考えられる。しかし、平和執行後の暫定統治が仮に行われる場合、地域機構は別として国連が占領法規の直接適用を認めるかどうかは定かではない。国連は平和維持活動も国際人道法および国際人権法に従うとしているが、これはその規定を尊重するという意味であって直接適用を意味するわけではない。総括すると、占領法規は一部の平和構築活動、具体的には武力行使後の占領状況において行われる平和構築活動を律することはできても、その対象とならない平和構築活動が多く存在すると考えられる。

　では、特に平和構築における人権保護について占領法規の適用は適切であろうか。占領法規は確かに一定の人権保護規定を有するが、その水準は平和構築で通常目指されるものとは異なる。ハーグ陸戦規則第43条は次のように占領地の法律の尊重と公共の秩序および生活の回復義務を定めている[38]。

　　　国ノ権力カ事実上占領者ノ手ニ移リタル上ハ、占領者ハ、絶対的ノ支障ナキ限、占領地ノ現行法律ヲ尊重シテ、成ルヘク公共ノ秩序及生活ヲ回復確保スル為施シ得ヘキ一切ノ手段ヲ尽スヘシ。

占領は一時的な状態であるため、持続可能な平和を目指す平和構築とは相容れない性格を持つ。マイケル・ケリー（Michael Kelly）は第43条の規定について、「基本的な人道的基準を確保し、人々が生存するために必要な基本的機能を再

[37] Marco Sassòli, "Legislation and Maintenance of Public Order and Civil Life by Occupying Powers," *European Journal of International Law,* Vol. 16, No. 4 (2005), p. 688.

[38] 同条後段に関して、フランス語の原文と英訳が違うことが複数の研究者によって指摘されている。Sassòli, *supra* note 37, p. 662; McCarthy Corner, "The Paradox of the International Law of Military Occupation: Sovereignty and the Reformations of Iraq," *Journal of Conflict & Security Law,* Vol. 10, No. 1 (2005), pp. 43-74; and Kelly, *supra* note 17, pp. 187-9. 日本語訳は「公共ノ秩序及生活」であるが、フランス語では "l'ordre et la vie publique" で、それが英語では "public order and safety"、つまり公共の秩序および安全と訳されている。しかし、ハーグ陸戦規則に関してはフランス語が原文であるため、日本語訳のように「公共ノ秩序及生活」が本来の規定となる。

建するという人道的配慮を反映する」ものと解釈している[39]。また、人道的介入の結果としての占領で、占領前の状況が既に混乱していた場合にあっては、占領国の負う義務はさらに狭められ、専ら食糧、衛生等の人道的対応に限定されることになる[40]。安保理決議794で定められたソマリアにおける憲章第7章に基づく多国籍軍の任務のように、「人道支援の安全な環境を可及的速やかに確立するために必要なあらゆる措置を講じる」[41]という活動であれば、この解釈が妥当かもしれない。

しかし、平和構築活動の場合には求められる水準はこれにとどまらないと考えるのが自然である。例えば文民条約第55条は、可能な手段がある限り、人々の食糧および医療品の供給を確保する義務を占領国が負うことを定めている。第56条は、占領国が被占領国および現地の当局と協力して、「医療上及び病院の施設及び役務並びに公衆の健康及び衛生」を確保し維持しなければならないことを定める。第一追加議定書はさらに占領地における文民の保護を推進する内容となっている。しかし、占領法規は特定の条件の下に国際人権法の適用が制限されることを容認する。例えば、文民条約第78条は、安全保障上重要な理由があれば居住の制限となる住居指定または抑留の措置を行うことを認めている。したがって、平和構築における人権保護・促進を考えるとき、占領法規がユス・ポスト・ベルムとして十分であるとは考えられない。そのために、ロバーツやスターンなど複数の論者が国際人権法との組み合わせを主張するのである。

(4) 占領法規を越えるユス・ポスト・ベルム

これまでの検討から、占領法規を平和構築に適用する場合の問題として、占領法規は適用の対象となる主体と状況が限定的であり、何より長期間の変革的活動を想定した規範ではないという点が明らかになった。ブーンが指摘するように、平和構築が「変革的（transformative）」な性質を持ち、持続可能な平和を目指すため、暫定的に一定の安全保障を確立する占領法規とは相容れないということである。特に人権保護・促進を考える場合、持続可能な平和を構築する上での取組みを規律するには不十分である。

---

[39] Kelly, *supra* note 17, p. 189.

[40] *Ibid.*

[41] U.N. Doc. S/RES/794, 3 December 1992, para. 7.

　それでは、占領法規を越えるユス・ポスト・ベルムはどのようなものであるべきか。まず、平和構築において「公権力を行使するすべての主体」を対象とする必要がある[42]。そして、長期にわたる変革的な活動を想定した規範でなければならない。グラント・T・ハリス（Grant T. Harris）は、占領に関して国際人権法が適用されるようになったことこそが近代的占領の政策目的が根本的に変化した理由なのだと論じる。人権を保護しなければならないとすれば、占領国は国家建設に関与せざるを得ないからだと説明する[43]。そして、それ故にそうした活動に関する規範が必要となり、国際的に権威を付与されて民主主義を推進し、文民を虐待から守る「解放軍」には、「国連憲章の下に作られる近代的占領レジーム」による規律が必要であるとの主張さえ聞かれる[44]。具体的には、例えば自決権との関係に照らして、ユス・ポスト・ベルムが介入の限度に関する基準を提示し、過度な介入を予防することが期待される[45]。

　ユス・ポスト・ベルムでは、移行期においても現代の国際人権法が遵守されることを確保する規範が求められる。そのためには、移行期における人権保護・促進に関する義務の担い手を明確にし、また責任を負う主体をも定めることが求められるのではないだろうか。次節では平和構築活動の実行を概観し、さらに検討を進める。

２．平和構築の実態

　本節では、武力行使後の活動と国連暫定統治に区分した上で、それぞれ３つの平和構築活動事例を概観する。ここでの検討は、移行期の適用法、活動の主体とその人権に関わる任務、そして活動地の主権の状況に注目する。主権が明確な場合、それは人権保護・促進義務の担い手が特定でき、したがって理論的には人権が守られやすいことを意味する。これに対し、移行期において主権の所在が不明な場合、あるいは主権者から特定の機関が一定の権限を授権する場合、人権保護義務の担い手は単独ではなくなると推定され、あるいは義務と責任の分担が不明瞭になる。事例の比較から、人権保護義務の担い手を特定する

---

[42] Boon, *supra* note 12, p. 76.

[43] Grant T. Harris, "The Era of Multilateral Occupation," *Berkeley Journal of International Law*, Vol. 24, No. 1 (2006), p. 16.

[44] David J. Scheffer, "Beyond Occupational Law," *American Journal of International Law*, Vol. 97, No. 4 (2003), p. 851.

[45] Boon, *supra* note 12, pp. 76-77.

ことの難しさを明らかにしたい。

(1) 武力行使後の平和構築活動

　武力行使後の平和構築の事例として、ここではソマリア、アフガニスタンおよびイラクを取り上げる。ソマリアの事例では、人道支援のために必要があれば武力行使を行うことを授権されていた多国籍軍、UNITAF について検討するが、厳密にはこの事例は「武力行使後」ではない。しかし、UNITAF の一部は、駐留開始直後の武力行使を伴う治安の確保から、法の支配の確立を中心とした、通常の平和構築活動において実施される活動に推移した経緯がある。アフガニスタンおよびイラクでは多国籍軍が武力を行使し、その後、軍隊の派遣国、特に米国が中心となって平和構築活動に関わっている。アフガニスタンでは米国を含む支援国が平和構築の支援を行っているのに対し、イラクでは当初米国が平和構築を主導していたと考えられる。ユス・ポスト・ベルムの議論はとりわけイラクの事例によって活発化したとみられることから、3つの事例の比較を通じてその相違を確認する。

（a）ソマリア

　ソマリアでは、シアド・バーレ大統領がマハメド・ファラ・アイディードによって1991年1月に首都モガディシュから追放された。その後も武装勢力間の抗争が続き、特に首都モガディシュでは無法状態となった[46]。紛争と干ばつのために人々は食糧難に苦しみ、国連は安保理決議733によってソマリアに対する武器輸出禁止を決める[47]。その後、安保理は決議751によって UNOSOM I の設立を決定し[48]、決議775では4つの安全地帯を作るという事務総長の勧告を受け入れた[49]。しかし、ソマリアの軍閥の中には UNOSOM I の駐留に同意しないものもあり、国連平和維持軍は直接攻撃を受けるに至り、人道支援団体は支援

---

[46] 遠藤貢『崩壊国家と国際安全保障－ソマリアにみる新たな国家像の誕生』（有斐閣、2015年）54頁。

[47] U.N. Doc. S/RES/733, 23 January 1992.

[48] U.N. Doc. S/RES/751, 24 April 1992. この決議の時点では UNOSOM であったが、その後 UNOSOM II の設立、派遣が行われたため、この活動は UNOSOM I にあたる。

[49] U.N. Doc. S/RES/775, 28 August 1992.

物資を狙われる状況となった[50]。

　そこで、必要があれば武力行使を伴う人道支援を行う多国籍軍の活動として安保理の授権を受けたのが、米軍率いる UNITAF である。安保理決議794は憲章第 7 章に基づき、UNITAF が「可及的速やかにソマリアにおける人道的救済活動のために安全な環境を確立することを目的としてあらゆる必要な手段を講じる」ことを認めた[51]。米国が主導する UNITAF 本部は、その活動が軍事行動ではなく人道的活動であるため、占領には当たらないと解釈した[52]。しかし、オーストラリア軍は自らの任務には占領法規が適用されると認識して任務に当たった。UNITAF オーストラリア軍の法務官であったケリーは、UNITAF での経験を元に平和活動の法的根拠を研究し、著書の中で同軍の法的解釈を明示している[53]。オーストラリア軍がUNITAF の活動に占領法規が適用されると判断した最大の理由は、ソマリアに政府が不在であったことである。同軍は安保理決議に基づいて派遣されたが、ソマリア政府に招請されたわけでも、ソマリア政府と合意があるわけでもない中で、任された地域を事実上支配することになった。ソマリアは1969年に文民条約を批准していたため、オーストラリア軍は一締約国の一部を占領した状態になったと解釈された。UNITAF は平和構築を目的としていたわけではなかったが、オーストラリア軍の活動は短期間のうちに現地住民の生活を大きく改善させたことで知られるため、ここではオーストラリア軍の活動に特化して検討する[54]。

　ハーグ陸戦規則第43条にしたがって、オーストラリア軍はソマリアの法律を尊重し、秩序の維持を図った。警察を立て直し、拘置所、刑務所、警察署、裁判所を建設し、機能させた。同軍はまた、バーレ政権下で導入された抑圧的な法律について現地の法律家と協議の上、これを違憲と判断して1962年の刑法を

---

[50] United Nations, *The Blue Helmets: A Review of United Nations Peacekeeping* (United Nations, 1996), pp. 292-293.

[51] U.N. Doc. S/RES/794, 3 December 1992, para. 10.

[52] Simon Chesterman, *You, The People: The United Nations, Transitional Administration, and State-Building* (Oxford University Press, 2004), p. 115.

[53] Kelly, *supra* note 17, p. 17.

[54] Robert G. Patman, "Disarming Somalia: The Contrasting Fortunes of United States and Australian Peacekeepers during United Nations Intervention, 1992-1993," *African Affairs*, Vol. 96(1997); and Robert G. Patman, "Securing Somalia: A Comparison of US and Australian Peacekeeping during the UNITAF Operation," IFS Info 6/1997(1997).

適用した[55]。立て直された国内裁判所において軍閥のリーダーの裁判も行われたが、これについては文民条約およびハーグ陸戦規則に基づく義務、特に文民条約第146条および第147条に基づく重大な違反を犯した者を訴追するという義務を果たすものと考えられた。虐殺などを行った軍閥のリーダーが、ジュネーブ諸条約共通第3条に違反したとの認識の上であった[56]。オーストラリア軍の活動による治安の向上は、地域の経済活動を可能にした。そのため、わずか3ヵ月の間に行われた上記の活動は、地域住民の人権状況を、自由権・社会権ともに著しく改善させたといえる。

　ケリーはUNITAFの活動に対する占領法規の規範としての有用性を指摘し、占領軍としてどのような義務を負っているかを明確に認識することができたと述べている。しかし、ここで留意したいのは、同じUNITAF内でも米軍および米軍主導の本部は占領法規の適用を否定していたことである[57]。さらに、UNITAFの多国籍軍は派遣国によって任務の内容に関する理解も異なり、例えば米軍は武器回収を任務外と解釈したため、米軍とオーストラリア軍の管轄地域の状況は大きく異なるものとなった。

　UNITAFの活動に占領法規が適用されたと考えるならば、適用法は原則的に現地の既存の法律となった。当時のソマリアは自由権規約およびその選択議定書、社会権規約、拷問等禁止条約、人種差別撤廃条約を批准していた。失敗国家（failed state）とも崩壊国家（collapsed state）とも呼ばれるソマリアでは[58]、政府が不在の状態であったことから、UNITAFが領域を実効支配する限りにおいて人権保護・促進義務の担い手となったものと考えられる。ただし、その義務の範囲は占領法規に定められる限度であったと想定するのが妥当であろう。

（b）アフガニスタン
　2001年9月11日に発生した、アルカイーダによる世界貿易センター・ビルおよびアメリカ国防総省に対するテロ攻撃を受け、米国は10月7日から「不朽の

---

[55] Patman, *ibid.* ("Disarming Somalia,"; "Securing Somalia"); and Thijs W. Brocades Zaalberg, *Soldiers and Civil Power* (Amsterdam University Press, 2006).

[56] Kelly, *supra* note 17, p. 52.

[57] *Ibid.*, p. 17.

[58] 遠藤『前掲書』（注46）22-23頁。

自由作戦（Operation Enduring Freedom）」という軍事行動を実施した。それ
はアルカイーダのネットワークを破壊し、またアルカイーダの引き渡しを拒ん
だタリバンを壊滅させる目的であった。同年12月5日には25名の和平協議参加
者による署名をもって和平合意としてのボン合意が成立し[59]、ハミド・カルザ
イを議長とする暫定政権（Interim Authority)が成立した。しかし、武力紛争
は外国軍とタリバンの間で戦われたものであり、和平合意はそのタリバン抜き
に締結されるという特異なものであった[60]。

ボン合意はその付属文書Ⅰにおいて、国際社会に対し、アフガニスタンの新た
な軍隊を設立し訓練するという支援を求めている。これを受けて安保理は決議
1386により、国際治安支援部隊（ISAF）の設立を認めた。同部隊の活動範囲は
首都カブールとその周辺に限定された[61]。このようにISAFは占領軍ではなく、そ
の任務は治安維持のためにアフガニスタン暫定政権を支援することであった。

ボン合意は、暫定政権を主権が付託される対象（repository of Afghan
sovereignty）と定めた[62]。同合意第2条1項は当面の適用法について次のよう
に定めている。

1）上記の通り新しい憲法が定められるまで、暫定的に以下の法的枠組み
が適用されるものとする。
 i) 1964年憲法。ただし、a/ その規定が本合意に定められるところに
反しない限りにおいて、かつb/ 王制ならびに憲法に定められる
行政および司法機関に関する規定を除き、これを適用する。また
 ii) 現行の法規。本合意もしくはアフガニスタンが締約国となってい
る国際的な法的義務、または1964年憲法に定められる適用規定に
反しない限りにおいてこれを適用する。ただし、暫定政権はかか
る法規を廃止または改正する権限を有する。

---

[59] Agreement on Provisional Arrangements in Afghanistan Pending the Re-Establishment
of Permanent Government Institutions (Bonn Agreement), U.N. Doc. S/2001/1154 (Dec. 5,
2001).

[60] Astri Suhrke, Kristian Berg Harpviken and Arne Strand, "After Bonn: Conflictual Peace
Building," *Third World Quarterly*, Vol. 23, No. 5 (2002), pp. 875-891.

[61] U.N. Doc. S/RES/1386, 20 December 2001, para. 1.

[62] Bonn Agreement, I. General Provisions (3).

アフガニスタンでは1973年憲法を初め、複数の憲法が採択されてきたが、ボン合意では適用する憲法をあえて1964年憲法としたことになる。これは、和平プロセスをより安定した時代のアフガニスタンの記憶に結びつけようとしたためだと指摘される[63]。なお、同条2項において、アフガニスタンの司法権は独立しており、最高裁判所に付託されることも明示されている。したがってアフガニスタンでは、次に検討するイラクのように主権の停止はなかったといえる。サイモン・チェスターマン（Simon Chesterman）の言葉を借りれば、「アフガニスタンは主権に議論の余地なき国家であったし、そうであり続けたのである」[64]。

　翌年6月にロヤジルガ（国民大会議）が開催され、移行政権（Transitional Authority）が発足した。ボン合意は、アフガニスタンが締約国となっている国際人権条約ならびに国際人道法の基本的原則および規定にしたがって、移行政権およびロヤジルガが行動することも定めた[65]。

　ボン合意の付属文書は国連の役割を定めており、アフガニスタン担当の国連事務総長特別代表（SRSG）がボン合意の履行を監視し、支援するほか、国連に「人権侵害の調査を行う権利」を付与し、必要があれば是正措置を勧告する権利を有することも規定していた。さらに、人権教育プログラムの開発と履行の責任を有するものとされていた[66]。

　アフガニスタンに対し、国際社会は多くの平和構築支援を行っているが、平和構築の主体はあくまで同国政府なのである。アフガニスタンの事例では「ライト・フットプリント」アプローチという表現が頻繁に使われ、その表現通り国際社会の足跡は薄いものとし、あくまで国家主導の平和構築アプローチを取ろうとしている[67]。しかし、たとえ主導ではなく支援の立場をとったとしても、人権保護に関する問題は生じる。30年間にわたり英国の軍事弁護士を務めたチャールズ・ギャラウェイ（Charles Garraway）は、ユス・ポスト・ベルム

---

[63] Chesterman, *supra* note 52, p. 175.

[64] *Ibid.*, p. 89.

[65] Bonn Agreement, V. Final Provisions (2).

[66] Bonn Agreement, Annex II, 2 and 6.

[67] これは平和構築活動のアプローチを説明するものであり、国際社会による軍事面の関与の程度を示すものではない。

の不在によって現場で生じる問題として、占領、武力行使と並んで勾留、刑事
司法の問題を挙げている。勾留に関して、ギャラウェイはアフガニスタンでの
活動を例に挙げて、十分な勾留施設がないことを知りながら被疑者をアフガニ
スタン当局に引き渡すのは、国際人権法の違反に当たるのかという問いを投げ
かけている[68]。この問題の解決には人権保護・促進の責任に関する規範の形成
が必要となろう。

　2002年3月には安保理決議1401によって国連アフガニスタン支援ミッション
(UNAMA)が発足した[69]。UNAMA のマンデートは同決議に先立つ事務総長報
告によって提案され、同決議によって確認された。その内容は国民和解、人道
支援および復興活動と共に、ボン合意において国連に託された、「人権、法の
支配およびジェンダー問題」を含むものであった[70]。しかし、前述の通り主権
を行使する移行政権が存在したため、人権保護義務の担い手は政権当局であっ
たものと考えられる。UNAMA は人権に関する報告書を作成するなどの活動
を続けているが、国連を含む国際社会の取組みは和平を優先するものとなり、
移行期正義は取り残される状況となっている[71]。特別報告者アスマ・ジャハン
ギル（Asma Jahangir）は、報告書の中で UNAMA と ISAF の活動を称賛し
た上で、「和平プロセスはこれまでのところ、過去をどのように扱うか、そし
てどのように正義と和解を確保するか、という問いに十分に対応してこなかっ
た」と述べ、移行期正義への取組みがなければ和平を損なう恐れがあることを
指摘した[72]。特別報告者は、超法規的、略式もしくは恣意的処刑（extrajudicial,
summary or arbitrary execution）が続いているにもかかわらず、それらの事
件がほとんど調査されていないことから、市民社会および UNAMA の人権監

---

[68] Charles Garraway, "The Relevance of Jus Post Bellum: A Practitioner's Perspective," in Carsten Stahn, and Jann K. Kleffner (eds), *Jus Post Bellum: Towards a Law of Transition from Conflict to Peace* (T. M. C. Asser Press, 2008), pp. 153-162.

[69] U.N. Doc. S/RES/1401, 28 March 2002.

[70] The Secretary-General, *Report of the Secretary-General, The Situation in Afghanistan and its Implications for International Peace and Security*, A/56/875-S/2002/278, 18 March, 2002, para. 97.

[71] Aziz Hakimi and Astri Suhrke, "A Poisonous Chalice: The Struggle for Human Rights and Accountability in Afghanistan," *Nordic Journal of Human Rights*, Vol. 31, No. 2 (2013), pp. 201-223.

[72] *Report of the Special Rapporteur, Ms. Asma Jahangir, submitted pursuant to Commission of Human Rights resolution 2002/36*, E/CN.4/2003/3/Add.4, 3 February 2003, Executive Summary, para. 4.

視能力の弱さを指摘し、国連が支援する国際的な独立調査委員会の設置を勧告した[73]。しかし、国連人権委員会では米国等の反対により調査が実現することはなかった[74]。これは政治的判断によって国際社会が人権の保護・促進に関する責任を果たしていない状況を示している。

（c）イラク

　2003年、米国は英国と共に、大量破壊兵器を所持しているとされたイラクのサダム・フセイン政権を武力行使によって打倒した。米国は、当初、自らの立場を占領軍ではなく解放軍とみなしていた[75]。しかし、イラクの石油・食糧交換計画に関する安保理決議1472は、イラクに介入したすべての当事者に対して「国際法、特にジュネーブ諸条約およびハーグ陸戦規則の下の義務を厳守する」よう求めた[76]。同決議はまた、前文において文民条約第55条の食糧および医療品の供給確保という占領国の義務に言及している。

　安保理決議1483は、その前文で米国および英国の「統一の指揮下における占領国に適用される国際法に基づく特定の権限、責任および義務」を認識するとし、第5段落ではすべての関係国に対し、「とりわけ1949年ジュネーブ諸条約および1907年ハーグ陸戦規則を含む国際法に基づく義務を完全に遵守するよう」呼びかけている[77]。同決議において当局とされた米・英両国は、当局としての権限と同決議を含む関連する安保理決議に基づき、連合国暫定当局（CPA）として活動した[78]。

　決議1483は、一方で米・英国に対して国際人道法の遵守を求めながら、同時にイラクの人々の福祉を向上するよう要請し、またSRSGを任命して当局と調整の上、経済再建、司法改革、選挙による正当な政府の設立を含む支援の実施を求めた。これについてブーンは、占領国は占領地の状況を変革しないとい

---

[73] *Ibid.*, paras. 71-77.

[74] Human Rights Watch, "UN Rights Body in Serious Decline," Press Release (Geneva 25 April 2003); and Hakimi and Suhrke, *supra* note 71, p. 204.

[75] Roberts, *supra* note 30.

[76] U.N. Doc. S/RES/ 1472, 28 March 2003, para. 1.

[77] U.N. Doc. S/RES/ 1483, 22 May 2003.

[78] 米・英両国は安保理決議によってCPAとして特別の権限を認められたが、占領国であることに変わりはなく、以下言及する先行研究も同様の見方をしている。

う国際人道法の原則を覆したと指摘している[79]。デ・ブラバンデーレもまた、このマンデートは国際人道法上の占領国の権限をはるかに越えると評している[80]。しかし、決議1483で占領国に求められたのは、「国連憲章および他の関連する国際法に基づき、特に安全と安定の条件を取り戻す取組みならびにイラク国民が自由にその政治的将来を決定できる条件を作りだすことを含め、領土の効果的な統治によりイラク国民の福祉を促進すること」(第 4 段落)と、クウェートおよび第三国の国民を帰国させる努力（第 6 段落）である。第 4 段落の記述には確かに選挙の実施が含まれていると考えられるが、経済再建等については、イラクに派遣された SRSG が国連機関や CPA と活動を調整する第 8 段落の項目に含まれている。ただし、「国民の福祉を促進する」という第 4 段落の意味を幅広く捉えることはできる。決議1483については複数の安保理理事国がその内容を妥協の産物だとしており、そのような文書に CPA のマンデートの根拠を求めることは愚かだとの強い批判もある[81]。

　占領下の適用法については CPA の規則により定められ、「CPA がその諸権利を行使し、義務を履行することを妨げることなく、または既存のもしくはその他の CPA が発行する規則もしくは命令と競合しない限りにおいて」、2003年 4 月16日現在のイラク法が引き続き適用されるとした[82]。CPA 規則第 1 号は、「安全と安定の条件を回復し、イラクの人々が自由に政治的将来を決定できる条件を創り出すために」移行期の政府権限を暫定的に行使するという自らのマンデートを定めている[83]。さらに CPA 規則は、CPA に対して「その目的を達成するために必要なすべての行政、立法および司法権限」を付与している[84]。このように、CPA は自らに幅広い権限を付与して活動したのである。

　CPA は100の命令を発し、バアス党の党員を政府から追放し、急速な経済の自由化と民営化を実施した。このことはイラクの既存の法律の廃止を

---

[79] Boon, *supra* note 12, p. 73.

[80] de Brabendere, *supra* note 25, p. 131-132.

[81] Gregory H. Fox, "The Occupation of Iraq," *Georgetown Journal of International Law*, Vol. 36 (2005), p. 259.

[82] Coalition Provisional Authority Regulation No.1, CPA/REG/16, May 2003/01 § 3 (1).

[83] CPA Regulation No. 1, CPA/REG/16, May 2003/01, Section 1.

[84] CPA/REG/16, Section 1 (2).

伴った[85]。他方、ハーグ陸戦規則第43条が、占領地の公の秩序と安全を回復し確保するあらゆる措置をとることを占領国に課すのに対し、イラクでは病院、博物館、学校、発電所、石油関連施設、政府の建物などが暴徒によって略奪され、破壊された。占領国はこれを防ぐことができず、即ち第43条の責務を果たすことができなかったのである[86]。ハマダ・ザハウィ（Hamada Zahawi）は、占領国が公の秩序と安全を確保できず、博物館や国立図書館を守れなかったことは、イラク国民の占領国に対する信頼を逸することに繋がったと指摘する[87]。結果的な無法状態はイラクの平和構築を困難にした。既述の通り文民条約第55条および56条は占領国に対して医療および保健衛生の保障に最大限の措置をとる義務を課しているが、占領国はこれを果たさなかったと批判される[88]。また文民条約第50条は、児童の監護および教育を行うすべての機関が適切に稼働するように便宜を図る義務を占領国に負わせているが、この点もイラクにおいては履行されたとはいえない[89]。他にも様々な人権保護義務を履行できなかったことが指摘されている[90]。第一追加議定書によって拡大された人権保護の内容は、米国もイラクも同議定書を批准しておらず、適用外であった[91]。

　国連については、決議1483がSRSGの任命を求め、占領国と協調し、複数の行動を通じてイラクの人々を支援することをその任務としている。SRSGの行動には代表制による統治を推進するために、国および地方の機構を再興し設置する努力の推進や、経済再建および持続可能な発展条件の促進、人権保護の促進などが含まれている[92]。占領軍としてのCPAは、イラク国民の人権保護義務を負ったものと考えられ、これに対して国連の役割は人権の保護・促進に関する義務ではなく責任であったといえよう。

---

[85] Hamada Zahawi, "Redefining the Laws of Occupation in the Wake of Operation Iraqi 'Freedom': Was It a Mistake? Some Iraqis Say Life Is Worse than It Was under a Dictator," *California Law Review,* Vol. 95, No. 6 (2007), p. 2298.

[86] *Ibid.*, p. 2319.

[87] *Ibid.*, p. 2320.

[88] *Ibid.*, pp. 2321-2322.

[89] *Ibid.*, pp. 2326-2327.

[90] Scheffer, *supra* note 44, pp. 855-6.

[91] Zahawi, *supra* note 85, p. 2308.

[92] U.N. Doc. S/RES/1483, para. 8.

　安保理決議1511は、暫定的にイラク統治評議会（IGC）が主権を具現化することを確認した[93]。同時に、決議は統治の責任と権限を「実施可能な限り速やかに」イラクの人々に返還するように求めた[94]。IGC は CPA 規則第 6 号によってその設置が確認され[95]、CPA が民族と宗教別の枠を設けて25名を任命した[96]。IGC は CPA の行為を正当化する機能を果たしたとも考えられているが、IGC の構成員は選挙で選ばれたわけでもなく、そのような正当化を果たす権限はなかったとの議論がある[97]。つまり、IGC が正統に主権を表す機関であったのかどうかが疑問視されているのである。IGC に正統性がなければ、IGC の同意による CPA の行為もまた正当化できない可能性が生じる。

　安保理決議1546では、2004年 6 月30日までに CPA が占領を終え、イラクの暫定政権が主権を全面的に担うことを想定した[98]。しかしながら、同政府が暫定期間を越えて選挙後の移行政府を拘束するような行為は禁じたため、暫定政権が主権を完全に行使したのかどうかは必ずしも明確ではない[99]。CPA からイラク暫定政権への「正式な主権の移譲」は2004年 6 月28日に行われたが[100]、大規模な外国軍の駐留は当該国とイラク政府との合意により継続され、参加する国家の数を減少させながら、米軍の駐留は2011年まで続いた[101]。法的な主権は IGC にありながら CPA が実質的主権を行使するという状況は、人権保護義務の担い手を特定することを困難にするといえよう。

（2）国連暫定統治による平和構築
　国連暫定統治については、カンボジア、コソボ、東ティモールの事例を取り

[93] U.N. Doc. S/RES/1511, 16 October, 2003, para. 4.

[94] U.N. Doc. S/RES/1511, para. 6.

[95] CPA Regulation No. 6, CPA/REG/13 July 2003/06, Section 1.

[96] 25名中、18名はイラク人の多くが知らない元亡命政治エリートであった。山尾大『紛争と国家建設―戦後イラクの再建をめぐるポリティクス』（明石書店、2013年）、33頁。

[97] Zahawi, *supra* note 85, pp. 2323-2324.

[98] U.N. Doc. S/RES/1546, 8 June 2004, preamble.

[99] U.N. Doc. S/RES/1546, paras. 1 and 4. Harris, *supra* note 43, p. 66.

[100] *Ibid.*, pp. 67-8.

[101] Tim Arango and Michael S. Schmidt, "Last Convoy of American Troops Leaves Iraq," *The New York Times*, Dec. 18, 2011.

上げる。国連の平和活動の中でも暫定統治を行う例は限られている。この3つ
の事例はいずれも1990年代に開始された活動であり、国連が、選挙、民主化、
人権等の平和構築活動に直接関わったものである。

(a) カンボジア

　カンボジアでは1975年にポル・ポト率いるクメール・ルージュがプノンペン
を制圧し、その政権の下で大規模な人権侵害が行われた。ベトナム軍の介入に
よりカンプチア人民共和国が設立され、その後同政権に反対する勢力との内戦
が続いた。10年近い外交努力の末、1990年8月に紛争終結の枠組みが合意され、
カンボジア最高国家審議会（SNC）が設立された[102]。

　1991年10月23日、19ヵ国の署名によるパリ和平協定が締結された[103]。同協定
第3条によれば、SNC は移行期の間、カンボジアの主権、独立および一体性
を体現する機関であった。同第6条は、SNC が「協定の履行を確保するため
に必要なすべての権限を国連に委託する」とした。安保理決議745により、国
連カンボジア暫定機構（UNTAC）が設立され[104]、UNTAC はパリ和平協定に
基づいて SNC から授権された権限を行使して暫定統治を行った[105]。

　UNTAC の任務はカンボジア和平の再興と維持、国民和解の推進、人権の保
護および自由かつ公正な選挙によるカンボジア国民の自決権の保障であっ
た[106]。UNTAC は SNC から助言を受け、それに従うものとされたが、その助言
が和平合意の目的に合致することという但し書きがあり[107]、その合致の如何を
判断するのはカンボジアに派遣された SRSG であった[108]。

　UNTAC は人権、選挙、軍事、民生、警察、補償および復興の7つの部門で
構成された。人権部門は人権教育、移行期の人権監視および人権侵害の申立て

---

[102] Framework for Comprehensive Political Settlement of the Cambodia Conflict, U.N. Doc.
A/45/472-S/21689, 31 August 1990.

[103] Paris Peace Agreements, U.N. Doc. A/46/608-S/23177, 30 October 1991.

[104] U.N. Doc. S/RES/745, 28 February 1992.

[105] Paris Peace Agreements, para. 6.

[106] U.N. Doc. S/RES/745, preamble para. 4.

[107] Paris Peace Agreements, Annex 1, Section A, 2 (a).

[108] Paris Peace Agreements, Annex 1, Section A, 2 (e).

の調査、また適切な場合には是正措置をとることを任務とした[109]。最初の第二世代または多機能型の平和維持として、UNTAC では制度作りには重点が置かれていなかったといえる[110]。

　当時のカンボジアには4つの勢力がそれぞれ実効支配する地域があった。そのうち独立・中立・平和・協力のカンボジアのための民族統一戦線（Front uni national pour un Cambodge indépendant, neutre, pacifique et coopératif; FUNCINPEC）とクメール人民民族解放戦線（Khmer People's National Liberation Front; KPLNF）が支配する地域では法制度が不十分であったため、UNTAC が裁判官を任命した[111]。また、UNTAC は1992年中に移行期の法制度に関する原則、刑法および刑事法手続も承認した[112]。1993年1月、SRSG は人権侵害の責任者の起訴手続に関する指令を発布し、これを報告した事務総長報告書は安保理決議810によって承認された[113]。しかし、人権侵害の被疑者がいずれかの勢力の関係者である場合、裁判所が管轄外の事件であると判断するなど、定められた手続の履行は困難を極めた。そのために、UNTAC が起草しSNC によって採択された暫定刑事規定に関し、UNTAC は新たな指令を発布することになった。その内容は、独立した裁判所が公正な裁判を行えるようになるまで、国連の特別検察官は暫定刑事規定に縛られず、またUNTAC に逮捕・勾留されている者は勾留を継続できるというものであった[114]。「公正な裁判を受ける権利」を保護しようとする一方で、このことは司法審査のない

[109] Agreement on a Comprehensive Political Settlement of the Cambodia Conflict, Article 16 and Section E of Annex 1. UNTAC およびその人権部門に関し、より詳しくは次を参照。Mari Katayanagi, *Human Rights Functions of United Nations Peacekeeping Operations* (Martinus Nijhoff Publishers, 2002), pp. 101-138.

[110] ググリエルモ・ヴェルディラメ（Guglielmo Verdirame）は、UNTAC の人権関係の活動が乏しかった理由として財政的・人的資源の不足を指摘している。Guglielmo Verdirame, *The UN and Human Rights: Who Guards the Guardians?* (Cambridge University Press, 2011), p. 242.

[111] Stephen P. Marks, "The New Cambodian Constitution: From Civil Law in a Fragile Democracy," *Columbia Human Rights Law Review* (Fall 1994), p. 87.

[112] *Second Progress Report of the Secretary-General on UNTAC*, U.N. Doc. S/24578, 21 September 1992 (*Second Progress Report*), para. 28.

[113] *Third Progress Report of the Secretary-General on UNTAC*, U.N. Doc. S/25154, 25 January 1993, para. 103. U.N. Doc. S/RES/810, 8 March 1993. See Katayanagi, *supra* note 109, p. 115.

[114] Directive 93/2. 佐藤安信「カンボジアだより」『法学セミナー』461号（1993年5月）16頁.

長期勾留という別の人権侵害を発生させた。

　1992年4月、SNC は自由権規約および社会権規約を批准した[115]。同年9月には拷問等禁止条約、女性差別撤廃条約、子どもの権利条約ならびに難民条約の批准も決定している[116]。したがって、カンボジアは人権諸条約の締約国として人権の保護・促進義務を負うことになった中で、UNTAC による長期勾留が起こったことになる。SNC は UNTAC による当該指令の発布を防げなかったことをもって国際法上の義務違反を問われるのであろうか。後に UNMIK の例で述べるように、国連は国際人権法上の義務に拘束されないとしていることから、UNTAC のみが責任を負うとすることは現在の国際法の解釈としては難しいといえよう。

（b）コソボ

　ユーゴスラビア連邦共和国の一部であったコソボでは、アルバニア系住民が人口の過半数を占め[117]、セルビア政府に対してより広範な自治または独立を求めていた。これに対し、セルビア政府が虐殺を含む強権的対応を行ったため、アルバニア系住民の多くが難民としてアルバニアを初めとする近隣諸国に流出し、また国内避難民となった。この状況を受け、1999年3月、北大西洋条約機構（NATO）は安保理の授権なくセルビアへの爆撃を開始し、コソボが独立するかセルビアにとどまるか未定のまま、国連コソボ暫定行政ミッション（UNMIK）が派遣されるという経緯をたどった[118]。UNMIK の設置を決めた安保理決議1244はまた、NATO 軍を中心とする安全保障のための軍事部門の設置を認め、これがコソボ治安維持部隊（KFOR）となった[119]。セルビア政府によるアルバニア系コソボ住民に対する人権侵害を契機に介入した国際社会は、コソボ内では少数民族となるセルビア系住民に対する人権侵害に直面する。セ

---

[115] *First Progress Report of the Secretary-General on the United Nations Transitional Authority in Cambodia*, U.N. Doc. S/23870, 1 May 1992, para. 14. カンボジアはこれらの条約に1980年に署名していた。

[116] *Second Progress Report*, para. 8.

[117] ユーゴスラビア社会主義連邦共和国の崩壊後、ユーゴスラビア連邦共和国はセルビア共和国とモンテネグロ共和国によって構成され、コソボはセルビア共和国の一部であった。

[118] UNMIK に関しては本書第3章も参照のこと。

[119] U.N. Doc. S/RES/1244, 10 June 1999, paras. 7-9, and Annex 2, 4.

ルビア系住民に対する略奪、放火、アパートの収奪に対応するほか、麻薬取引、女性の人身売買などの組織犯罪にも対処を迫られた[120]。

　コソボにおける国際機関のプレゼンスは、4つの柱を持つ珍しい形式をとった。人道問題に関わる第1の柱が国連難民高等弁務官事務所（UNHCR）、第2の柱は民事行政の国連、第3の柱は民主化および制度作りを担う欧州安全保障協力機構（OSCE）、第4の柱は経済再建を担当する欧州連合（EU）であった。UNHCRは2000年6月にこの構造から離れ、コソボのSRSGのもとに「法執行および正義」を責務とする新しい第1の柱が作られた[121]。また、4つの柱の中では、OSCEが制度作り、民主化および人権に主導的役割を果たすものとされ、人権についてはオンブズマン制度の設置を含め、「人権の監視、保護および促進」を任務とした[122]。しかし、OSCEの役割はUNMIKの要員ですら明確に理解しておらず、またOSCEは実質的にKFORや国連文民警察から情報提供を受け、人権侵害事件を調査する活動を行った[123]。

　安保理決議1244は、コソボの自治と自治政府の設立を促進することを初めとする11の責任をUNMIKに課したが、その10番目の責任が「人権を保護し推進すること」であった[124]。そしてUNMIKの規則1999/1号は、コソボに関するすべての法的行政的権限をUNMIKに付与した[125]。これによってコソボに関するユーゴスラビア連邦の主権は停止したと解釈される[126]。SRSGは、任務遂行のために必要であるか、または既存の法律が暫定行政のマンデートおよび目的と矛盾する場合には、これを変更、廃止または停止する権限を付与された。

[120] Hansjörg Strohmeyer, "Collapse and Reconstruction of a Judicial System: The United Nations Missions in Kosovo and East Timor," *American Journal of International Law*, Vol. 95, No 1 (2001), pp. 48-49.

[121] Marcus G. Brand, "Institution-Building and Human Rights Protection in Kosovo in the Light of UNMIK Legislation," *Nordic Journal of International Law*, Vol. 70 (2001), p. 464.

[122] OSCE Permanent Council Decision No. 305, 237th Plenary Meeting, PC Journal No. 237, PC.DEC305, 1 July 1999, preamble and para. 4.

[123] Katarina Månsson, "Cooperation in Human Rights: Experience from the Peace Operation in Kosovo," *International Peacekeeping*, Vol. 8, No. 4 (2001), pp. 111-135.

[124] U.N. Doc. S/RES/1244, 10 June 1999, para. 11(j).

[125] UNMIK Regulation 1999/1, 25 July 1999.

[126] Alexandros Yannis, "The Concept of Suspended Sovereignty in International Law and Its Implications in International Politics," *European Journal of International Law*, Vol. 13, No. 5 (2002), p. 1047.

コソボの移行期において特に問題となったのは適用法と法執行である。UNMIK は当初、ユーゴスラビア連邦共和国およびセルビア共和国の現行法を適用するとし[127]、コソボのアルバニ系住民の強い反発を受けた。そのため1999年12月12日、SRSG はアルバニア系の主張を実質的に受け入れ、セルビア共和国の中央政府によって廃止された1989年3月22日現在のコソボ法を、コソボの適用法とする宣言を行う決定を下した[128]。

人権の保護には司法制度が整っている必要がある。しかし、コソボでは紛争以前の裁判官の多数がセルビア系であり、紛争によってその大半はコソボを去っていた。1989年にコソボの自治がはく奪されて以降、アルバニア系の法律家が裁判官や検察官となることはほぼなくなっていたため、UNMIK の暫定統治下で直ちに司法をつかさどることのできる人材は稀であった[129]。すなわち、一般的な犯罪の刑事手続にせよ、移行期正義の裁判にせよ、実質的対応は困難な状態であった。そのような状況においても、治安の悪化を防ぐ任務を有するKFOR は多数の犯罪人を逮捕せざるを得なかった。当初、刑事手続は明確ではなく、UNMIK は容疑者を長期勾留する事態となり、人権侵害の批判を受けた。本来72時間の勾留は例外的であったが、UNMIK では「72時間ルール」を適用することが常態化してしまったのである[130]。さらに、KFOR およびUNMIK による安全保障のための予防的勾留が批判を浴びた。この種の勾留は司法手続によるものではなく、安保理決議1244に基づくものと解釈された[131]。

このような問題がある状況において、SRSG が2001年に公布した暫定自治に関する憲法枠組みには、人権に関する取組みと人権保護のメカニズムが定められた。「暫定自治政府機関は世界人権宣言、欧州人権条約、自由権規約、人種

---

[127] UNMIK Regulation 1999/1.

[128] UNMIK Regulations 1999/24 and 1999/25.

[129] Wendy S. Betts, Scott N. Carlson, and Gregory Gisvold, "The Post-conflict Transitional Administration of Kosovo and the Lessons-Learned in Efforts to Establish a Judiciary and Rule of Law," *Michigan Journal of International Law*, Vol. 22 (2001), p. 377.

[130] D. Christopher Decker, "Enforcing Human Rights: The Role of the UN Civilian Police in Kosovo," *International Peacekeeping*, Vol. 13, No. 4 (2006), pp. 505-6.

[131] Steven R. Ratner, "Foreign Occupation and International Territorial Administration: The Challenges of Convergence," *European Journal of International Law*, Vol. 16, No. 4 (2005), p. 713. OSCE Mission in Kosovo. *Kosovo: Review of the Criminal Justice System (March 2002-April 2003)*, 20 May 2003, pp. 33-34.

差別撤廃条約、女性差別撤廃条約、子どもの権利条約、欧州地域少数言語憲章、欧州議会少数者保護枠組み条約を含む国際的に認知された人権および基本的自由」を遵守するものと規定され、具体的に列挙された人権条約の直接適用が定められたのである[132]。

　自由権規約委員会は、コソボに関する2006年の最終見解の中で、個人を勾留し追放する権限をSRSGに付与している規則を廃止すべきだとし、またKFOR司令官の勾留指令第42号に基づく勾留を停止するよう、UNMIKに求めている[133]。そして、UNMIK、暫定自治組織、または将来の政権のいずれも、自由権規約で認められる権利をコソボの領土内でその領域に属するすべての個人について尊重し、保障する義務があるとした。この点については、「自由権規約に基づいて保障される諸権利は締約国の領域に居住する人々に帰属する」ものであり、一度保護が与えられれば、「かかる保護は当該領域の政権の変更にかかわらず、領域と共に移転し継続して人々に帰属する」という、義務の継続に関する1977年の一般的意見に言及していた[134]。これを平和構築に適用する原則とするならば、共同の義務、全関係者の義務として捉えることが求められよう。マーカス・G・ブランド（Marcus G. Brand）は、共同暫定行政機構（JIAS）の下におかれたコソボは、「国連と現地の混成による行政を伴う領域」と説明できるとの見方を示した[135]。そのうえで、「人権保護の前提である法の支配および民主的統治と、国連による国際的な行政の性質との間には本質的な矛盾がある」と論じている[136]。なぜなら、UNMIK要員の免責、法的政治的なアカウンタビリティの欠如、あいまいな制度、人権侵害の救済が行われないことなど、UNMIKの管轄下におけるコソボの人々の権利保護には問題があったためである[137]。

---

[132] UNMIK Regulation 2001/9, Chapter 3. 2001年5月15日署名。この枠組みは、コソボの地位が確定しない中で、コソボの自治を有意義なものとして発展させ、立法・行政・司法の各分野で暫定的な自治を担う機関を設置することが目的であると、本規則発布の書面にSRSGが記している。

[133] Human Rights Committee, Concluding Observations of the Human Rights Committee Kosovo (Serbia), CCPR/C/UNK/CO/1, 14 August 2006, para. 17.

[134] *Ibid.*, para. 4.

[135] Brand, *supra* note 121, p. 469. JIASは国連とコソボのアルバニア系、セルビア系それぞれの代表が参加する機構であった。

[136] *Ibid.*, p. 462.

[137] この点については、第3章で詳細に論じられる。

コソボは2008年2月17日に一方的な独立宣言を行い、一時期100以上の国に承認されていたが、承認を撤回する国も出てきており、その法的位置づけは現在も明確ではない[138]。UNMIK の任務は継続しているが、コソボ政府は独立国家を自認しているため、人権保護・促進の義務を負う認識であると推定される。

(c) 東ティモール

　東ティモールは、インドネシア共和国内の特別自治か独立かを問う1999年の住民投票において、78.5パーセントが独立の意思を表明した後、インドネシア軍の攻撃により暴力的紛争状態に陥った。平和と安全を回復するため、安保理決議1264により、オーストラリアが率いる東ティモール国際軍（INTERFET）が組織された[139]。その後、安保理は決議1272により、東ティモール暫定行政機構（UNTAET）を設立し、これに東ティモール行政の全体的責任を課し、UNMIK と同様に「すべての法的・行政的権限」を付託した[140]。しかし UNMIK の場合と異なり、UNTAET は安保理決議によって人権の保護・促進義務を明示的に課されることはなく、東ティモールの独立した人権機関の設置が義務付けられた[141]。他方、東ティモールに派遣された SRSG が定めた規則により、「東ティモールにおいて公的義務を果たす、または公職にあるすべての者は、その機能を果たすにあたり、国際的に認められた人権基準を守るものとする」とされた[142]。国際的な人権基準として特に挙げられたのは、世界人権宣言、自由権規約ならびにその第一および第二議定書、社会権規約、人種差別撤廃条約、女性差別撤廃条約、拷問等禁止条約および子どもの権利条約である。

---

[138] セルビア政府によれば、コソボを承認している国は2020年3月現在92ヵ国である。Paul Antonopoulos, "Kosovo's Legitimacy Receives Massive Blow After Another Withdrawal of Recognition", *Global Research*, March 3, 2020. https://www.globalresearch.ca/kosovo-legitimacy-receives-massive-blow-another-withdrawal-recognition/5705414

[139] U.N. Doc. S/RES/1264, 15 September 1999, para. 3.

[140] U.N. Doc. S/RES/1272, 25 October 1999, para. 1. UNTAET については本書第3章も参照のこと。

[141] U.N. Doc. S/RES/1272, para. 8.

[142] UNTAET, Regulation No. 1999/1 on the authority of the Transitional Administration in East Timor, Section 2. https://peacekeeping.un.org/en/mission/past/etimor/untaetR/etreg1.htm.

　東ティモールでもコソボと同様に人権保護に必要な司法制度は存在しなかった。紛争によって物理的にも裁判所等の施設が破壊、放火、または略奪されており、機材や書類も失われていた。東ティモールの独立が住民投票によって決定した後、すべての裁判官、検察官、法律家等は東ティモールを去っていた[143]。この状況の中で、UNTAET はオーストラリア主導の INTERFET によって逮捕された犯罪容疑者と、国連文民警察が逮捕した一般犯罪の容疑者に早急に対処しなければならなかった[144]。UNMIK と同様に長期にわたる勾留は厳しい批判を浴びることになった[145]。

　UNTAET はまず、少なくとも法学の学位を持つ東ティモール人を探し、裁判官、警察官を選出し、外国人法律家の支援を確保しつつ司法制度を整えた。東ティモール人の採用を急いだのにはいくつかの理由がある。新たな司法を確立する上での東ティモール人のオーナーシップの醸成、国内法の専門的知見の利用、法律その他関連文書を翻訳する必要がないという言語の問題、そして外国人の専門家が去った際の継続性などである。さらに、東ティモール人の裁判官への任用は自決と自治のために象徴的な意味を持つことも理由であった[146]。

　UNTAET の暫定統治期間中における適用法は、UNTAET の規則1999/1号によって、安保理決議1272が採択される以前に東ティモールで適用されていた法律、すなわちインドネシア法と定められた[147]。ただし、国際的に認められた人権基準を満たす限りにおいて適用するものとされた。既存の法律を適用するという判断は、移行期における法的な空隙を回避すること、また現地の法律家が全く異なる法制度を学ばなければいけない状況を回避するという配慮からなされた[148]。しかし実践上問題がなかったわけではない。まず、現行法のすべてを入手すること、そしてそれを翻訳すること自体が大変な作業であった。また、

---

[143] Strohmeyer, *supra* note 120, pp. 48-50.

[144] *Ibid.*, pp. 48-51.

[145] Amnesty International, East Timor: Justice Past, Present and Future, ASA 57/001/2001, 26 July 2001, pp. 20-23.

[146] Hansjöerg Strohmeyer, "Policing the Peace: Post-conflict Judicial System Reconstruction in East Timor," *UNSW Law Journal*, Vol. 24, No. 1 (2001), pp. 176-177.

[147] UNTAET Regulation No. 1999/1 on the Authority of the Transitional Administration in East Timor, 3.1.

[148] Strohmeyer, *supra* note 146, p. 174.

経験の浅い現地の法律家が、刑法および刑事手続法のどの規定が国際的な人権基準を満たし、あるいは満たしていないのか、満たしていなければどのような国際法基準を適用するのか、を判断することは容易ではなかった[149]。さらに、「インドネシアによる東ティモール占領の道具」とみなされる現行法を適用すること自体に、東ティモールでは強い反発があった[150]。

　UNTAET は東ティモールの独立に向けて徐々にその権限を東ティモール当局に移譲していった。東ティモールは2002年5月20日に主権国家として独立し、UNTAET は東ティモール支援団（UNMISET）に交代した。主権が確立されるまでの移行期に、UNTAET が人権保護義務の担い手であったとすれば人権保護・促進に対応できたことになるが、国連は国際人権法の義務を負わないとされていることから、担い手の不在状況が生じていた可能性がある。

３．平和構築における人権保護義務の担い手

（1）６つの事例における人権保護義務の担い手に関する分析

　前節では、武力行使後の平和構築と国連暫定統治による平和構築という2つの文脈で、多国籍軍や占領国または国連がどのように平和構築、とりわけ人権保護に関わったのかを、当事国の主権のあり方および適用法に着目して概観した。ここでは6つの事例について人権保護義務の担い手を改めて検討する。

　武力行使後の平和構築に関しては、まずソマリアの UNITAF におけるオーストラリア軍が一定の法の支配を確立した事例を取り上げた。オーストラリア軍は自らの行動に占領法規が適用されるとの認識に立ち、現地の人々と協議の上で現地法を尊重した。実質的に政府が不在の状態であったため、占領国は国際人道法の限度内で人権の保護・促進義務を負う、義務の担い手であったと考えられる。

　アフガニスタンでは、多国籍軍が武装勢力と戦い、当該武装勢力を含まずに和平合意が締結された。和平合意後、制度作りを進めながら暫定政権から移行政権に移る経過をたどり、主権国家として主権の停止は発生していない。アフガニスタンにおける平和構築には国際社会が深く関わってきたものの、人権保

---

[149] *Ibid.*

[150] *Ibid.*

護義務の担い手はあくまで政府であった。UNAMA は人権監視などを行っているが、それはアフガニスタン政府を補助する役割と考えられ、人権保護・促進の義務ではなく責任を担っているといえよう。

　イラクでは、武力行使を行った米国および英国が占領国に適用される国際法上の義務を認めたため、UNITAF オーストラリア軍の例と同様に国際人道法に基づく人権の保護・促進義務を負ったことになる。しかし、その実行は広範囲に及び安保理決議によって正当化できるかどうか多くの議論を呼んだ。イラクの法律を適用するとしながらも、政治・経済に関する多様な改革を行い、それには法律の改廃も伴った。それらの改革はイラク国民の人権保護・促進に繋がった面もあるが、国際人道法に定められる人権保護を怠った事実もある。正式な主権の移譲後は、政府が人権保護義務の担い手になったと考えられる。

　国連暫定統治においては、当該国政府と国連の関係は一様ではない。UNTAC はカンボジアの主権を行使する SNC から授権されて暫定統治を行った。その間にも政府は国際人権条約を批准するなど、主権を行使している。したがって、政府が人権保護義務の担い手であった可能性もあるが、UNTAC も人権に関するマンデートを有したほか、法の支配の面では裁判官の任命まで行っている。この事例では国連が人権保護義務を負う可能性があるのならば、政府との間で義務が共有される、または分担されたと考えることもできる。

　コソボでは国際機関が 4 つの柱を定めて平和構築活動を分担した。コソボの地位が決定されないうちに設立された UNMIK は、その規則によってコソボに係るすべての法的および行政的権利を担うことになり、これをもってユーゴスラビア連邦共和国のコソボにおける主権は停止したと考えられている。UNMIK は当初ユーゴスラビア連邦共和国およびセルビア共和国の現行法を適用すると定めたが、その後コソボ法に切り替えなければならなくなった。人権に関して UNMIK には人権保護・促進の責任は課されていたが、国際機関の中で人権の分野を主導するのは OSCE であった。そのため、人権保護義務の担い手を特定することは困難になる。UNMIK も OSCE も人権保護・促進の責任を負ったが義務の担い手ではなかったとみなすべきか、そうであれば義務の担い手が不在であったことになるのだろうか。または、法的・行政的権利を担う以上、UNMIK が人権保護義務の担い手であり、OSCE はその義務を補佐する責任を負ったのであろうか。

UNTAET もまた、東ティモール独立前に設立された暫定統治機関である。UNTAET は当初のマンデートでも人権保護義務を課されることはなく、東ティモールの人権機関設立を任務の１つとしていた。このことから、UNTAET が人権保護義務の担い手であったとは考えにくい一方、同機構は暫定統治として広範な権限を有し、UNMIK とは違って他の国際機関とそれを分担することはなかったため、高度の責任を負ったはずである。SRSG の規則によって、すべての公的義務を果たすものが人権基準を遵守するよう求められていたため、すべての関係者が責任を共有したとは考えられる。しかし、人権保護義務の担い手が不在であったとするならば、検討した３つの国連暫定統治の中で人権保護に関して最も脆弱な状態であったことになる。

　国連の暫定統治に関連してアレクサンドロス・ヤニス（Alexandros Yannis）は、国連に主権が移管されたのではなく、主権が停止されたのだとする。そして、主権はもはや適用可能な概念ではなく、問題は当該領域の行政に関する国連暫定統治の権利および義務が何であるかということだと論じている[151]。国連暫定統治下の人権保護を考える場合、国連自体が国際人権法上の義務を負わないとされることが問題となる。UNMIK が自由権規約人権委員会に提出した報告書において、人権諸条約が UNMIK を拘束することを意味しないと明示的に述べたように、国連は国際人権法上の義務を負わないとの立場をとっている[152]。また、暫定統治下の人権条約適用に関し、コソボの事例を審議した欧州評議会の「法による民主主義のための欧州委員会（ベニス委員会）」は[153]、その国が締結した条約を国連暫定統治機構がすべて尊重しなければならないとすれば、「個々の国連加盟国またはその他の第三者によって独立して作られた制限に制約されないマンデートを確立し実施するという国連のニーズに矛盾する」と説明している[154]。人権保護の義務を負う国家の主権が停止し、国連が暫定的

---

[151] Yannis, *supra* note 126, p. 1048.

[152] *Report Submitted by the United Nations Interim Administration Mission in Kosovo to the Human Rights Committee on the Human Rights Situation in Kosovo since June 1999*, CCPR/C/UNK/1, 13 March 2006, paras. 123-124

[153] ベニス委員会は欧州評議会の諮問機関であり、欧州評議会の47の加盟国にくわえてその他の15ヵ国が加盟しており、これらの加盟国に対して法的助言を行う。

[154] European Commission for Democracy through Law (Venice Commission), *Opinion on Human Rights in Kosovo: Possible Establishment of Review Mechanisms*, CDL-AD (2004) 33, 11 October 2004, para. 78.

に広範な権限を有しながら人権保護の義務は負わないとすれば、現地の人々の人権は法的には非常に脆弱な状態に置かれることになる。このように国連暫定統治における人権保護義務が明確でないことに対し、国連事務総長が告示を行うことで義務内容を明らかにすればよいとの意見もある[155]。

　以上のように、平和構築における人権保護義務の担い手は平和構築が行われる条件によって異なると考えられる。占領法規が適用される状況では、主権が一時停止していると解釈されるため、占領国が一定の人権保護義務を担うと考えられるが、既に述べた通り、占領法規は占領国の責任範囲を、そしてつまり行動範囲を限定している。国連による暫定統治については、フレデリック・メグレ（Frédéric Mégret）とフロリアン・ホフマン（Florian Hoffmann）がコソボと東ティモールを例に、暫定統治を行う国連は人権侵害の主体ともなり得ることを論じた。その際、人権に関する責任は、個人に対する何らかの形の排他的支配によって人権に影響を与える特別な能力に依拠するとし、それを主権に準じるものとして捉えた[156]。メグレとホフマンは、国連の人権に関する責任について 3 層のシステムを提案している。暫定統治のような全般的に主権を行使する場合を最高位とし、中間の分野として支配には至らないが国連が積極的に活動する場合、そして従来の人権促進活動の場合である[157]。これはあくまで国連が人権に関してどのような責任を担うのかという議論であるが、その理論は本章の課題である平和構築における人権保護義務の担い手に関する考察にも援用することができる。平和構築の主体が、活動領域において行使可能な権限の程度に応じて人権保護義務を特定し、また責任の分担を行うという理論は検討に値しよう。

(2) 平和構築と人権保護

　今日の平和構築と人権保護の関係をまず主権の観点から改めて整理したい。平和構築という移行期には、主権を行使する主体が変化し、それが人権保護・

---

[155] Cameron, *supra* note 13, pp. 283-284.

[156] Frédéric Mégret and Florian Hoffmann, "The UN as a Human Rights Violator? Some Reflections on the United Nations Changing Human Rights Responsibilities," *Human Rights Quarterly*, Vol. 25 (2003), pp. 314-342.

[157] *Ibid.*, p. 342.

促進に影響を与えると考えられる。ハリスは、イラクとアフガニスタンを例に、近年の占領においては主権が分解され、ばらばらに返還されているとする[158]。ロバーツもまた、イラクの占領終了について、次のように述べている。「元々の権力にその統治能力が確立されるにつれて徐々に権限を移譲するということが関わる場合、占領の象徴的終了の日を1日だけ特定することには恣意的な要素が含まれざるを得ない」と[159]。イラクの占領終了に係る安保理決議1546は、段階的な主権の行使に触れている。

> 2004年6月1日に示されたように、イラクの主権者たる暫定政権の成立を支持する。同政権は…選挙によるイラクの移行期政権が発足するまでの限られた暫定期間を越えてイラクの運命を左右する行為を行うことを慎みながら、2004年6月30日までにイラクを統治する完全な責任と権限を引き受ける[160]。

このように主権の移譲が段階的に起こるのであれば、人権保護義務の移行も段階的なものとして捉える必要がある。

　前述の通り、コソボ、東ティモールなどの国連による暫定統治の場合にはヤニスが主権の一時停止であることを論じ[161]、国連暫定統治に占領法は適用されないとの議論もある。そうであれば、コソボや東ティモールのように国連が基本的な権限を国家に替わって行使する場合には、現在の国連の主張に反し、国連が人権保護義務を負うと考えるべきであろうか。国家レベルの権限を国連が一時的に保有するとしても、地方自治体レベルではローカルな制度・機構が機能しているという場合には、垂直的な義務の分担がなされるべきであろうか。さらに、国家の能力が向上し、停止された主権が回復されると、人権保護義務は国連（および多国籍軍による武力行使後の場合には、占領国）から主権国家へと移行すると想定される。この移行は、主権が回復されたと判断される時点で全面的移行が発生すると考えるべきであろうか、それとも漸進的移行という

---

[158] Harris, *supra* note 43, p. 22.

[159] Roberts, *supra* note 30, p. 616.

[160] U.N. Doc. S/RES/1546, para. 1.

[161] Yannis, *supra* note 126, p. 1048.

ものがあり得るであろうか。そうであれば、誰が何を基準に主権の回復を判断
し、義務の移行が発生するのであろうか。

　ユス・ポスト・ベルム不要論者の意見に従えば、このような文脈に応じた判
断をしなければならないのであれば、安保理がその判断を行い、安保理決議が
規範を示す機能を果たす可能性が考えられる。しかし、拒否権が発動される可
能性もあり、政治的判断に委ねるリスクは小さくない。平和構築の規範が安保
理決議に依拠する場合、その解釈によって現地住民の人権保護の水準に格差が
生じる可能性があるという問題も考慮しなければならない。また、UNITAF
のように国連の指揮下にない多国籍軍の場合は、参加国がそれぞれに管轄する
地域を指定されて比較的独立性の高い活動をするために、管轄する国による任
務の解釈が異なれば、被介入国の国民が人権保護に関して異なる処遇を受ける
場合があるという問題も生じる。占領法規の観点からすれば、占領国は誠実に
占領法規にしたがって行動すればよいわけであるが、特に人権保護を目的の1
つとする平和構築において、同じ国家の中で人権保護水準に地域間で格差があ
り、それが正当化されるということは明らかに避けるべき状況である。

　さらに、ローカル・オーナーシップを尊重しようとする平和構築の文脈では、
できる限り平和構築が行われる国が人権保護・促進義務を主体的に担っていく
ことが望ましい。関与する国際社会はあくまでもその支援を行う立場にあると
いうのが一般に理解されるところである。しかし、一定の権限を制限しながら
当該国に全面的義務を課すことには明らかな矛盾がある。平和構築に関して「ハ
イブリッド」という言葉が使われ、それが例えば移行期正義の法廷において地
元の裁判官と国際裁判官の協力に現れるように、中間的状態を許容しうる規範
が必要なのではないだろうか。まさに人権保護義務の担い手さえも特定できな
いのが現在の平和構築なのであり、だからこそ人権保護義務の担い手の特定、
義務の移行、分担などを律する規範が必要なのである。そこにユス・ポスト・
ベルムの可能性を検討する必要性があると考えられ、国際法が個人を救済する
法の役割を果たす道が想定されるのである。

結び　ユス・ポスト・ベルムの形成に向けて

　ユス・ポスト・ベルムの必要性を強く主張する研究者がいる一方で、その実
現可能性には多くの研究者・実務家が懐疑的な見方を示してもいる。それは新

たな条約の内容に関する合意形成に困難を予測しているためである。しかし、平和構築の実践において混乱が生じ、人権が侵害され、国際社会の対応が一貫しないという問題は、やはり国際法による解決が望まれる分野である。そこで当面の現実的対応として考えられるのは、原則やガイドラインなどのソフト・ローによって平和構築における人権保護義務の担い手および人権の保護・促進に関する責任の分担を含む最低基準を明確化することではないかと考えられる。ソフト・ローの策定には当然にこれまでの平和構築の経験と教訓が生かされる。しかし、政策を規範に転換するには、スターンが警告するように十分な研究を前提とする[162]。

　ソフト・ローによる規範形成は、管轄する主体によって人権に関する対応が異なる状況を回避することに繋がる。別の可能性としては、人権規範の域外適用が広く受け入れられるようになり、例えば多国籍軍の活動の場合、占領国がより広範囲な人権保護・促進義務を負うことになるという展開も考えらえる[163]。しかし、それでは前述の文脈とは異なるものの、やはりどの国が管轄しているかによって、同一の平和活動で活動対象国の国民が異なる水準の人権保護を受けるという望ましくない状況が生まれる。このように関与する国による人権保護・促進に対する取組みの違いは、平和構築としても、国際社会による規範形成としても、回避すべきである。そのため、人権規範の域外適用の展開に期待しても平和構築における人権保護・促進には限界がある。

　特にユス・ポスト・ベルム不要論の立場から重視される安保理決議については、その政治性が懸念される。国連安保理の決定は、政治的利害と無関係に行われるものではなく、多国籍軍による武力行使後または国連暫定統治における平和構築の文脈において、一般的な法規範を提供するゆるぎない能力があるとはいえない。ブーンの言葉を借りれば、安保理は「政治的計算と全会一致の機

---

[162] Stahn, *supra* note 11, p. 341.

[163] 人権条約の域外適用については本章の範囲を越えるが、例えば次を参照。Michael J. Dennis, "Application of Human Rights Treaties Extraterritorially in Times of Armed Conflict and Military Occupation," *American Journal of International Law*, Vol. 99, No. 1 (2005), pp. 119-141; Theodor Meron, "Extraterritoriality of Human Rights Treaties," *American Journal of International Law*, Vol. 89, No. 1 (1995), pp. 78-82; and Sigrun I. Skogly and Mark Gibney, "Transnational Human Rights Obligations," *Human Rights Quarterly*, Vol. 24, No. 3 (2002), pp. 781-798.

能」なのである[164]。

　和平合意に関する詳細な研究を行ってきたクリスティーン・ベル（Christine Bell）は、「和平の法（*lex pacificatoria*）」、「ピースメーカーの法（law of the peacemakers）」を推奨している。これは新たな法的レジームというより、規範化の方向に向かう一連の慣行を明らかにしていく取組みとして説明されている[165]。ソフト・ローによる基準として徐々に法の形を成していくもので、そこに平和構築がいかに行われるべきかという考えが投影される。ベルもユス・ポスト・ベルムの条約締結の実現可能性には悲観的であり、和平の法であれば実現できるのではないかとの見方を示している。

　現実への早急な対応としては、平和構築のガイドラインを検討し、ユス・ポスト・ベルム必要論者が指摘する移行期正義、アカウンタビリティなどの規則とともに、人権保護義務の担い手の特定、人権保護・促進に関する責任の分担・共有に関する規則の明確化などの基準作りから着手すべきではないかと考えられる。その作業の間に、人権規範の域外適用の議論もさらに進展するであろう。国際法の解釈の発展に即して、平和構築の原則が築かれていくことが望ましい。平和構築は文脈に応じた取組みであるべきというこれまでの教訓と、ボトム・アップの平和構築を指向する近年の傾向を踏まえ、現地当局がその能力を向上させるのに応じて責任範囲を拡大させるという、段階的な人権保護義務の移行を可能にする規範形成が必要であろう。こうした規範形成は、紛争によって大規模な人権侵害を経験した社会に生きる人々に救済の道を拓くものとして期待されるのである。

---

[164] Boon, *supra* note 12, p. 74.

[165] Christine Bell, "Peace settlements and international law: from *lex pacificatoria* to *jus post bellum*," in N. D. White and C. Henderson (eds), *Research Handbook on International Conflict and Security Law: Jus ad Bellum, Jus in Bello and Jus post Bellum* (Edward Elgar, 2013), p. 503.

参考文献

遠藤貢『崩壊国家と国際安全保障－ソマリアにみる新たな国家像の誕生』（有斐閣、2015年）。

佐藤安信「カンボジアだより」『法学セミナー』461号（1993年5月）16-17頁。

山尾大『紛争と国家建設―戦後イラクの再建をめぐるポリティクス』（明石書店、2013年）。

Amnesty International, East Timor: Justice Past, Present and Future, ASA 57/001/2001, 26 July 2001.

Bell, Christine, 'Peace settlements and international law: from *lex pacificatoria* to *jus post bellum*,' in N. D. White and C. Henderson (eds), *Research Handbook on International Conflict and Security Law: Jus ad Bellum, Jus in Bello and Jus post Bellum* (Edward Elgar, 2013), pp. 499-546.

Benvenisti. Eval, *The International Law of Occupation* (Oxford University Press, 2nd ed., 2012).

Besson, Samantha, "The Bearers of Human Rights' Duties and Responsibilities for Human Rights: A Quiet (R)Evolution?" *Social Philosophy and Policy*, Vol. 32, No. 1(2015), pp. 244-268.

Betts, Wendy S., Scott N. Carlson, and Gregory Gisvold, "The Post-conflict Transitional Administration of Kosovo and the Lessons-Learned in Efforts to Establish a Judiciary and Rule of Law," *Michigan Journal of International Law*, Vol. 22, 2001, pp. 371-389.

Boon, Kristen E., "Obligations of the New Occupier: The Contours of Just Post Bellum," *Loyola of Los Angeles International and Comparative Law Review*, Vol. 31 (2009), pp. 57-84.

Brand, Marcus G., "Institution-Building and Human Rights Protection in Kosovo in the Light of UNMIK Legislation," *Nordic Journal of International Law*, Vol. 70 (2001), pp. 461-488.

Cameron, Landsey, "Human Rights Accountability of International Civil Administrations to the People Subject to Administration," *Human Rights and International Legal Discourse*, Vol. 1, No. 2 (2007), pp. 267-300.

Chesterman, Simon, *You, The People: The United Naitions, Transitional Administration, and State-Building* (Oxford University Press, 2004).

Corner, McCarthy, "The Paradox of the International Law of Military Occupation: Sovereignty and the Reformations of Iraq," *Journal of Conflict & Security Law*,

Vol. 10, No. 1 (2005), pp. 43-74.

de Brabandere, Eric, "The Responsibility for Post-Conflict Reforms: A Critical Assessment of Jus Post Bellum as a Legal Concept," *Vanderbilt Journal of Transnational Law*, Vol. 43 (2010), pp. 119-149.

Decker, D. Christopher, "Enforcing Human Rights: The Role of the UN Civilian Police in Kosovo," *International Peacekeeping*, Vol. 13, No. 4 (2006), pp. 502-516.

Dennis, Michael J., "Application of Human Rights Treaties Extraterritorially in Times of Armed Conflict and Military Occupation," *American Journal of International Law*, Vol. 99, No. 1 (2005), pp. 119-141.

European Commission for Democracy through Law (Venice Commission), *Opinion on Human Rights in Kosovo: Possible Establishment of Review Mechanisms*, CDL-AD (2004) 33.

Fox, Gregory H., "The Occupation of Iraq," *Georgetown Journal of International Law*, Vol. 36 (2005), pp. 195-297.

Garraway, Charles, "The Relevance of Jus Post Bellum: A Practitioner's Perspective," in C. Stahn, and J. K. Kleffner (eds), *Jus Post Bellum: Towards a Law of Transition from Conflict to Peace* (T. M. C. Asser Press, 2008), pp. 153-162.

Hakimi, Aziz, and Astri Suhrke, "A Poisonous Chalice: The Struggle for Human Rights and Accountability in Afghanistan," *Nordic Journal of Human Rights*, Vol. 31, No. 2 (2013), pp. 201-223.

Harris, Grant T., "The Era of Multilateral Occupation," *Berkeley Journal of International Law*, Vol. 24, No. 1 (2006), pp. 1-78.

Katayanagi, Mari, *Human Rights Functions of United Nations Peacekeeping Operations* (Martinus Nijhoff Publishers, 2002).

——— "UN Peacekeeping and Human Rights," Jared Genser and Bruno Stagno Ugarte (eds), *The United Nations Security Council in the Age of Human Rights* (Cambridge University Press, 2014), pp. 123-153.

Kelly, Michael J., *Restoring and Maintaining Order in Complex Peace Operations: The Search for a Legal Framework* (Kluwer Law International, 1999).

Kolb, Robert, "Origin of the Twin Terms Jus ad Bellum/Jus in Bello," *International Review of the Red Cross Archive*, Vol. 37, No. 320 (1997), pp. 553-562.

Kondoch, Boris, "The United Nations Administration of East Timor," *Journal of Conflict and Security Law*, Vol. 6, No. 2 (2001), pp. 245-265.

Månsson, Katarina, "Cooperation in Human Rights: Experience from the Peace Operation in Kosovo," *International Peacekeeping*, Vol. 8, No. 4 (2001), pp. 111-135.

Marks, Stephen P. "The New Cambodian Constitution: From Civil Law in a Fragile

Democracy," *Columbia Human Rights Law Review* (Fall 1994), pp. 45-110.

May, Larry, and Elizabeth Edenburg, "Introduction," in Larry May and Elizabeth Edenburg (eds), *Jus Post Bellum and Transitional Justice* (Cambridge University Press, 2013), pp. 1-25.

Mégret, Frédéric and Florian Hoffmann, "The UN as a Human Rights Violator? Some Reflections on the United Nations Changing Human Rights Responsibilities," *Human Rights Quarterly*, Vol. 25 (2003), pp. 314-342.

Meron, Theodor, "Extraterritoriality of Human Rights Treaties," *American Journal of International Law*, Vol. 89, No. 1 (1995), pp. 78-82.

Orend, Brian, *The Morality of War*, 2nd edition (Broadview Press, 2013).

OSCE Mission in Kosovo. *Kosovo, Review of the Criminal Justice System (March 2002-April 2003)*, 20 May 2003.

Österdahl, Inger, and Zadel van Esther, "What Will Jus Post Bellum Mean? Of New Wine and Old Bottles," *Journal of Conflict & Security Law*, Vol. 14, No. 2 (2009), pp. 175-207.

Patman, Robert G., "Disarming Somalia: The Contrasting Fortunes of United States and Australian Peacekeepers during United Nations Intervention, 1992-1993," *African Affairs*, Vol. 96 (1997), pp. 509-533.

—— "Securing Somalia: A Comparison of US and Australian Peacekeeping during the UNITAF Operation," IFS Info 6/1997(1997).

Ratner, Steven R., *The New UN Peacekeeping: Building Peace in Lands of Conflict After the Cold War* (MacMillan Press, Ltd, 1997).

—— "Foreign Occupation and International Territorial Administration: The Challenges of Convergence," *European Journal of International Law*, Vol. 16, No. 4 (2005), pp. 695-719.

Roberts, Adam, "Transformative Military Occupation: Applying the Laws of War and Human Rights," *American Journal of International Law*, Vol. 100, No. 3 (2006), pp. 580-622.

Sassòli, Marco, "Legislation and Maintenance of Public Order and Civil Life by Occupying Powers," *European Journal of International Law*, Vol. 16, No. 4 (2005), pp. 661-694.

Scheffer, David J., "Beyond Occupational Law," *American Journal of International Law* Vol. 97, No. 4 (2003), pp. 842-860.

Skogly, Sigrun I., and Mark Gibney, "Transnational Human Rights Obligations," *Human Rights Quarterly*, Vol. 24, No. 3 (2002), pp. 781-798.

Stahn, Carsten, "'Jus ad bellum', 'jus in bello' …'jus post bellum'? – Rethinking the

Conception of the Law of Armed Force," *European Journal of International Law*, Vol. 17, No. 5 (2007), pp. 921-943.

—— "Jus Post Bellum: Mapping the Discipline(s)," *American University International Law Review*, Vol. 23, No. 2 (2007), pp. 311-347.

Strohmeyer, Hansjöerg, "Collapse and Reconstruction of a Judicial System: The United Nations Missions in Kosovo and East Timor," *American Journal of International Law*, Vol. 95, No. 1 (2001), pp. 46-63.

—— "Policing the Peace: Post-conflict Judicial System Reconstruction in East Timor," *UNSW Law Journal*, Vol. 24, No. 1 (2001), pp. 171-182.

Suhrke, Astri, Kristian Berg Harpviken and Arne Strand, "After Bonn: Conflictual Peace Building," *Third World Quarterly*, Vol. 23, No. 5 (2002), pp. 875-891.

United Nations, *The Blue Helmets: A Review of United Nations Peacekeeping* (United Nations, 1996).

Verdirame, Guglielmo, *The UN and Human Rights: Who Guards the Guardians?* (Cambridge University Press, 2011).

Yannis, Alexandros, "The Concept of Suspended Sovereignty in International Law and Its Implications in International Politics," *European Journal of International Law*, Vol. 13, No. 5 (2002), pp. 1037-1052.

Zaalberg, Thijs W. Brocades, *Soldiers and Civil Power* (Amsterdam University Press, 2006).

Zahawi, Hamada, "Redefining the Laws of Occupation in the Wake of Operation Iraqi 'Freedom': Was It a Mistake? Some Iraqis Say Life Is Worse than It Was under a Dictator," *California Law Review* Vol. 95, No. 6 (2007), pp. 2295-2532.

国連文書

An Agenda for Peace Preventive diplomacy, peacemaking and peace-keeping, Report of the Secretary-General pursuant to the statement adopted by the Summit Meeting of the Security Council on 31 January 1992, U.N. Doc. A/47/277-S/24111, 17 June 1992.

Concluding Observations of the Human Rights Committee Kosovo (Serbia), CCPR/C/UNK/CO/1, 14 August 2006.

First Progress Report of the Secretary-General on the United Nations Transitional Authoritu in Cambodia, U.N. Doc. S/23870, 1 May 1992.

Observance by United Nations Forces of International Humanitarian Law, U.N. Doc. ST/SGB.1999/13, 6 August 1999.

Report Submitted by the United Nations Interim Administration Mission in Kosovo to the Human Rights Committee on the Human Rights Situation in Kosovo since June 1999, CCPR/C/UNK/1, 13 March 2006.

Report of the Panel on United Nations Peace Operations (Brahimi Report). U.N. Doc. A/55/305-S/2000/809, 21 August 2000.

Report of the Secretary-General, The Situation in Afghanistan and its Implications for International Peace and Security, A/56/875-S/2002/278, 18 March, 2002.

Report of the Special Rapporteur, Ms. Asma Jahangir, submitted pursuant to Commission of Human Rights resolution 2002/36, E/CN.4/2003/3/Add.4, 3 February 2003.

Second Progress Report of the Secretary-General on UNTAC, U.N. Doc. S/24578, 21 September 1992.

Third Progress Report of the Secretary-General on UNTAC, U.N. Doc. S/25154, 25 January 1993.

United Nations Human Rights Report 2019.

第3章

国連暫定統治における人権保護と被害者救済
― 平和構築を担う国際組織の責任について

坂本　一也

本章の問題関心と検討内容

1．国連暫定統治の任務・権限―任務としての人権保護
　（1）国連暫定統治の設置経緯とその任務・権限
　（2）国連暫定統治における人権保護
　小括
2．国連暫定統治における権限行使の規範的制約―占領法規と国際人権規範
　（1）占領法規の適用可能性
　（2）国際人権規範の適用可能性とその限界
　小括
3．国連暫定統治における人権侵害の救済―司法的救済の限界と代替的救済
　　手段
　（1）司法機関による救済とその限界
　（2）代替的救済手段による救済とその可能性
　小括
結び　国連暫定統治における被害者救済の意義

本章の位置づけ

　第1章で示されたように、1990年代以降、国連の平和活動が質的にも量的にも変容し、平和構築の実践として国連自身が紛争後に一定の領域において統治権限を行使し、暫定統治を行ったこと（国連暫定統治）はその際立った例であった。国連の設置した暫定統治機構が、現地の社会制度を構築するとともに国際的な基準に基づいた人権の保護と促進を担ったことは少なからず奏功したとされる。しかしながら、暫定統治機構が現地の住民の生活に直接関与することによる負の側面、すなわち、その諸活動が個人の人権侵害を直接もたらすという問題が発生した。

　平和構築において適用されるべき人権規範の内容、人権保護義務の担い手などが不明確であるということは第2章で論じられたが、これに加えて、暫定統治機構には関係国の介入からその独立性と自律性を保護することを目的とした裁判権免除が付与されている。これらが相俟って、平和構築を担う暫定統治機構により人権侵害を受けた個人が救済を受けることができないという事態に至ったのである。国際的な非難を受けることになったこうした事態を放置することは、国連による平和活動の合法性と正当性そのものを毀損しうるものであり、看過することはできない。

　こうした問題関心の下、本章では第2章におけるユス・ポスト・ベルムをめぐる理論的考察を受けて、暫定統治機構によって被害を受けた個人の救済に関わる国際法の現状と課題を実証的に検討する。まず、暫定統治機構が人権の保護と促進の任務を担うこと、その際、主要な人権諸条約を引証した国際人権基準を当該地域で適用できるようその機能を行使してきたことを確認する。次に、暫定統治機構がこの国際人権基準を遵守する義務を負うのか、また、その諸活動に対して人権保護に関する法規範─占領法規と国際人権規範─を適用することができるのかについて検討する。その上で、暫定統治機構の享有する裁判権免除や人権諸条約の当事者性といった法的障壁の存在を踏まえつつ、被害を受けた個人が司法機関やそれに代替して設置された手段で暫定統治機構の責任を追及し、救済を受けられるのかについて考察する。

　なお、国連の平和活動に参画する個々の要員の非違行為、特に、国連において喫緊の課題とされている性的搾取・虐待（sexual exploitation and abuse）により被害を受けた個人の救済については、第4章で検討される。また、被害を受けた個人が刑事司法機関で救済を受ける1つの取組みである国際刑事裁判所による賠償については、第5章で論じられる。

本章[*]の問題関心と検討内容

　1990年代以降、国際連合（国連）が紛争後の国家を支援し、当該国家におけ
る安定的な制度の確立と定着を目指す平和構築を担う活動を展開するようにな
り、その果たすべき機能や権限はこれまでの国連の平和活動から質的にも量的
にも大きく変容してきた。その端的な例の１つが、国連が一定の領域（国家領
域の全部もしくは一部または非国家地域）において広範な統治権限（執行、立
法および司法権限）を直接的または間接的に行使したことである。それ以前に
も平和活動として国境・停戦監視、選挙監視などを目的に国連が国家の権限の
一部を行使することはあったものの、本来、国家が行使する統治権限を引き受
けることはなかったことからすれば、こうした活動は特殊な現象であったとい
える[1]。第２章でも言及されたように、平和構築の文脈におけるこうした活動は
国連の暫定統治や領域管理（国連暫定統治）[2]と呼ばれる。これまで行われてき

---

[*]　本章の内容は、坂本一也「領域管理を行う国際組織のアカウンタビリティに関する一側面
—平和構築活動に関連する人権侵害を素材として—」『国際法外交雑誌』第119巻4号（2021年）
と一部重複するところがある。

[1]　Michael J. Matheson, "United Nations Governance of Postconflict Societies," *American
Journal of International Law* Vol. 95, No. 1 (2001), pp. 76, 78. 2000年の『国連平和活動に関す
るハイレベル・パネル報告書』（ブラヒミ報告書）では、そもそもこうした活動に国連が関
与すべきか、また、平和活動として行うべきかについて疑問を呈されており、国連によるこ
うした活動自体が否定的に捉えられていた（Report of the Panel on United Nations Peace
Operations, U.N. Doc. A55/305-S/2000/809, 21 August 2000, Annex, para. 78）。また、2008
年の『国連平和維持活動—原則と指針』（キャップストーン・ドクトリン）においては例外
的 な 事象 と さ れ て お り（UN Department of Peacekeeping Operations (DPKO), United
Nations Peacekeeping Operations: Principles and Guidelines (Capstone Doctrine), March
2008, p. 22）、2015年の『平和のために私たちの力を合わせることに関する平和活動について
のハイレベル独立パネル報告書：政策、パートナーシップおよび人々』（HIPPO 報告書）で
は ほ と ん ど 言 及 さ れ て い な い（Report of the High-level Independent Panel on Peace
Operations on Uniting Our Strengths for Peace: Politics, Partnership and People, U.N. Doc
A/70/95-S/2015/446, 17 June 2015, para 18）。なお、国連によるこうした活動について、従
来の平和活動との関連性やその正当性は重要な問題であり、すでに数多くの研究がなされて
いる。例えば、邦語文献として、酒井啓亘「国連憲章第７章に基づく暫定統治機構の展開—
UNTAES・UNMIK・UNTAET」『神戸法学雑誌』第50巻2号（2000年）98-116頁、山田哲
也『国連が創る秩序：領域管理と国際法』（東京大学出版、2011年）82-97頁など。

[2]　国連のみならず国際組織（本章では暫定統治を行う主体に「機構」という用語を当てるこ
とから、これと区別するために他の章で使用される「国際機構」と同一の概念としてこの用
語を当てることにする）が、一定の領域において国家の有する統治権限を直接的に、または、
他の主体（国家（群）など）を介して間接的に行使するという事象は、一般に「暫定統治▶

た諸実行からは、対象となった領域に対して国連が権限を行使する態様から以下の２つに区分することができる。すなわち、国連が設置または設置承認した暫定統治を行う主体（暫定統治機構）が国家に代替して当該領域に統治権限を行使する場合と、国家による統治権限の行使を前提に、それを管理・支援する場合である[3]。ただし、いずれの場合であっても、紛争終結時に締結された和平合意等の実施や履行を担う暫定統治機構が最終的な決定権限を持つという点では共通している。

　前者の例としては、ユーゴスラビア社会主義連邦共和国（旧ユーゴスラビア連邦）解体の過程で起こった内戦に関連して、クロアチアとセルビアの間で1995年11月に締結された東スラボニア、バラニャおよび西スレム地区に関する基本合意に基づいて、1996年の国連安全保障理事会（安保理）決議1037で設置された国連東スラボニア、バラニャおよび西スレム暫定機構（UNTAES）、1999年３月からの北大西洋条約機構（NATO）軍による空爆後、同年６月にセルビアとモンテネグロで構成されるユーゴスラビア連邦共和国が主要８ヵ国

---

[2] ▶（transitional/interim administration）」、「（国際）領域管理（統治）（international territorial administration: ITA）」などと呼ばれてきた。このように国際組織が一定の領域に対して統治権限を行使する事象自体は目新しいことではなく、例えば、国際連盟期のザール地域やダンツィヒ自由市に対する統治、国連の下での非自治地域（国連憲章第11章）および信託統治制度（同第12章）など、これまでも数多くの実行がみいだされる。ところで、こうした事象をいかなる用語で呼ぶかについては、論者がいかなる事象・概念を分析対象とするか—とりわけ、「統治」「管理」といった任務・権限の内容、実施主体（国際組織、他の主体を含むか否か）、法的根拠の相違など—によって多様であり、また、そのそれぞれの用語が示す統一的な定義も存在していないのが現状である。そこで、本章では取り上げる事例が国連「暫定統治」と呼ばれてきたこと、また、前章との概念の共通性を示すことから、「暫定統治」の用語を使用することとした。なお、これらの用語に関する邦語文献として、例えば、山田『前掲書』（注1）47-50頁参照。

[3] See Linos-Alexandre Sicilianos, "L'administration territoriale par les Nations Unies et d'autres institutions internationales habilitées par les Nations Unies," *Rapport préliminaire, Institut de Droit international (IDI), La Haya Sessions* (2019), pp. 346-355, at https://www.idi-iil.org/app/uploads/2019/06/Commission-13-Administration-territoriale-par-les-nations-unies-Sicilianos-Travaux-La-Haye-2019.pdf（以下本章におけるインターネット資料へのアクセス日は2020年12月31日である。）; Carsten Stahn, *The Law and Practice of International Territorial Administration* (Cambridge University Press, 2008), pp. 395-397. また、当該領域に統治権限を行使する国家の存在の有無から、デ・ウェット（de Wet）は前者を国連が単独で統治権限を行使する全面統治・管理（full-fledged administration）、後者を現地機関とともに統治権限を行使する共同統治・管理（co-administration）と呼ぶ。Erika de Wet, "The Direct Administration of Territories by the United Nations and its Member States in the Post Cold War Era: Legal Bases and Implications for National Law," *Max Planck Yearbook of United Nations Law* Vol. 8 (2004), pp. 296-304.

（G8）提示の合意を含む和平案を受諾したことから、安保理決議1244で設置された国連コソボ暫定行政ミッション（UNMIK）がある。このほか、1999年8月に実施された東ティモールに対する特別の自治に関する住民投票の結果後の混乱を受けて、安保理決議1272で設置された国連東ティモール暫定行政機構（UNTAET）が挙げられる。

　また、後者の例としては、1991年10月のカンボジア紛争の包括的政治解決に関する協定（パリ協定）[4]により結成された、カンボジアの唯一の権威的存在であるカンボジア最高国家審議会（SNC）に対して、1992年の安保理決議745で設置された国連カンボジア暫定機構（UNTAC）が管理・支援を行ったことが挙げられる。このほか、旧ユーゴスラビア連邦における内戦後のボスニア・ヘルツェゴビナにおいて、その民政部門の管理・調整を行うために1995年12月のボスニア・ヘルツェゴビナ和平一般枠組合意（デイトン合意）[5]で設置された上級代表（High Representative）[6]―同年の安保理決議1031により設置承認がなされた―も後者の一例と捉えることができる。

　ところで、平和活動の一環としての平和構築は、平和と安全の維持と確保を行うと同時に、「持続可能な平和を達成するために」、国家や社会が「安全を提

---

[4] Agreement on the Comprehensive Political Settlement of the Cambodia Conflict, U.N. Doc. A/46/608-S/23177, 23 October 1991, Annex. なお、カンボジアにおける暫定統治については第2章を参照。

[5] General Framework Agreement for Peace in Bosnia and Herzegovina, U.N. Doc. A/50/790-S/1995/999, 30 November 1995, Attachment.

[6] 上級代表はデイトン合意付属書10に基づき、「和平合意の民生部門に関する諸機関の活動を調整する」ことのみを目的として設置された（設置およびその任務については安保理が承認）。その後、同合意の履行に関して政治的役割を担う和平履行評議会（Peace Implementation Council）の1997年12月のボン会合において、上級代表に対して立法・法改正、公職者の解任を含む統治権限（ボン・パワーと呼ばれる）の付与が行われた（この権限付与に対して1997年の安保理決議1144で支持表明がなされた）。上級代表に対する統治権限付与の経緯の詳細については、橋本敬市「ボスニア和平プロセスにおける上級代表の役割―ポスト・デイトン期におけるマンデートの拡大―」『外務省調査月報』2000年度第3号（2000年）55-60頁参照。なお、上級代表は国連の機関ではないが、欧州人権裁判所は上級代表に対する安保理の全般的なコントロールが存在するとして、その行為が国連に帰属すると判断した。See *Dušan Berić and others v. Bosnia and Herzegovina*, European Court of Human Rights (ECtHR), Application Nos. 36357/04 and others, Decision, 16 October 2007, paras. 28-30. また、上級代表はデイトン合意当事国、安保理および和平履行評議会を構成する諸国家から独立して活動する特別の（*sui generis*）国際組織であり、加盟国のない国際組織と考えられる。Ralph Wilde, *International Territorial Administration: How Trusteeship and the Civilizing Mission Never Went Away* (Oxford University Press, 2008), p. 67.

供し、治安を維持できる能力を回復すること」および「法の支配[7]と人権尊重を強化すること」を目的としている[8]。国連暫定統治ではこれらの目的を果たすために、一定の領域において法の制定・執行、司法制度の整備、財政・金融制度の再建、その他の行政活動といった多岐にわたる任務が遂行される[9]。その過程で、暫定統治機構は国家の統治権限を介することなく、または、それを管理・支援する形で、当該領域の住民に対して直接的な権限を行使することになる。このことは住民の権利（人権）について規律することに結びつき、翻って住民の権利（人権）を直接的に侵害しうることを意味する。すなわち、従来、国際法においては主権を持つ国家がその領域内にいる、または、その管轄下にある住民や個人の人権を保障する主体であると同時に、それを侵害する主体であると考えられてきたが、暫定統治機構が国家に相当する統治権限を行使するのであれば、国家と同様に人権を保障すると同時に、侵害する主体にもなりうるということである。また、以下で検討するが、暫定統治機構はその任務の遂行に当たっていずれの国家の裁判権にも服さないとする裁判権免除を享有することから、その活動によって被害を受けた個人が効果的な救済、特に司法的救済を受けられないという事態をも生じることになる。こうした事態は、前述の平和構築の目的である法の支配と人権尊重の実現に相反することになると考えられる[10]。

　こうした問題意識から、本章では、国家に代替して統治権限を行使した暫定統治機構による権限行使に対して人権保護に関わる法規範によって制約を課すことはできるのか、また、当該権限行使に起因する人権侵害に対して個人は法

---

[7] 因みに、「法の支配」は国連の任務の中核の1つとされており、国連事務総長の報告書によれば、「国家それ自身を含め、公私にかかわらず、すべての人、機関および団体が法に対して責任を負うといった統治の原則を指すものである。また、『法』とは、公的に制定され、平等に執行され、独立して裁判が行われるものであり、国際人権規範および基準に一致しているものである。さらに、法の優位、法の下の平等、法に対する責任、法の適用上の公平性、権力分立、意思決定への参加、法的明確性、恣意性の排除、手続および法的透明性の遵守を確保するための措置がとられることが求められる」ものであるとされる。Report of the Secretary-General on the Rule of Law and Transitional Justice in Conflict and Post-conflict Societies, U.N. Doc. S/2004/616, 23 August 2004, para. 6. See André Nollkaemper, *National courts and the international rule of law* (Oxford University Press, 2011), pp. 4-6.

[8] DPKO, Capstone Doctrine, p. 25.

[9] U.N. Doc. A55/305-S/2000/809, Annex, para. 77.

[10] Rüdiger Wolfrum, "International Administration in Post-Conflict Situations by the United Nations and Other International Actors," *Max Planck Yearbook of United Nations Law* Vol. 9 (2005), p. 692.

的救済を受けられるのか、という問いについて考察することにしたい。これら
の問いは国連暫定統治のみに関わるものではなく、より一般的化すれば、これ
まで研究がなされてきた国連や平和活動における人権侵害に対する国際責任の
問題[11]の一部をなすものである。本章で取り上げる暫定統治機構の事例は極め
て限定的ではあるものの、当該機構が権限行使する領域において、人権を保障
する他の主体が存在しないという点で、よりこの問いが先鋭化した形で現れる
ものであり、ここに検討する価値があると考える。なお、本章では暫定統治機
構の国際責任のみをとり上げ、他の平和活動を含めそれらに従事する要員によ
る国際責任の問題については第4章で検討される。

　以下、第1節では、UNTAES、UNMIK および UNTAET の3つの暫定統
治機構の任務・権限等を概観し、対象となる領域で適用される人権基準につい
て確認する。第2節では、実体法の側面から暫定統治機構による権限行使に対
してそれを制約しうる法規範、より具体的には暫定統治機構に対する国際人道
法（占領法規）と国際人権規範の適用可能性について検討する。その上で、第
3節では、手続法の側面から被害を受けた個人が暫定統治機構の法的責任を司
法機関で追及することは可能か、また、司法機関で追及できない場合、いかな
る代替的救済手段が利用できるかを考察する。以上の考察から、平和構築にお
ける国連の責任と個人の救済の現状と課題の一端を明らかにしたい。

1 ．国連暫定統治の任務・権限―任務としての人権保護

　本章の検討対象である3つの暫定統治機構について、まず、その任務・権限
について、それぞれの機構の設置経緯[12]とともに概観する。また、それらが展
開する領域においては紛争に伴い重大な人権侵害が行われたこともあり、その
任務の1つに人権の保護と促進が挙げられた。ただ、現地の法が不明確または
存在しない場合、あるいは、紛争以前に適用されていた法が差別的内容を持つ

---

[11] 国連や平和活動における人権およびその侵害に関する問題を包括的に検討したものとし
て、例えば、Guglielmo Verdirame, *The UN and Human Rights: Who Guards the
Guardians?* (Cambridge University Press, 2011); Kjetil Mujezinović Larsen, *The Human
Rights Treaty Obligations of Peacekeepers* (Cambridge University Press, 2012).

[12] 設立経緯に関連する事実関係の概要については、山田『前掲書』（注1）70-76頁、望月康
恵「国際機構による『統治』」『法と政治』第57巻2号（2006年）10-13頁、酒井「前掲論文」
（注1）を参照した。

場合など、その任務の遂行に当たって適用すべき法を確定することが求められた[13]。そこで、本章の問題関心との関係から、暫定統治機構がその統治権限（特に、適用すべき法を確定する立法権限）の行使に当たって当該領域にいかなる国際人権基準を適用しようとしてきたのかを確認する。

(1) 国連暫定統治の設置経緯とその任務・権限

(a) 国連東スラボニア、バラニャおよび西スレム暫定機構（UNTAES）

　1991年6月25日にクロアチアは旧ユーゴスラビア連邦から独立を宣言したが、これに反対するセルビア系住民との間で内戦となり、結果、同国内にセルビア系住民が支配する「クライナ・セルビア人共和国」が設立されるに至った。UNTAESが暫定統治することになる東部スラボニア、バラニャおよび西スレム地域（東スラボニア）は、セルビアと境界線を接するこの共和国の一部であった。1992年2月には、安保理決議743に基づきクロアチアとセルビア人系住民との間の停戦監視を目的とした国連保護軍（UNPROFOR）が派遣されたものの、戦闘は収束せず、クロアチアからその派遣継続の同意が拒否される事態に至った。

　1995年3月に安保理決議981に基づきUNPROFORに代わる国連クロアチア信頼回復活動（UNCRO）が展開されたが、直後のクロアチアの軍事作戦により、東スラボニアを除くクライナ・セルビア共和国の各地域はクロアチアの支配下に置かれることになった。その後、同年11月にクロアチア政府とセルビア系住民との間で「東部スラボニア、バラニャおよび西スレム地区に関する基本合意」（Erdut協定）[14]が締結され、東スラボニアのクロアチアへの再統合を前提とした暫定統治機構の設置が定められた[15]。これを受けて、1996年1月15日に安保理は決議1037に基づき、国連憲章第7章下の措置としてUNTAESを設置し、結果、1998年1月15日までの2年間、東スラボニアの暫定統治を行った。

---

[13] ブラヒミ報告では、こうした現地の法規範が抱える問題に対応するため、特に、刑事法分野において国際人権法や国際人道法を参照にした「モデル法規」を作成して適用することが提案されている。U.N. Doc. A55/305-S/2000/809, Annex, paras. 81-82. こうしたモデル法規の有用性や作成すること自体の問題を指摘するものとして、山田『前掲書』（注1）164頁。

[14] Basic Agreement on the Region of Eastern Slavonia, Baranja and Western Sirmium, U.N. Doc. A/50/757-S/1995/951, 15 November 1995, Annex.

[15] *Ibid.*, Article 2.

　安保理決議によれば、UNTAESには文民部門と軍事部門が置かれることになり、これらに対する包括的な権限を有する暫定行政官（transitional administrator）が国連事務総長により任命され、その指示の下で行動するとされた。特に、文民部門の任務としては、警察の設置と犯罪者の処遇・刑務所の監視、文民行政、公共事業、難民の帰還、選挙の準備と実施、地域の復興支援、人権および基本的自由の尊重、地雷除去の監視と促進が挙げられた[16]。また、同決議の前文第2項において言及されるように、東スラボニアはクロアチアの不可分の一部であり、セルビア系住民による支配はクロアチアの領域主権の侵害であったとされた。しかし、その支配の間にセルビア系住民により様々な法制度が構築されていたため、暫定行政官にはこれらを改廃し、上記の任務を遂行するために必要な立法および行政権限を行使することが認められた[17]。ただし、その法的地位については、既存の国連との地位協定における「クロアチアにおける国連平和部隊および活動」に含まれるものとされており[18]、通常の平和活動と同様に捉えられていた。

　このようにUNTAESによる立法および行政権限の行使は、東スラボニアのクロアチアへの再統合という明確かつ限定的な内容のミッションに基づくものであり、他の暫定統治機構とは異なり、すべての統治権限を行使したわけではなく、その点において比較的単純な任務を担ったものといえよう[19]。

(b)　国連コソボ暫定行政ミッション（UNMIK）

　ユーゴスラビア連邦共和国のセルビアの自治州であったコソボは人口の大多数をアルバニア系住民が占めていた。1989年以降、当時のセルビア大統領ミロ

---

[16] U.N. Doc. S/RES/1037, 15 January 1996, paras. 2, 11-12; U.N. Doc. S/1995/1028, 13 December 1995, paras. 12-17.

[17] U.N. Doc. S/1995/1028, para. 17. この立法権限に基づく規則は、クロアチア当局が別段の決定を行わない限り、暫定統治の期間のみ有効とされた。

[18] U.N. Doc. S/RES/1037, para. 13.

[19] Simon Chesterman, *You, the People: The United Nations, Transitional Administration, and State-Building* (Oxford University Press, 2004), pp. 71-72, 131. なお、Stahnはミッションが明確であり、主要な関係当事者（クロアチアとセルビア）の同意があったことがUNTAESの任務の成功をもたらしたと評価する。ただし、その内容が短期間で限定的であったことから、平和構築の長期的課題—住宅・復興・財産問題—に取組めなかったとの批判があったとする。See Stahn, *supra* note 3, pp. 285-286.

シェビッチが自治州の権限を無効にする憲法の採択などアルバニア系住民に対する抑圧政策をとったことから、コソボ自治州内のセルビア系住民、さらにはセルビアとの間で対立が激化した。こうした中、アルバニア系住民の一部がコソボ解放軍（KLA）を結成し、コソボの自治拡大、さらには分離独立を求めて実力行使を行った。これに対抗して、セルビア治安部隊やユーゴスラビア連邦軍による軍事行動が展開され、1990年代後半には民族浄化を伴ういわゆるコソボ紛争へと発展した。

　1999年2月にフランスのランブイエで和平交渉が行われ、コソボの自治回復や治安維持などを含む暫定合意案[20]が示されたが、セルビアがこれを拒否したため、同年3月からセルビア治安部隊のコソボからの撤退等を求めてNATO軍による空爆が開始された。その後、同年6月に上記の暫定合意案に対する取組みを含めG8外相会議が提示した政治的解決に関する一般原則等[21]をユーゴスラビア連邦が受諾したことで、空爆が停止された。これを受けて、1999年6月10日に安保理は決議1244に基づき、国連憲章第7章下の措置としてコソボにおける文民部門を担うUNMIKを設置した。なお、空爆の停止条件は、同決議採択の前日に締結されたNATOのコソボ治安維持部隊（KFOR）とユーゴスラビア連邦、セルビア共和国の3者間の軍事技術協定[22]において示されており、この協定に基づいて安全保障部門を担うNATO軍主体のKFORがUNMIKとともにコソボに展開されることになった[23]。その後、UNMIKは2008年2月17日のコソボによる独立宣言、同年6月15日の「コソボ共和国憲法」発効の結果、その任務を十分に遂行できなくなった[24]。そのため、2008年2月4

---

[20] "Rambouillet Accords: Interim Agreement for Peace and Self-Government in Kosovo," U.N. Doc. S/1999/648, 7 June 1999, Annex.

[21] U.N. Doc. S/RES/1244, 10 June 1999, Annexes I, II (U.N. Doc. S/1999/516, 6 May 1999, Annex and U.N. Doc. S/1999/649, 2 June 1999, Annex).

[22] Military-Technical Agreement between the International Security Force (KFOR) and the Governments of the Federal Republic of Yugoslavia and the Republic of Serbia from 9 June 1999, U.N. Doc S/1999/682, 15 June 1999, Enclosure.

[23] U.N. Doc. S/RES/1244, 10 June 1999, para. 7. KFORは敵対行為の中止、ユーゴスラビア連邦軍の撤退、KLAの武装解除、難民・避難民の帰還のための安全確保、現地の治安維持などの任務を行うとされた（*ibid.*, para. 9）。UNMIKについては第2章も参照。

[24] Report of the Secretary-General on the United Nations Interim Administration Mission in Kosovo, U.N. Doc. S/2008/692, 24 November 2008, para. 21.

日に安保理の支援の下で発足した欧州連合（EU）主導の欧州連合法の支配ミッション（EULEX）に対して、その任務の大部分を移行した[25]。現在、コソボではUNMIKの国連事務総長特別代表（SRSG）の下、このEULEXが管理・支援する形で暫定統治を行っている。

　安保理決議によれば、国連事務総長によって設置されるUNMIKが、最終的な解決に至るまでの間、コソボでの実質的な自治と自治政府の確立と促進、基本的な行政機能の実施、コソボの将来の地位を決定する政治プロセスの促進、暫定的制度から政治的解決に基づき設立される制度への権限の移行の監視、経済復興および人道的援助の支援、法と秩序の維持、人権の保護と促進、難民・避難民の安全な帰還の確保など広範かつ多岐にわたる任務を遂行することとされた[26]。この決議を受けて、国連事務総長はSRSGを暫定行政官として任命し、UNMIKの管理と他の国際組織との調整に関する全般的な権限を与えるとともに、その下に4つの部門—民政部門は国連、人道問題部門は国連難民高等弁務官事務所（UNHCR）、民主化と制度構築部門は欧州安全保障協力機構（OSCE）、復興部門はEUがそれぞれ分担する—を置く形で上記の任務を実施するとした[27]。また、UNMIKには司法行政を含む立法、行政のあらゆる権限が与えられ、その権限をSRSGが行使すること、その任務遂行において必要な範囲内で規則を制定し、既存の法を改廃すること、司法機関の職員を含め公務員を罷免すること、新たな法を制定することができるとされた[28]。こうしたUNMIKおよびSRSGが行使する全般的権限については、SRSGが制定した最初のUNMIK規則1999/1号において再確認された[29]。

---

[25] Council Joint Action 2008/124/CFSP of 4 February 2008, OJL 42, 16 February 2008, pp. 92-98. 安保理決議1244とEULEXの任務の関係については、see Erika de Wet, "The Governance of Kosovo: Security Council Resolution 1244 and the Establishment and Functioning of eulex," *American Journal of International Law* Vol. 103, No. 1 (2009), pp. 83-96.

[26] U.N. Doc. S/RES/1244, 10 June 1999, paras. 10-11 (a)-(k).

[27] Report of the Secretary-General pursuant to Paragraph 10 of Security Council Resolution 1244 (1999), U.N. Doc. S/1999/672, 12 June 1999, paras. 2, 5; Report of the Secretary-General on the United Nations Interim Administration Mission in Kosovo, U.N. Doc. S/1999/779, 12 July 1999, paras. 43-44.

[28] U.N. Doc. S/1999/779, paras. 35, 39-41.

[29] On the Authority of the Interim Administration in Kosovo, UNMIK/REG/1999/1, 25 July 1999, Section 1.

このように UNMIK には広範な任務が与えられ、それを統括する暫定行政官としての SRSG の権限は極めて強大であったといえる。また、最終的な解決となるコソボの法的地位についても未確定のままであったため、安保理決議において、その設置期間には限定がなく、長期にわたる任務遂行が可能となった[30]。

(c) 国連東ティモール暫定行政機構（UNTAET）

　1960年以降、東ティモールはポルトガルの非自治地域であったが、独立問題に端を発する内戦のためポルトガルが施政権を放棄したことを機に、1975年12月、インドネシアが武力侵攻し、その翌年には同地域を併合した。これに対し、東ティモール住民の自決権を害するものとして、国連総会決議による非難、安保理決議による2度の即時撤退要求[31]が出されたにもかかわらず、その後もインドネシアが占領を継続してきた。

　しかし、1998年のアジア通貨危機を契機にインドネシアで政変が生じ、東ティモールに対する自治権の拡大、独立容認に政策が転換されることになった。こうした状況の中、1999年5月にインドネシア、ポルトガルと国連の3者間で東ティモールに対する特別の自治に関する住民投票実施の枠組みに関する合意[32]が結ばれ、同年6月には安保理決議1246に基づき選挙監視を目的とした国連東ティモールミッション（UNAMET）が派遣された。8月30日に実施されたインドネシア内での特別の自治の賛否を問う住民投票において、東ティモール住民の圧倒的大多数が独立を支持する結果となった[33]。その後、独立反対派による住民の虐殺や破壊活動が激化したことを受けて、インドネシアが国連平和維持部隊の受入れ同意を表明したことから、9月15日の安保理決議1264に基づき、治安維持と人道支援を目的としたオーストラリア軍主導の東ティモール国際軍（INTERFET）が組織された。さらに、10月25日には安保理決議1272に基づき、

---

[30] U.N. Doc. S/RES/1244, para. 19.

[31] U.N. Doc. A/RES/3485 (XXX), 12 December 1975; U.N. Doc. S/RES/384, 22 December 1975; U.N. Doc. S/RES/389, 22 April 1976.

[32] Agreement between the Republic of Indonesia and the Portuguese Republic on the question of East Timor, U.N. Doc. A/53/951-S/1999/513, 5 May 1999, Annex I.

[33] 投票率98.5%、特別の自治に反対（独立に賛成）が78.5％であった。U.N. Press Release, GA/9641, 17 December 1999.

国連憲章第7章下の措置として東ティモールの独立移行期間中に当該地域の暫定統治を行う UNTAET が設置された。UNTAET は2001年8月の制憲議会選挙、2002年4月の大統領選挙を経て、2002年5月20日に東ティモールが独立したことを受けてその任務を終了した。

　安保理決議によれば、UNTAET が東ティモールの統治に全面的な責任を負い、司法行政を含む立法、行政のあらゆる権限を行使するとし[34]、暫定行政官である SRSG がその活動を全般的に統括すること、また、その統括の下に、統治・公共行政部門、人道的援助・緊急復興部門、軍事部門という3つの部門が置かれることが規定された[35]。具体的な任務としては、治安の確保および法と秩序の維持、実効的な行政機関の創設、公共サービスの展開援助、人道的支援・復興および開発援助の調整・提供の確保、自治政府の能力構築の支援、持続可能な発展のための条件の確立支援が挙げられ、UNTAET はこれらの任務を遂行するために必要なあらゆる措置をとる権限を持つとされた[36]。なお、人権の保護と促進については、安保理決議において明確な言及はなく、その設置に関連する国連事務総長の報告書で任務の1つに掲げられていた[37]。また、暫定行政官は新たな法および規則の制定、既存の法の改廃権限を有するとされ[38]、最初に制定した UNTAET 規則1999/1号において UNTAET および自らの全般的権限を再確認した[39]。

　UNMIK と同様に、UNTAET も広範な任務が与えられ、暫定行政官の権限も強いものであったが、そのミッションは東ティモールの独立という点で出口が明確であり、活動期間も限定されていた。ただ、コソボとは異なり、インドネシアの占領による国家、社会制度の崩壊を受けて、司法および行政機関の新たな構築が必要であった[40]。また、2000年2月23日からは、INTERFET が担っ

---

[34] U.N. Doc. S/RES/1272, 25 October 1999, para. 1. UNTAET については第2章も参照。

[35] *Ibid.*, para. 3; Report of the Security-General on the Situation in East Timor, U.N. Doc. S/1999/1024, 4 October 1999, paras. 38, 46-78.

[36] U.N. Doc. S/RES/1272, paras. 2, 4.

[37] U.N. Doc. S/1999/1024, para. 29 (h).

[38] *Ibid.*, para. 6; U.N. Doc. S/1999/1024, para. 32.

[39] On the authority of the Transitional Administration in East Timor, UNTAET/REG/1999/1, 27 November 1999, Section 1.

[40] Verdirame, *supra* note 11, p. 255.

ていた治安維持任務も UNTAET の軍事部門が引き継ぎ[41]、文民部門とともに
東ティモールの完全な統治を行った。

(2) 国連暫定統治における人権保護

(a) 国連東スラボニア、バラニャおよび西スレム暫定機構（UNTAES）

　UNTAES に課せられた人権の保護と促進に関する任務は、基本合意に規定
される「最高水準の人権および基本的自由を尊重」する旨の当事者（セルビア
とクロアチア）の誓約の遵守を監視することであった[42]。ただし、UNTAES が
従うべき国際人権基準については触れられていなかった。

　さて、ここで言及される人権および基本的自由の内容が問題となるが、クロ
アチアは独立後の1992年9月から10月にかけて主要な人権諸条約（社会権規約、
自由権規約、女性差別撤廃条約、子どもの権利条約、人種差別撤廃条約、拷問
等禁止条約）の当事国となっており[43]、また、欧州人権条約については1996年
11月6日に署名、翌年の11月17日に加入した。なお、1992年9月から東スラボ
ニアを含めたクロアチアとして欧州評議会（Council of Europe）への加盟を
申請していたが、1996年11月6日に正式に加盟が認められた。このことからす
れば、当該地区にこれらの人権諸条約およびそれらを受容したクロアチア法が
適用されることを確保することがその任務といえる。このように、東スラボニ
アのクロアチアへの再統合という限定されたミッションとの関係もあり、安保
理決議等において直接の言及はないものの、適用すべき国際人権基準は明確で
あったといえよう。

　そこで、暫定行政官は自らが有する立法権限に基づき、例えば、1997年5月
29日に発付した指令（directive）では、現地司法機関に1997年6月1日以降に
係属するすべての訴訟にクロアチア法を適用するよう命じている[44]。また、
UNTAES の撤退後に同地区におけるクロアチアによる包括的な政治的・制度

---

[41] UNTAET, East Timor Update, February 2000, p. 10, at https://peacekeeping.un.org/en/mission/past/etimor/untaetPU/ETupdateFE.pdf.

[42] U.N. Doc. S/RES/1037, para. 12.

[43] 各国の人権諸条約の加入時期については、外務省ホームページ「人権外交　締約国一覧」（https://www.mofa.go.jp/mofaj/gaiko/jinken/ichiran.html）を参照。

[44] U.N. Doc S/1997/953, para. 23.

的保障を提供することを目的とした、クロアチア政府との間で協定—1997年
11月27日の段階で27に及ぶ[45]—の締結などを行ってきた。実際のところ、当該
地区のセルビア人、特に、避難民に対するクロアチアの現地行政機関、警察官
による差別的取扱いなどが問題になっており、UNTAES がこれらの人権侵害
を是正してきたとされ[46]、UNTAES による人権侵害は大きな問題とはならな
かった。

(b) 国連コソボ暫定行政ミッション（UNMIK）

　UNMIK も「人権の保護および促進」を任務の１つとしたが[47]、その遂行に当
たってコソボ紛争の発端となった既存の法・制度との整合性をいかにとるかが
大きな課題となった。そこで、国連事務総長は「国際的に認められた人権基準
または特別代表により発せられた規則に抵触しない限り、UNMIK がユーゴス
ラビア連邦およびセルビアの法律を尊重する」こと、また、「UNMIK は、コ
ソボにおける権限の行使の基礎として、国際的に認められた人権基準を指針」
とし、法改正に当たっては「安保理決議1244（1999）の目的と国際的に認めら
れた人権基準に合致して」行うことを指示した[48]。これを受けた SRSG による
UNMIK 規則1999/1号では、「コソボで公務または公職に就くすべての者は、
国際的に認められた人権基準を遵守するものとする」とし、この国際人権基準、
UNMIK の任務、UNMIK 規則と抵触しない限り、1999年３月24日以前にコソ
ボに適用されていた法が継続して適用されることとした[49]。ここで言及される
国際人権基準については、後の UNMIK 規則において、世界人権宣言、欧州
人権条約、自由権規約（および同選択議定書）、社会権規約、人種差別撤廃条約、
女性差別撤廃条約、拷問等禁止条約、子どもの権利条約の８つの国際人権文書

---

[45] *Ibid.*, para. 7 and Annex I.

[46] Report of the Secretary-General on The United Nations Transitional Administration for Eastern Slavonia, Baranja and Western Sirmium, U.N. Doc S/1997/953, 4 December 1997, para. 21. See also Report of the Secretary-General on the United Nations Transitional Administration for Eastern Slavonia, Baranja and Western Sirmium, U.N. Doc. S/1997/767, 2 October 1997, paras. 37-41.

[47] U.N. Doc. S/RES/1244, para. 11 (j).

[48] U.N. Doc. S/1999/779, paras. 36, 42, 75.

[49] UNMIK/REG/1999/1, Sections 2, 3.

が例示的に列挙された[50]。

これらの文言からは、UNMIK の職員に国際人権基準の遵守が義務づけられていることは明らかであり、立法行為においてはそれらに合致するよう求められるものの、UNMIK および SRSG が国際人権基準を遵守する義務を負うのかまでは判断できない。また、コソボ領域において国際人権基準が直接適用できると規定されているわけではなく、これらの人権諸条約に基づいて個人の権利が保障され、その侵害に対する救済がなされるわけではない[51]。その後、2001年に暫定自治政府（PISG）を設置するための「暫定自治政府の憲法枠組み」に関する UNMIK 規則2001/9号において、憲法枠組みの一部としてこれらの国際人権文書がコソボにおいて直接に適用されることになり、暫定自治政府との関係ではこれらの人権諸条約に基づいて個人の権利が保障されることになった[52]。このようにコソボでは個人との関係で現地の暫定自治政府が遵守する国際人権基準は段階的に定められるようになったが、UNMIK および SRSG との関係では不明確なままであった[53]。

ここでは列挙するだけにとどめるが[54]、例えば、違法な収用や破壊といった

---

[50] On the Law Applicable in Kosovo, UNMIK/REG/1999/24, 12 December 1999, Section 1.3. なお、アルバニア系判事の反対を受けて、同規則ではコソボ自治州の権限が無効とされた1989年以降のセルビア法は適用せず、同年3月22日以前に施行されていた法が国際人権基準に適合する限り、UNMIK 規則と共に適用されるとされた（*Ibid.*, Sections 1.1, 1.2）。このようにコソボで適用される法律は多様であり、いわゆる「法的カオス（legal chaos）」（see Ombudsperson Institution in Kosovo, Fourth Annual Report 2003-2004, 12 July 2004, p. 8）状態にあり、現地司法機関による適用法の確定は困難であった。また、特に問題が指摘された刑事法については、UNMIK 規則により新法が制定された（Provisional Criminal Code of Kosovo, UNMIK/REG/2003/25, 6 July 2003; Provisional Criminal Procedure Code of Kosovo, UNMIK/REG/2003/26, 6 July 2003）。See Eric De Brabandere, *Post-Conflict Administrations in International Law: International Territorial Administration, Transitional Authority and Foreign Occupation in Theory and Practice* (Martinus Nijhoff Publishers, 2009), p. 218.

[51] See Ombudsperson Institution in Kosovo, Special Report No. 2 on Certain Aspects of UNMIK Regulation No. 2000/59 amending UNMIK Regulation No. 1999/24 on the Law Applicable in Kosovo (27 October 2000), 30 May 2001, para. 12.

[52] On a Constitutional Framework for Provisional Self-Government in Kosovo, UNMIK/REG/2001/9, 15 May 2001, Articles 3.2, 3.3.

[53] 山田『前掲書』（注1）165頁。

[54] See Human Rights Advisory Panel (HRAP), *Final Report: History and Legacy Kosovo, 2007-2016*, 30 June 2016, pp. 60-83. See also Frédéric Mégret and Florian Hoffmann, "The UN as a Human Rights Violator? Some Reflections on the United Nations Changing Human Rights Responsibilities," *Human Rights Quarterly* Vol. 25, No. 2 (2003), pp. 334-346; Lindsey Cameron, "Human Rights Accountability of International Civil Administrations to the People ▶

財産権の侵害、失踪・殺害に対する不十分な捜査といった手続上の生命権の侵害、訴訟手続の中止・遅延といった公正な裁判を受ける権利および効果的な救済を受ける権利の侵害、少数者に対する無差別原則違反、UNMIK 警察による生命権の侵害、健康や安全な居住などの社会権を含むその他の権利侵害など、UNMIK や SRSG の権限行使による様々な人権侵害が問題とされた。特に強く非難されたのは、SRSG の執行命令による長期勾留や治安維持を理由とした予防的勾留といった法に基づかない勾留（法外勾留）（Extra-judicial Detentions）による身体の自由の侵害であった[55]。こうした人権侵害が続いたのは、長期にわたって統治権限が行使されたにもかかわらず、UNMIK や SRSG について国際人権基準を遵守すべきかが明確にされず、その救済のための手段が定められなかったことが1つの要因であると考えられる[56]。

(c) 国連東ティモール暫定行政機構（UNTAET）

UNTAET の人権の保護と促進に関する任務は、安保理決議ではなく、国連事務総長報告において言及され、くわえて、その表現は「人権の促進と保護を保障するために無差別で公平な機関を創設する」[57]とされるのみであり、UNMIK に比べて幾分弱いものであった。ただし、東ティモールにおいても適用される既存の法・制度との関係が課題であったことから、暫定行政官の任務に合致し、国際人権基準に抵触しない限り、UNTAET は東ティモールの現行法を適用すること、法改正に当たっても国際人権基準に合致して行うことが明示された[58]。これを受けて制定された UNTAET 規則1999/1号も UNMIK 規則

---

[54] ▶Subject to Administration," *Human Rights & International Legal Discourse* Vol. 1, No. 2 (2007), pp. 268-270.

[55] European Commission for Democracy through Law (Venice Commission), *Opinion no. 280/2004: Opinion on Human Rights in Kosovo: Possible Establishment of Review Mechanisms*, CDL-AD (2004) 33, 11 October 2004, paras. 24-61, especially paras. 57-61. なお、こうした恣意的勾留は、国際慣習法または強行規範の違反として禁止されるとされる。United Nations Working Group on Arbitrary Detention, United Nations Basic Principles and Guidelines on Remedies and Procedures on the Right of Anyone Deprived of Their Liberty to Bring Proceedings Before a Court, U.N. Doc. A/HRC/30/37, 6 July 2015, para. 11.

[56] このほか、例えばコソボでの少数民族（特に、セルビア人とロマ）に対する取扱いは活動の初期から重要な問題となっていたが、人権の保護と促進を担う UNMIK と KFOR の対応が「遅く、不公平」であったこともその要因とされる。See Verdirame, *supra* note 11, p. 264.

[57] U.N. Doc. S/1999/1024, para. 29 (h).

[58] *Ibid.*, paras. 32, 54.

と同様に、公務または公職に就くすべての者に対して、欧州人権条約を除く前述の7つの国際人権文書を列挙して、この国際人権基準を遵守するよう義務づけ、条件を満たした東ティモールの現行法を適用するとした[59]。

このように UNMIK 規則をほぼ踏襲した形で人権基準を規定したことから、UNTAET 規則による国際人権基準の遵守義務も不明確なままであり、また、UNTAET も UNMIK と同様に人権侵害について批判を受けた。とりわけ、UNMIK で問題となった勾留を含む刑事手続については、暫定規則を定めたUNTAET 規則2000/30号で国際人権基準に合致するよう規定されたにもかかわらず、公判前の長期勾留[60]や弁護人の選任権の否定が行われるなど強く非難されることになった[61]。

小括

本章で取り上げた暫定統治機構は、(武力) 紛争後の一定領域において社会制度の構築・再構築 (平和構築) を目的に、紛争当事国や関係国による和平協定 (または同意の表明) を受けて、安保理が国連憲章第7章下の措置として設置したものである。特に、UNMIK と UNTAET はその任務が多岐にわたり極めて広範なものであったことから、国家に相当するすべての統治権限を行使していた。これまでの平和活動とはその目的や任務において大きく異なる点があるものの、設置経緯などからすれば、暫定統治機構も他の平和活動に関わる機関と同様に安保理の補助機関(国連憲章第29条)に位置づけられるものである。また、当該領域の住民との関係においては、純粋な外部の主体というよりも現地の統治機構としての地位を持つものといえる[62]。つまり、暫定統治機構は国

---

[59] UNTAET/REG/1999/1, Sections 2, 3.1.

[60] On Transitional Rules of Criminal Procedure, UNTAET/REG/2000/30, 25 September 2000, Sections 20.11, 20.12.

[61] Steven R. Ratner, "Foreign Occupation and International Territorial Administration: The Challenges of Convergence," *European Journal of International Law* Vol. 16 No. 4 (2005), p. 713. See Amnesty International, *East Timor: Justice Past, Present and Future*, ASA 57/001/2001 (July 2001), pp. 21-22, 36-38.

[62] 山田『前掲書』(注1) 97-101頁。See also Wilde, *supra* note 6, p. 458; Michael Bothe and Thilo Marhaun, "UN Administration of Kosovo and East Timor: Concept, Legality and Limitations of Security Council Mandated Trusteeship Administration," in Christian Tomuschat (ed.), *Kosovo and the International Community: A Legal Assessment* (Kluwer Law International, 2002), p. 229.

際組織の補助機関と同時に領域内の統治機関としての「機能の二重性（func-
tional duality)」を持つものと捉えられる。

　ところで、平和構築を実行するには当該地域に法の支配と人権尊重を確立す
ることが必要であり、暫定統治機構の任務の１つに人権の保護と促進が挙げら
れてきた。そのために主要な人権諸条約を引証した国際人権基準を提示し、そ
れを当該地域で適用できるよう監視してきた。しかしながら、暫定統治機構自
身がこの国際人権基準を遵守する義務を負うかについては不明確なままであ
り、結果として、統治権限の行使によって当該地域の住民に対して数多くの人
権侵害が行われたとされた。こうした人権侵害に対して暫定統治機構の法的責
任を問うためには、まず、それらに適用される「人権保護に関する国際法規範」
を明らかにする必要がある。

２．国連暫定統治における権限行使の規範的制約
─占領法規と国際人権規範

　暫定統治機構による人権侵害の法的責任を追及するには、国際義務の違反を
構成する国際違法行為が存在しなければならない[63]。ここでいう国際義務には、
国際司法裁判所（ICJ）が「WHO とエジプト間の協定の解釈事件」勧告的意
見において言及したように、「国際法の一般規則、設立条約またはそれらが
当事者である国際協定に基づき課せられた義務」[64]が含まれる。ただし、国
際組織はいわゆる「専門性の原則（principe de spécialité/principle of
speciality)」[65]によって規律されており、一般に、設立条約に規定された目的
および任務の範囲内のみで権限を行使し、義務を負うことができないことに留
意する必要がある。また、暫定統治機構は安保理の補助機関であることから、
その上位規範である国連憲章および国連に適用される規範にも拘束されること

---

[63] See e.g. *Responsibility of international organizations*, U.N. Doc. A/RES/66/100, 9
December 2011, Annex, Articles 3 (Responsibility of an international organization for its
internationally wrongful acts), 4 (Elements of an internationally wrongful act of an
international organization), 6 (Conduct of organs or agents of an international organization),
10 (1) (Existence of a breach of an international obligation).

[64] *Interpretation of the Agreement of 25 March 1951 between the WHO and Egypt*,
Advisory Opinion, 20 December 1980, ICJ Reports 1980, para. 37, pp. 89-90.

[65] *Legality of the Use by a State of Nuclear Weapons in Armed Conflict,* Advisory Opinion,
8 July 1996, ICJ Reports 1996, para. 25, pp. 78-79.

になる[66]。ただし、設置根拠である安保理決議（および関連する紛争当事国・関係国の合意）において、人権保護に関する義務が規定されていればそれに従うことになるが、前述のように、安保理決議には人権の保護と促進に関する任務は規定されたものの、暫定統治機構自身が従うべき国際人権基準については明らかではなかった。

　第2章で検討されたように、平和構築の過程で誰が人権保護義務を負うのか、また、人権の保護と促進について誰が責任を負うのかなどを明確に規定するユス・ポスト・ベルムといった包括的な規範が未だ存在していない。そこで、人権保護に関するいかなる規範が暫定統治機構に適用できるのかについて関連する国際法規範をとり上げて検討することにしたい。まず、本章で対象とした国連暫定統治が武力紛争を契機とし、軍事占領に類似した状況で展開されたことから、占領に関わる国際人道法（占領法規）を、次に、より直截に国際人権規範をとり上げることにする。

(1) 占領法規の適用可能性

(a) 国連暫定統治と占領の概念

　軍事占領と国連暫定統治については、いずれも領域の一部または全部において それまで統治権限を行使してきた国家に代わって外国当局（占領軍）または国際組織が権限を行使するものであり、一見したところ共通性を持つ。ただし、軍事占領は武力紛争（戦争）の目的達成のために国家（交戦国）の一方的な意思で開始されるものであるのに対し、国連暫定統治は国際・国内の平和と安全の維持・回復および当該領域の平和構築のために、関係国の一定の合意に基づき安保理決議によって展開されるものであり、その活動目的と設置根拠は大きく異なる[67]。このことのみをもって、軍事占領に適用される国際人道法（占領法規）は国連暫定統治に適用できないとする見解もある

---

[66] Aleksandar Momirov, *Accountability of International Territorial Administrations: A Public Law Approach* (Eleven International Publishing, 2011), p. 118, at https://repub.eur.nl/pub/23775/; Tobias H. Irmscher, "The Legal Framework for the Activities of the United Nations Interim Administration Mission in Kosovo: The Charter, Human Rights, and the Law of Occupation," *German Yearbook of International Law* Vol. 44 (2001), p. 355.

[67] こうした相違にもかかわらず、双方を同一の概念として捉えようとするものとして、Ratner, *supra* note 61, pp. 695-719.

が[68]、検討の余地があろう。というのも、1999年8月の「国連部隊による国際人道法の遵守」に関する国連事務総長告示[69]において、平和活動に関わる軍事部門が国際人道法の「基本原則および規則」を遵守することとされたように、国連暫定統治も含めて[70]活動目的と設置根拠は国際人道法の適用を排除するものではないからである。

ところで、この告示にいう「基本原則および規則」とは、国際慣習法となった国際人道法の規則の中で国連の活動の特殊性を考慮して国連部隊に適用可能なものであるとされるが、占領法規については言及されていない。また、国連は国際人道法の主要な条約（例えば、1949年ジュネーブ諸条約）の当事者でもないため、これらの条約に言及される占領法規を直接適用することはできない。であれば、国連暫定統治に国際慣習法と認められた占領法規を適用することはできないであろうか。

まず、国連暫定統治に占領法規が適用されるかに関しては、その適用の端緒となる占領概念への該当性を確認する必要がある。占領とは、1907年ハーグ陸戦規則（陸戦規則）第42条が「一地方ニシテ事実上敵軍ノ権力内ニ帰シタルトキハ、占領セラレタルモノトス。占領ハ右権力ヲ樹立シタル且之ヲ行使シ得ル地域ヲ以テ限トス」と定義するように、他国の軍が武力紛争において一定の領域に事実上の権力を確立した状態、すなわち実効的支配（effective control）を行うことをいう。ただし、駐留協定などの軍隊の受入れに同意が存在する場合には、事実上の権力が確立したとはいえず、一般に占領とは見なされない。この占領の定義自体は、ICJ の判決等[71]において確認されたように、国際慣習

[68] de Wet, *supra* note 3, pp. 323-324; Jürgen Friedrich, "UNMIK in Kosovo: Struggling with Uncertainty," *Max Plank Yearbook of United Nations Law* Vol. 9 (2005), p. 281; Richard Caplan, *International Governance of War-Torn Territories: Rule and Reconstruction* (Oxford University Press, 2006), pp. 3-4.

[69] Secretary-General's Bulletin, Observance by United Nations forces of international humanitarian law, U.N. Doc. ST/SGB/1999/13, 6 August 1999.

[70] Marco Sassòli, "Legislation and Maintenance of Public Order and Civil Life by Occupying Powers," *European Journal of International Law* Vol. 16, No. 4 (2005), pp. 689-690.

[71] *Legal Consequences of the Construction of a Wall in the Occupied Palestinian Territory*, Advisory Opinion, 9 July 2004, ICJ Reports 2004, para. 78, p. 167; *Case Concerning Armed Activities on the Territory of the Congo*, Judgement, 19 December 2005, ICJ Reports 2005, paras. 172-177, pp. 229-231.

法として現在も有効なものである[72]。また、1949年ジュネーブ諸条約共通第2条2項が「占領が武力抵抗を受けると受けないとを問わずに、適用する」としており、実際の武力抵抗が存在するか否かは必ずしも占領の成立に影響しないとされた。このように、占領に該当するか否かは当事者の主観的評価とは無関係に一定の客観的基準を満たすことで判断される事実主義がとられているといえる[73]。

　この陸戦規則第42条から導かれる占領の定義を国連暫定統治の特殊性を考慮して修正するなら、武力紛争において、暫定統治機構が国家の同意なしに一定領域に存在し、その領域において当該国家による権限行使を排除し、それに代わって権限を行使する地位にある場合ということになる[74]。なお、暫定統治機構が武力抵抗（それが存在するか否かにかかわらず）に対応することができる軍事部門を伴わずに、文民部門のみで構成される場合には、そもそも占領が問題となる状況ではないと考えられる。本章で取り上げた事例においては、UNTAES、UNTAET は軍事部門を備えていたが、軍事部門を KFOR に委ねていた UNMIK が問題となる。ただし、UNMIK と KFOR は安保理決議1244で規定されたように、共通の枠組みの下で双方が密接に関係してコソボでの統治を行っていたことから、軍事部門を事実上伴っていたものと捉えられる[75]。

　さて、この定義からすれば、本章で検討した国連暫定統治の展開は関係国の同意がその前提となっており、占領に該当するとはいえないということになろう[76]。

---

[72] Tristan Ferraro, "Determining the Beginning and End of an Occupation under International Humanitarian Law," *International Review of the Red Cross* No. 885 (2012), pp. 136-139.

[73] 新井京「暫定統治型の平和活動における占領法規の適用可能性：コソヴォ暫定統治機構を中心に」浅田正彦編『二一世紀国際法の課題：安藤仁介先生古稀記念』（有信堂高文社、2006年）469-470頁。See also Tristan Ferraro and Lindsey Cameron, "Article 2: Application of the Convention," in International Committee of the Red Cross (ed.), *Commentary on the First Geneva Convention, 2nd ed.*, (Cambridge University Press, 2016), paras. 334-335, at https://ihl-databases.icrc.org/ihl/full/GCi-commentary.

[74] Tristan Ferraro (ed.), *Expert Meeting: Occupation and Other Forms of Administration of Foreign Territory* (International Committee of the Red Cross, 2012), p. 79.

[75] 新井「前掲論文」（注73）466-468頁。因みに、要員数の最大時で、UNTAES は5,000人の部隊要員と450人の警察要員、KFOR は約15,000人の NATO 部隊要員、UNMIK は約800人の国際民間職員であった。また、UNTAET は約6,400人の部隊要員と2,000人の外国民間人（そのうち1,200人は警察要員）であったとされる。See Steven R. Ratner, "The Law of Occupation and UN Administration of Territory: Mandatory, Desirable, or Irrelevant?," in Ferraro (ed.), *supra* note 74, p. 98.

[76] Stahn, *supra* note 3, p. 473; Sassòli, *supra* note 70, pp. 688-689.

しかし、UNMIK の設置に至るコソボの軍事技術協定の締結は空爆を受けての
ものであり、「違法な武力行使」の結果による同意であるとの批判[77]、また、
UNTAET の設置において東ティモールを違法に併合したインドネシアによる
同意の有効性への疑問など、国際暫定統治が行われる前提となる同意の成立プ
ロセス自体に問題がある場合がある。こうした場合にも関係国の同意があった
と認めるべきかは、判断が分かれるところである[78]。

(b) 占領法規の適用に関する問題

　国連暫定統治が占領概念に該当するかはおくとして、国際慣習法と認められ
た陸戦規則[79]を含む占領法規を適用することにはいかなる問題があるのであろ
うか。占領法規は占領地域住民の生活への影響と占領軍の安全確保の双方の要
求を満たすために、一般的に、占領地域の現行法の尊重原則とともに限定的で
はあるが住民の権利の尊重義務が要請される[80]。

　現行法の尊重原則とは、ハーグ陸戦規則第43条が「占領者ハ絶対的ノ支障ナ
キ限占領地ノ現行法律ヲ尊重」するとし、また、それをジュネーブ諸条約第 4
条約（文民条約）第64条が補足し、被占領国の（刑罰）法令が「占領国の安全
を脅かし、又はこの条約の適用を妨げる場合…を除く外、引き続き効力を有す
る」とするものである。ただし、現行法の改正を禁止しているわけではなく、
占領地域の「公共ノ秩序及生活ヲ回復確保スル」（陸戦規則第43条）または「秩
序ある政治を維持」（文民条約第64条 2 項）するために占領軍が法改正および
立法することは認められていると考えられる[81]。また、住民の権利の尊重義務
については、例えば、私有財産の尊重・徴発の禁止（陸戦規則第46、48条、文
民条約第53、55条）、裁判官の身分保障（文民条約第54条）、個人の逮捕・処罰
に関する刑事法上の規則（文民条約第64-77条）、抑留に対する「安全上の絶対

---

[77] 新井「前掲論文」（注73）479頁 ; Ratner, *supra* note 75, p. 97; Eyal Benvenisti, "The Applicability of the Law of Occupation to UN Administration of Foreign Territory," *University of Cambridge Faculty of Law Legal Studies Research Paper* No. 36/2019 (2019), p. 9, at https://ssrn.com/abstract=3498872.

[78] 山田『前掲書』（注1）52頁 ; De Brabandere, *supra* note 50, p.126.

[79] ICJ Reports 2004, para. 89, p. 172; ICJ Reports 2005, para. 217, p. 243.

[80] 樋口一彦「国際人道法ノート(5)」『琉球法学』第90号（2013年）359-361頁参照。

[81] Sassòli, *supra* note 70, pp. 678-682.

的理由」による制限（文民条約第78条）などが定められ、限られた範囲ではあるが、占領軍による恣意的な行為を禁止する。これらの要請は、占領軍に対する占領地域の住民の不信、それによる緊張関係があることを前提として、暫定的な占領軍が占領地域の社会、法または経済制度に決定的な変更を加えないようにすることで、現地住民の権利を保護することを目的とするものと考えられる。

　国連暫定統治に関する決議において、安保理が占領法規の適用を明示的に排除したことはないが、遵守するように要請したこともない。これまでの事例から判断すれば、占領法規を逸脱する規則を暫定統治機構が定めてきており、むしろ、占領法規の適用を排除しているものと考えられる。また、安保理の憲章第7章に基づく措置については、例えば、経済や外交関係の断絶など国際法上の義務に抵触する内容を含むことが想定されていることから、たとえ占領法規の適用が義務づけられていても、それらを排除して措置をとることも可能である。しかし、安保理決議によっても一般国際法の強行規範に反する措置をとることはできないとする見解が一般的になっている[82]。この見解によれば、多くの国際人道法の規則、特に占領法規のいくつかの規定が強行規範性を持つとされていることから、その場合には国連暫定統治においても占領法規が適用されることになる。ただし、国連暫定統治で問題となる陸戦規則第43条および文民条約第64条が強行規範であるといえるかは検討の余地がある[83]。

　たとえ法律上適用できないとしても、暫定統治機構を設置する安保理決議が現地に適用される法を明確に規定することがない場合には、占領法規を事実上適用し、または、準用することは許されるべきではないか。確かに、同意に基づき展開される国連暫定統治は、占領軍に比べて現地住民との間の緊張関係は（存在しないとはいえないが）少なくとも顕著ではない。くわえて、当該地域の社会制度の変更を伴う統治権限を行使することを主たる任務とする。そうであれば、統治権限の行使を過度に規制する占領法規を適用することはその任務

Rosalyn Higgins, Philippa Webb, Dapo Akande, Sandesh Sivakumaran and James Sloan, *Oppenheim's International Law: United Nations* (Oxford University Press, 2017), pp. 421-422; 佐藤哲夫『国連安全保障理事会と憲章第7章―集団安全保障制度の創造的展開とその課題』（有斐閣、2015年）、325-327頁。See also Separate Opinion of Judge Lauterpacht in *Case concerning Application of the Convention on the Prevention and Punishment of the Crime of Genocide*, Order, 13 September 1993, ICJ Reports 1993, para. 100, p. 440.

[83] 新井「前掲論文」（注73）480-481頁。

を阻害するという主張も妥当性がある[84]。しかし、国連暫定統治の例ではない
が、オーストラリア軍は1992年の安保理決議794によりソマリアで展開した統
一タスクフォース（UNITAF）に参加した際に、その適用について安保理決
議に言及はなかったものの、占領法規を事実上適用し、また、INTERFET に
参加した際にも、インドネシアによる受入れ同意があったにもかかわらず、そ
の指針として占領法規を適用した[85]。さらに、UNMIK や UNTAET が定めた最
初の規則が国際人権基準と抵触しない限り、現地法を適用するとしたように、
占領法規が求める現地法の尊重原則は国連暫定統治においても有用なものと考
えられる[86]。

　もっとも、占領法規は占領軍による暫定的な統治を対象とするものであり、
そこに規定される住民の権利は武力紛争下においても尊重される限定的な内容
に過ぎず、また、国際人権法が保障する権利を制限するという性質を持つもの
でもある。それゆえ、暫定統治機構による統治が継続する中で平和構築を目的
とした法改正や新たな立法が行われていく段階では、とりわけ、住民の権利の
保護という観点からすれば、占領法規の適用は過度な制約となりうるのであり、
むしろ人権を侵害することになりかねない。このことからすれば、暫定統治機
構による国内法整備が行われる際には、より広範かつ手厚い内容を規定する国
際人権法が考慮されるべきであろう。しかしながら、少なくとも武力紛争後、
統治が開始された初期の段階においてであれば、占領法規を国連暫定統治にお
ける権利侵害の制約規範として事実上適用することには一定の意義があるもの
と考えられる。

(2) 国際人権規範の適用可能性とその限界

(a) 国連と国際人権規範

　占領法規による住民の権利の尊重が時間的、事項的に限定されていることか
ら、その適用が認められたとしても、暫定統治機構による権限行使の制約規範

---

[84] Stahn, *supra* note 3, pp. 478-479.

[85] See De Brabandere, *supra* note 50, pp. 124-125.

[86] Ivan Ingravallo, "UN Territorial Administrations: between International Humanitarian Law and Human Rights Law," in Robert Kolb and Gloria Gaggioli (eds.), *Research Handbook on Human Rights and Humanitarian Law* (Edward Elgar Publishing, 2013), p. 394.

としては十分とはいえない。そこで、より広範な内容を保障する国際人権規範の適用可能性について考えることにする。まず、暫定統治機構が国連の補助機関であることから、その前提として、国連にいかなる国際人権規範が適用されるのかを確認することにする。

　国連はその設立条約である国連憲章第１条３項において、その目的として「人権尊重の促進及び奨励」を掲げ、第55条ｃにおいて「経済的及び社会的国際協力」のために、「人権及び基本的自由の普遍的な尊重及び遵守」を「促進しなければならない」とする。また、第62条２項が経済社会理事会の任務として「人権及び基本的自由の尊重及び遵守」の助長のために勧告することができるとする。これらの規定は加盟国ではなく、国連を名宛人にしていることから、国連自身が人権を保障する義務を負うことになるとする主張もあるが[87]、むしろ「国連が促進・奨励さらには保護すべき対象は国家（加盟国）による人権侵害であり、あくまで他者（国家）の人権保護義務を国連が遵守させる」ことを定めたものと捉えられよう[88]。たとえ、これらの規定により、国連が人権の尊重および遵守に関して何らかの義務を負うとしても、具体的にいかなる状況において、どのような国際人権規範が適用されるのかは不明である[89]。

　また、国連が人権保護に関する国際慣習法に拘束されることについては共通認識があるとされるが[90]、（強行規範とされる）最も基本的な規範、例えば、殺人に対する生命の権利の侵害、拷問、恣意的な勾留といった限定的なものを除けば[91]、国連憲章の場合と同様に適用される具体的な規範内容も明確ではない[92]。さらに、自由権規約第48条１項や欧州人権条約第59条１項（ただし、同

---

[87] Irmscher, *supra* note 66, p. 369.

[88] 田村恵理子「統治者としての国際連合に対する人権上の制約―国連コソヴォ暫定統治機構の実行を中心に」日本国際連合学会編『ジェンダーと国連（国連研究第16号）』（2015年）150-151頁。See also Mégret and Hoffmann, *supra* note 54, p. 321.

[89] De Brabanrere, *supra* note 50, pp. 96-97.

[90] de Wet, *supra* note 3, p. 320. Markus Benzing, "Midwifing a New State: The United Nations in East Timor," *Max Planck Yearbook of United Nations Law* Vol. 9 (2005), p. 327.

[91] De Brabandere, *supra* note 50, pp. 98-99; Boris Kondoch, "Human Rights Law and UN Peace Operations in Post-Conflict Situations," in Nigel D. White and Dirk Klaasen (eds.), *The UN, Human Rights and Post-Conflict Situations* (Manchester University Press, 2005), pp. 36-37.

[92] Sicilianos, *supra* note 3, pp. 383-384.

条2項はEUの加入を認めている）など、主要な人権諸条約は原則として国家のみをその署名・批准の対象としており、国連が主要な人権諸条約の当事者となったことはなく、これらの条約が直接適用されることもない[93]。このように、国連それ自身に適用される国際人権規範の検討からは、暫定統治機構に適用される具体的な規範内容を導き出すことは難しい。

(b) 暫定統治機構に適用される国際人権規範

　人権という概念は伝統的には国家とその国民の間の垂直的関係から生じたものであり、国家が主権を持つ領域を基礎としてその国民（個人）に保障するものとされてきた。近年では、他国の領域内であっても国家が権力や実効的支配といった管轄権を行使する場合には、その影響を受けた個人に対して人権を保障すべきであるとの見解が一般的になっている[94]。この見解によれば、暫定統治機構は領域に対して主権を持つわけではないが、国家に代わって統治権限を行使することから、理念的には、個人に対してその権力や実効的支配を及ぼす場合には人権を保障すべきであるということになる。とすると、問題はいかなる国際人権規範に基づいて人権を保障するのかということである。

　暫定統治機構は設置根拠である安保理決議に明示されていないものの、その任務の範囲内で、当該領域に関連する条約の締結権限を有するとされ[95]、UNMIKはアルバニアやクロアチアなどと二国間貿易協定を締結し、UNTAETもオーストラリアと海域の境界に関する二国間協定を締結してきた。この権限の行使として、UNMIKが欧州評議会との間で、2004年に「民族

[93] Olivier De Schutter, "Human Rights and the Rise of International Organisations: The Logic of Sliding Scales in the Law of International Responsibility," in Jan Wouters, Eva Brems, Stefaan Smis and Pierre Schmitt (eds.), *Accountability for Human Rights Violations by International Organisations* (Intersentia, 2010), pp. 112-113; Stahn, *supra* note 3, p. 491.

[94] 田村「前掲論文」（注88）156頁。See Marko Milanovic, *Extraterritorial Application of Human Rights Treaties: Law, Principles, and Policy* (Oxford University Press, 2011), pp. 21-41; Stahn, *supra* note 3, pp. 485-490.

[95] Note verbale to a Permanent Mission to the United Nations regarding the legal personality and treaty-making power of the United Nations Interim Administration Mission in Kosovo (UNMIK), in *United Nations Juridical Yearbook 2004*, U.N. Doc. ST/LEG/SER. C/42 (United Nations Publication, 2007), p. 352. UNMIKと同様にUNTAETも条約締結権限を持つとされる。

的少数者保護枠組条約」および「欧州拷問等防止条約」に関する技術協定[96]を締結したのが、人権保護に関わる協定の数少ない例である。前者の枠組条約に関する技術協定第1条は「UNMIK は…自らの責任が枠組条約の諸原則に従って遂行される」ことを認めるとし、同第2条により UNMIK に欧州評議会閣僚委員会に対する報告義務が課されていることから、一見したところ、この枠組条約が適用されるような規定になっている。しかし、これら双方の技術協定の前文第9項および第7項には「本協定は UNMIK を…（枠組）条約の当事者とするものではない」ことが明記されており、これらの条約が直接適用されるわけではないことが確認されている。すなわち、これらの技術協定は条約の実質的な内容に拘束されることについて UNMIK の一方的な誓約に過ぎず、暫定統治機構が人権条約上の義務を負うものではないと考えられる[97]。また、前述のように、主要な人権諸条約は国家以外の署名・批准を認めていないことから、これまでのところ、暫定統治機構が締結する条約によって国際人権規範が適用されたことはないといえる。

　では、国際組織の補助機関と同時に領域内の統治機関でもある暫定統治機構の「機能の二重性」から、領域の統治機関として、当該機構が設置される前にその領域において適用されていた国際人権規範を継続して遵守する義務を負うとは考えられないであろうか。暫定統治機構の設置を当該領域における一種の政府変更や実効的支配を行う主体の交代と捉えられれば、自由権規約委員会が「義務の継続」に関する一般的意見[98]において示したように、人権諸条約（自

---

[96] Agreement between the United Nations Interim Administration in Kosovo (UNMIK) and the Council of Europe on technical arrangements related to the Framework Convention for the Protection of National Minorities; Agreement between the United Nations Interim Administration Mission in Kosovo (UNMIK) and the Council of Europe on technical arrangements related to the European Convention for the Prevention of Torture and Inhuman or Degrading Treatment or Punishment. Council of Europe (CoE), CM/Del/Dec (2004) 890, 2 July 2004, Appendixes 2, 3.

[97] 田村「前掲論文」（注88）153-154頁 ; Ingravallo, *supra* note 86, p. 404.

[98] Human Rights Committee (HRC), *General Comment No. 26: Continuity of Obligations*, CCPR/C/21/Rev.1/Add.8/Rev.1, 8 December 1997, para. 4. その一部を抜粋すれば、「規約中に規定された権利は、当事国の領域に居住する人々に帰属する。…規約に基づく権利の保護が一旦人々に付与されれば、…当事国政府の変更や規約の保障する権利を奪うことを企図した当事国のいかなる事後的行為にもかかわらず、当該保護は領域とともに移転し、人々に帰属し続ける」とする。

由権規約）に基づく義務が自動的に承継されること（自動的承継）になる[99]。

　これに関連して、コソボにおける UNMIK による義務の継続をめぐる問題が挙げられる。自由権規約委員会からの要請を受けて、セルビアに代わって UNMIK が提出したコソボの人権状況に関する報告書に対して、同委員会はその総括所見において、上記の一般的意見を想起しつつ、「コソボで適用される法律および暫定自治政府の憲法枠組みの一部である規約は、暫定自治政府を拘束する。UNMIK は、暫定自治政府またはコソボの将来の行政機関と同様に、コソボ領域内およびその権限下にあるすべての個人に対して規約で認められた権利を尊重し保障する義務を負う」[100]とした。

　しかし、UNMIK は「（セルビア、ユーゴスラビア連邦が）当事国である条約や協定が UNMIK を自動的に拘束するわけではないというのが、UNMIK の一貫した立場である」として、条約の自動的承継を否定している[101]。また、人権や法の支配といった憲法問題についての欧州評議会の諮問機関である「法による民主主義のための欧州委員会（ベニス委員会）」もセルビアが当事国である欧州人権条約の適用および欧州人権裁判所の管轄権の自動的承継を否定している[102]。

　このように、条約の自動的承継について見解の対立があることに加え、たとえそれが認められるとしても、人権諸条約の改正がなされない限り、暫定統治機構は条約の正式な当事者になれない（この点からすれば、人権諸条約の自動

---

[99] なお、スターン（Stahn）は、これを条約の「機能的承継（functional succession）」と呼ぶ。Stahn, *supra* note 3, pp. 492-496. See also Julia Werzer, "The UN Human Rights Obligations and Immunity: An Oxymoron Casting a Shadow on the Transitional Administrations in Kosovo and East Timor," *Nordic Journal of International Law* Vol. 77, No. 1-2 (2008), p. 115.

[100] HRC, Concluding Observations on Kosovo (Republic of Serbia), CCPR/C/UNK/CO/1, 14 August 2006, para. 4.

[101] HRC, Report Submitted by the United Nations Interim Administration Mission in Kosovo to the Human Rights Committee on the Human Rights Situation in Kosovo since June 1999, CCPR/C/UNK/1, 13 March 2006, paras. 123-124; Council of Europe, Report Submitted by the United Nations Interim Administration Mission in Kosovo (UNMIK) Pursuant to Article 2.2 of the Agreement between UNMIK and the Council of Europe Related to the Framework Convention for the Protection of National Minorities, ACFC (2005) 003, 2 June 2005, p. 27.

[102] Venice Commission, CDL-AD (2004) 33, para. 78. さらに、ベニス委員会は自動的承継が人権諸条約のみならず、すべての条約に関わるものであり、また、暫定統治機構（および国連）が独立した法人格を持つことと矛盾することになると批判する。なお、ベニス委員会については第 2 章注153を参照。

的承継はそもそも考えられないことになる）。また、東ティモールのように当該領域の主権が争われている場合には、いずれの国の条約が承継の対象となるのか判断が困難であり、さらに、占領していたインドネシア自体が自由権規約および社会権規約を2006年まで批准していなかったことから、そもそも当該領域に承継される条約自体が存在しないという事態もありうる。

　確かに、条約の自動的承継という考え方自体は個人の人権保護の観点からは有用なものであるが、暫定統治機構の条約の当事者性や人権諸条約以外の義務の承継の判断なども含め、その適用には課題が多いといえよう[103]。ただし、暫定統治機構の設置に関する安保理決議等において、人権保護の義務およびその逸脱について明確に規定していない場合、暫定統治機構はその任務の範囲内で当該領域に従前より適用されてきた人権保護の義務を最低基準として遵守すべきではないだろうか[104]。また、UNMIKやベニス委員会が否定してきたのは、条約の自動的承継であり、国際慣習法を含めたその他の法源については言及をしていない。このことからすれば、暫定統治機構が条約に規定される義務内容を含めて国際慣習法として認められる人権保護の義務について（継続的に）遵守することまでをも否定されるとまではいえないのではないだろうか[105]。

　しかしながら、仮に、条約または国際慣習法に基づいて国際人権規範が適用されるとしても、国連暫定統治が展開される状況においては、そこで課されるすべての義務を履行することはできないであろうし、また、その活動の目的と任務との関係で一定の義務の適用が制約されることが考えられる。例えば、UNMIKは執行命令による自由の剥奪に関して「欧州人権条約第15条が一定の緊急事態において条約上の原則に対する例外を認めている。…コソボの状況は人権条約で想定されている緊急事態に類似する。UNMIKの任務は憲章第7章に基づき採択されたものであり、当該状況が任務の遂行のために特別な手段および武力を必要とすることを意味する…。執行命令による自由の剥奪は一時的

---

[103] Stahn, *supra* note 3, pp. 495-496.

[104] Momirov, *supra* note 66, p. 122. なお、シシリアーノス（Sicilianos）は暫定統治機構が人権保護に関する義務を逸脱する権限を行使する場合には、安保理決議による明確な規定が必要とする。Sicilianos, *supra* note 3, pp. 390-391.

[105] Pierre Schmitt, *Access to Justice and International Organizations: The Case of Individual Victims of Human Rights Violations* (Edward Elgar Publishing, 2017), p. 81.

かつ特別なものであり、その目的は正義の実効的かつ公正な履行である」[106]と
の見解を示している。このように、暫定統治機構は安保理決議に基づいて国際
義務から逸脱する権限を付与される場合もあり、また、その展開する領域にお
いて人権諸条約上の義務からの逸脱が認められる緊急事態（自由権規約第 4 条
など）に該当する場合もありうる[107]。

　最後に、暫定統治機構が自ら定めた規則によって、その活動を国際人権規範
に基づき判断する機関を設置したことの意味について触れておくことにする。
暫定統治機構が定める規則の法的性格について、ICJ は「コソボ独立宣言合法
性」に関する勧告的意見において、その国際法的性格を認めつつ、国内法に関
わる内容を規律する特殊な法であるとした[108]。この性格をどのように評価する
かは難しいところであるが、少なくとも、暫定統治機構の規則が自己拘束的な
国際法になりうるとはいえる。UNMIK の事例のみであるが、この規則に基づ
いて自らの活動を国際人権規範に基づき判断する機関―コソボオンブズパーソ
ン機関（Ombudsperson Institution in Kosovo）と人権勧告パネル（Human
Rights Advisory Panel）―を設置した[109]。これらの機関の機能などについては
後述するが、いずれも UNMIK による人権侵害に関する個人の申立てについ
て管轄権を持ち、国際人権規範に基づいて判断が行われる。このことからすれ
ば、UNMIK による行為や活動に国際人権規範が適用されたと捉えることもで
きる。しかしながら、その判断は UNMIK への勧告にとどまるとされてお
り[110]、これらの規範を法的に義務づけられたとまではいえないであろう。

[106] UNMIK Press Briefing, 2 July 2001, Statement on the Ombudsperson's report, cited in
Stahn, *supra* note 3, p. 507.
[107] ただし、緊急事態に基づき条約上の義務から逸脱する場合には、それぞれの人権諸条約に
おいて一定の手続が定められている（自由権規約第 4 条 3 項、欧州人権条約第15条 3 項など）。
しかし、暫定統治機構が緊急事態に基づく主張をする場合にも、これらの手続に従う義務ま
で課されているかは明確ではない。Sicilianos, *supra* note 3, p. 391.
[108] *Accordance with international law of the unilateral declaration of independence in respect
of Kosovo*, Advisory Opinion, 22 July 2010, ICJ Reports 2010, paras. 88-89, pp. 439-440.
[109] On the Establishment of the Ombudsperson Institution in Kosovo, UNMIK/
REG/2000/38, 30 June 2000; On the Establishment of the Human Rights Advisory Panel,
UNMIK/REG/2006/12, 23 March 2006.
[110] UNMIK/REG/2000/38, Sections 4.9, 4.10; UNMIK/REG/2006/12, Sections 1.3, 17.

小括

　暫定統治機構の人権保護義務について、その設置根拠である安保理決議が明確な規定をしていないことから、関連する規範として占領法規と国際人権規範の適用可能性について検討してきた。国連暫定統治が展開する状況は占領に類似するものの、一般的には関係国の同意の存在が前提となっており、占領の概念に該当するかは、当該同意の成立プロセスから判断せざるを得ない。また、占領法規は占領軍による暫定的な統治を規制するために発展してきたものであり、その射程はかなり限定的である。そのため、暫定統治機構が担う目的や任務からすれば、その適用には多くの課題がある。しかし、その活動が占領に比べて住民との緊張関係を生じることは少ないものの、現状のように、規制する規範を欠く状態での暫定統治機構の権限行使には懸念が残る[111]。そこで、武力紛争直後の限定的な期間において、当該機構の権限行使を制約する規範として占領法規を事実上適用することには、一定の意義があると考えられよう。

　もちろん暫定統治機構が国家に代わって包括的な権限を行使することから、個人の権利保護をより広範に規定する国際人権規範による規制の方が適切であると考えられる。しかし、国連および暫定統治機構が人権諸条約の当事者となったことはなく、条約の締結による国際人権規範の適用はなされたことがない。また、対象となる領域に適用されてきた人権諸条約上の義務を暫定統治機構が継続して遵守すべきという考え方には一定の支持があるものの、暫定統治機構は一貫して否定してきており、実行は存在しない。さらに、たとえ暫定統治機構が人権諸条約の義務に拘束されるとしても、当該義務からの逸脱が認められる可能性がある。したがって、暫定統治機構の権限行使に対して条約に基づく規制は極めて困難であり、その具体的な内容が曖昧な国際慣習法による規制しか想定できないのが現状である。そこでこうした規範の明確化が望まれるが、第2章で検討されたようにいまだ政策の域を出るものではない。

　ところで、暫定統治機構に対して国際人権規範が拘束力を持つか否かということと、その活動によって人権侵害が生じるか否かということとの間には齟齬が存在する[112]。暫定統治機構の任務として人権の保護と促進が規定されている

---

[111] Benvenisti, *supra* note 77, pp. 8, 17.

[112] Mégret and Hoffmann, *supra* note 54, p. 320.

ことからすれば、そうした人権侵害を放置し、それに関与しないことは、少なくともこの任務と矛盾するものであるといえる。そうであれば、問題は、人権侵害が生じたことではなく、それに対する是正がなされず、また、被害を受けたと主張する個人に対して救済が与えられないことではないであろうか。

3. 国連暫定統治における人権侵害の救済
―司法的救済の限界と代替的救済手段

　「手続的正義は実質的正義の必須の前提条件であり、被害を救済し、責任を課す制度が利用できることが不可欠である」[113]といわれるように、人権が法的概念として意味を持つためには、その侵害に対して実効的な救済が受けられるよう、その手続が利用できなければならない。暫定統治機構による人権侵害に対しても、その活動を規律する法規範に基づき、司法機関による救済（司法的救済）が受けられることが望ましい。しかし、暫定統治機構に対して人権に関する国際法規範の適用が限定的であり、また、当該機構が統治権限を総攬し、権力分立が確保されていないことから、人権侵害を受けた個人による司法的救済は制約を受けるものと考えられる。さらに、国連および暫定統治機構はその任務を遂行するに当たって必要な範囲で裁判権免除を享有するとされており、このことも大きく影響をもたらすであろう。こうした司法的救済が期待できない場合に、被害を受けた個人は他の救済手段に訴えることはできないのであろうか。

　そこで、まず、暫定統治機構による人権侵害に対して、国際および国内司法機関による救済の可能性とその限界について、次に、そうした司法的救済がなされない場合の代替的な救済手段の利用可能性について検討する。

(1) 司法機関による救済とその限界
（a）国際司法機関（人権裁判所）による救済

　人権侵害を受けた個人が国際的な機関に申立てを行う制度として、国連で採択された人権諸条約には個人通報（例えば、自由権規約第一選択議定書）が設けられているが、この制度は各条約機関（委員会）が通報の検討、法的拘束力

---

[113] Karel Wellens, *Remedies against International Organisations* (Cambridge University Press, 2002), p. 63.

のない見解（views）の提示を行う（同第5条）もので、司法的救済に該当するものではない。これに対し、欧州人権条約、米州人権条約、人および人民の権利に関するアフリカ憲章（バンジュール憲章）といった地域的人権条約は法的拘束力ある判決を下す人権裁判所（欧州人権条約第19条以下、米州人権条約第52条以下、バンジュール憲章議定書）を設けている。ただし、これらのうち欧州人権裁判所のみが個人による申立てを認めている（欧州人権条約第34条）。

　こうした人権裁判所は独立した司法機関であり、救済手段として人権侵害を取扱うのに適切ではあるが、地域的に偏在しているため、当該地域に展開する暫定統治機構の活動のみが対象となる点に問題があろう[114]。それに、そもそも、安保理の補助機関である暫定統治機構については、その行為が国連に帰属すること、つまり、国連それ自身の行為とみなされること、また、前述のように国連自身が人権諸条約の当事者にはなれないことから、結果としてこれらの人権諸条約に設けられている人権裁判所で当事者となるための地位を持つ（人的管轄権の対象）とはみなされないのである。このことは、UNMIK に派遣されていたフランス部隊が関与した人権侵害（不発弾の不処理によって住民が死亡したことに対する生命に対する権利（欧州人権条約第2条）の違反）が争われた欧州人権裁判所の決定においても確認されている[115]。したがって、こうした国際的な司法機関による個人の人権侵害に対する救済の可能性は現在のところないといえる[116]。

(b) 国内司法機関（国内裁判所）による救済

　では、国内裁判所で司法的救済を受けることは可能であろうか。通常、被害を受けた個人が申立てを行うのは、国連暫定統治下の現地裁判所が想定されるが、これらの裁判所には司法機関に求められる独立性と司法審査を行う能力の

---

[114] Momirov, *supra* note 66, p. 229.

[115] *Agim Behrami and Bekir Behrami v. France & Ruzhdi Saramati v. France, Germany and Norway*, ECtHR, Grand Chamber, Decisions to the admissibility of Application No. 71412/01 and Application No. 78166/01, 2 May 2007, paras. 142-144, 151-152. なお、平和活動に従事する部隊の行為の国連への帰属に関する理由づけに対する批判については、薬師寺公夫「国連の平和執行活動に従事する派遣国軍隊の行為の帰属―ベーラミ及びサラマチ事件決定とアル・ジェッダ事件判決の相克―」『立命館法学』第 333・334号（2010年）1573-1622頁。

[116] UNMIK による人権侵害に対して欧州人権裁判所の人的管轄権を及ぼすために、ベニス委員会は欧州評議会と国連および UNMIK との間で協定を締結するか欧州人権条約それ自体の改正を行う旨の提案を行っていた。Venice Commission, CDL-AD (2004) 33, paras. 81-86.

欠如といった事実上の問題があると考えられる。前述のように、UNMIK および UNTAET は司法行政に関する権限も掌握しており（ただし、UNTAES について言及はない）、それぞれの規則においても司法機関の職員を任命、解任する権限を持つことが確認されている[117]。その上で、SRSG や暫定行政官が裁判官および検察官に対する任命、解任に関する最終的な権限を行使するとされた[118]。SRSG や暫定行政官がこうした人事権を持つことに加えて、その権限行使に対する制約が存在していないことから、恣意的な任命、解任の可能性があり、現地裁判所には司法機関としての独立性が確保されていないといえよう。このことのみが理由とはいえないが、これまでの実行では、現地裁判所が SRSG や暫定行政官の制定した規則や（執行）命令を審査することを避けていたとされる[119]。

　また、東ティモールの例であるが、UNTAET 規則の下で設置された地方裁判所[120]において、未決勾留期間について定めた UNTAET 規則の適用を否定し、独自の判断（一種の司法立法）に基づき勾留を違法とした事件（*Victor Alves* 事件）や暫定行政官による国内法の廃止を定めた執行命令を違法とし、その個人責任を認定した事件（*Takeshi Kashiwagi* 事件）など、国連暫定統治に関わる基本的な法解釈や法適用を誤る事例があったとされる[121]。司法制度の（再）構築

---

[117] UNMIK/REG/1999/1 and Amending UNMIK Regulation No. 1999/01 of 25 July 1999, as Amended, On the Authority of the Interim Administration in Kosovo, UNMIK/REG/2000/54, 27 September 2000, Section 1.2; UNTAET/REG/1999/1, Section 1.2.

[118] 例えば、UNMIK においては法廷裁判官 (Lay Judges)（On the Appointment and Removal From Office of Lay-Judges, UNMIK/REG/1999/18, 10 November 1999, Sections 4.1, 4.4）とともに、公正な裁判を確保するために採用された国際裁判官および検察官についても SRSG が任命、解任の権限を持つとされた（On the Appointment and Removal From Office of International Judges and International Prosecutors, UNMIK/REG/2000/6, 15 February 2000 and Amending UNMIK Regulation No. 2000/6, as Amended, on the Appointment and Removal from Office of International Judges and International Prosecutors, UNMIK/REG/2001/2, 12 January 2001, Sections 1.1, 4.1）。また、UNTAET においても裁判官および検察官について暫定行政官が任命、解任の最終的権限を持つとされた（On the establishment of a Transitional Judicial Service Commission , UNTAET/REG/1999/3, 3 December 1999, Section 11）。

[119] Sicilianos, *supra* note 3, pp. 395-396.

[120] On the organization of courts in East Timor, UNTAET/REG/2000/11, 6 March 2000, Section 4.

[121] Eric De Brabandere, "Human Rights Accountability of International Administrations: Theory and Practice in East Timor," in Wouters, Brems, Smis and Schmitt (eds.), *supra* note 93, pp. 351-352. なお、これらの事件については、see Suzannah Linton, "Rising from The Ashes: The Creation of a Viable Criminal Justice System In East Timor," *Melbourne University Law Review* Vol. 25, No. 1 (2001), pp. 140-143.

がなされている国連暫定統治の対象領域では、現地裁判所が司法審査を行う能力を備えているとは必ずしもいえないのである。このように、現地の国内裁判所で個人が司法的救済を求めることは不可能ではないとしても、困難が伴うといえよう。

　さらに、国内裁判所で個人が司法的救済を求めることの大きな障害となるのが、暫定統治機構が享有する裁判権免除の存在である。これが放棄されない限り、被害を受けたとする個人が国内裁判所で救済を求めることは大きく制約される。一般的に国際組織はその加盟国の個々の利害から離れた共通利益の実現を目的として設立されるものであり、個々の加盟国から独立して活動することが求められる。一方で、国家とは異なり、特定の領域について主権を持つわけではないため、国際組織の実際の活動はいずれかの国家領域（またはどの国家にも属さない国際公域）で展開されることになる。そのために、国際組織には領域国や個々の加盟国による一方的な介入からその独立性と自律性を保護し、当該組織の任務と機能を確保することを目的とした免除が設立条約等に基づいて認められてきたのである[122]。

　この免除には国際組織に対する各国国内でのあらゆる請求を妨げる裁判権免除と執行免除が含まれる[123]。国連の場合、国連憲章第105条1項および国連特権免除条約第2条2項に規定されており、それぞれの条文の文言に違いはあるものの[124]、国連は加盟国において少なくともその活動に必要な範囲（活動上の必要性（operational necessity））で裁判権免除を享有することになる。ただし、国連の

---

[122] *Waite and Kennedy v. Germany*, ECtHR, Grand Chamber, Judgment, Application No. 26083/94, 18 February 1999, para. 63. See also Chanaka Wickremasinghe, "International Organizations or Institutions, Immunities before National Courts," in Rüdiger Wolfrum (ed.), *Max Planck Encyclopedia of Public International Law* Vol. VI (Oxford University Press, 2012), pp. 10-11.

[123] August Reinisch, "Privileges and Immunities," in Jan Klabbers and Åsa Wallendahl (eds.), *Research Handbook on the Law of International Organizations* (Edward Elgar Publishing, 2011), p. 133. なお、国際組織の裁判権免除の法的根拠については、August Reinisch, *International Organizations before National Courts* (Cambridge University Press, 2000), pp. 233-251を参照。

[124] 国連憲章が「その目的の達成に必要な」免除、すなわち機能的免除を享有すると規定しているのに対し、国連特権免除条約にはそうした範囲への言及がなく、絶対的免除を享有すると解することができる。これらの文言の違いをどう捉えるかについては、さしあたり、坂本一也「国連平和維持活動に関わる国連の裁判権免除について——Stichting Mothers of Srebrenica and others v. Netherlands 欧州人権裁判所決定を素材に——」『岐阜大学教育学部研究報告（人文科学）』第64巻2号（2016年）29-30頁参照。

目的および任務が極めて広範であり、また、その遂行のためにとった行為は「権限外のものではないと推定される」[125]ことから、国連は、事実上、あらゆる国家の訴訟手続から絶対的な免除を享有すると解されうることになる[126]。平和活動については、特に、第4章で検討されるように各国から派遣される部隊要員の行為の部隊受入国における裁判権免除が問題となることが多く、そのため国連と部隊受入国の間で、別途、地位協定が締結されるのが一般的になっている。そのひな形であるモデル地位協定によれば、平和活動それ自身と派遣された部隊要員のそれぞれについて、部隊受入国での裁判権免除が規定されている[127]。

　このように国連の補助機関である暫定統治機構も各国からの裁判権免除を享有することになるが、その法的根拠はそれぞれ異なるものとなっている。UNTAES の場合は、安保理決議によって既存の平和活動に関する地位協定（UNCRO 派遣の際に締結した地位協定）を拡大適用することとされた[128]。UNMIK の場合は、既存の地位協定によらず、その規則において KFOR とともに「あらゆる訴訟手続から免除される」と新たに規定された[129]。UNTAET

---

[125] *Certain Expenses of the United Nations (Article 17 paragraph 2 of the Charter)*, Advisory Opinion, 20 July 1962, ICJ Reports 1962, p. 168.

[126] 国連を含め国際組織はその設立に当たり、国際法を遵守して行為・活動することが含意されていることから、その設立条約等によって授権されえない国際法の重大な違反については、その目的の達成に必要な行為・活動に含まれないとする見解もある。Alexander Orakhelashvili, "Responsibility and Immunities: Similarities and Differences between International Organizations and States," *International Organizations Law Review* Vol. 11, No. 1 (2014), p. 157.

[127] See Draft Model Status-of-Forces Agreement for Peace-keeping Operations, U.N. Doc. A/45/594, 9 October 1990, Annex, paras. 15（「国連の平和活動は、国連の補助機関として国連の地位、特権および免除を享有する」）, 46（「国連の平和活動のすべての要員は、地域で採用された要員を含め、公的資格で行った口頭または書面による陳述およびすべての行動に関して訴訟手続を免除される」）. 平和活動に関して国連が締結する地位協定は多様であったが、上記のモデル地位協定はそのひな形を提示しようと作成されたものであり、現在、多くの地位協定で準用されている。2010年までの国連の平和活動とモデル地位協定の関係について網羅的に検討したものとして、United Nations Peacekeeping Law Reform Project, *United Nations Peacekeeping and the Model Status of Forces Agreement: Background Paper* (School of Law, University of Essex, 2010).

[128] U.N. Doc. S/RES/1037, para. 13.

[129] On the Status, Privileges and Immunities of KFOR and UNMIK and Their Personnel in Kosovo, UNMIK/REG/2000/47, 18 August 2000, Sections 2.1（KFOR に対して）, 3.1（UNMIK に対して）. 本来であれば、駐留部隊である KFOR の裁判権免除については地位協定によるべきであったが、規則によって付与されたことから、その行為は UNMIK 同様により広範な裁判権免除を享有することになった。See Werzer, *supra* note 99, p. 130.

の場合は、安保理決議およびその規則において規定されることはなかったが、国連特権免除条約に基づいて裁判権免除を享有するものとみなされた[130]。

　当然のことながら、こうした裁判権免除は国際組織の免責を意味するものではなく、その活動上の必要性に基づいて認められる手続的制約に過ぎない。しかし、実際のところ、前述のように国連の裁判権免除は広範に認められることから、個人の救済を受ける権利との間の抵触が問題となることがしばしばある。特に、人権侵害を受けた個人による提訴が認められる欧州人権裁判所では、欧州人権条約第6条（公正な裁判を受ける権利）や同第13条（効果的な救済を受ける権利）との関係で、国際組織の裁判権免除それ自体ではなく、それを認めて個人の訴えを却下した各国（およびその国内裁判所）に対して同条約の違反が争われてきている[131]。

　くわえて、暫定統治機構が裁判権免除を享有することについては、その領域においてすべての統治権限を行使するという性質を持つことから、とりわけ次のような強い批判がなされてきた[132]。国際組織の裁判権免除はその活動に対する国家の介入を排除することが目的であり、特に、平和活動において部隊受入国との間で協定が締結されるのは、当該国からの介入が最も危惧されるからである。しかし、暫定統治機構は、その活動する領域における事実上の代理国家であり、当該機構自身から自らの活動を保護する裁判権免除は不必要である。また、そうした代理国家である暫定統治機構に裁判権免除を認めることは事実上の免責を与えることになり、国家として求められる法の支配と両立しない。裁判権免除が放棄される可能性も否定はできない（ただし、国連および暫定統治機構自身についての裁判権免除の放棄については明文の規定はない[133]）が、

---

[130] Benzing, *supra* note 90, p. 338. このように UNTAET については明確な規定がなかったため、東ティモールの現地裁判所での適用に混乱をもたらし、さらに、事実上、より高い次元の免除を享有することになったと批判されている。Stahn, *supra* note 3, p. 586.

[131] Momirov, *supra* note 66, pp. 135-140; 岡田陽平「国際機構の裁判権免除と裁判を受ける権利：欧州人権裁判所判例法理の分析」『国際協力論集』第24巻2号（2017年）15-37頁。

[132] See Stahn, *supra* note 3, pp. 587-592. See also Ombudsperson Institution in Kosovo, Special Report No. 1 on the compatibility with recognized international standards of UNMIK Regulation No. 2000/47 on the Status, Privileges and Immunities of KFOR and UNMIK and Their Personnel in Kosovo, 18 August 2000, paras. 21-28, especially paras. 23, 24, 27.

[133] 国連自体の免除の放棄について、明文の規定はないものの国連憲章第97条に基づいて国連事務総長がその権限を持つと考えられ、その裁量に委ねられている。Anthony J. Miller, "The Privileges and Immunities of the United Nations," *International Organizations Law Review* Vol. 6, No. 1 (2009), p. 92.

放棄の判断は SRSG や暫定行政官の裁量に委ねられており[134]、これまでの平和活動の実行からしてもほとんど期待できない。こうした状況からすれば、暫定統治機構の裁判権免除は制限されるべきである。確かに、この批判にも一定の合理性はあろう。とはいえ、暫定統治機構もその対象領域に関して外部の国際法主体であることに変わりはなく、また、関係他国からの介入により任務の遂行が害される可能性を考慮すれば、裁判権免除を不必要とすることには問題があると考えられる[135]。

　そこで、こうした裁判権免除の問題に対して、暫定統治機構の持つ「機能の二重性」を発展的に解釈し、領域の統治機関としての行為については国内裁判所の司法審査が及ぶとする見解がある。これはボスニア・ヘルツェゴビナ憲法裁判所が2000年の「国境サービス創設法」に関する事件[136]以降、採用してきた立場であり、上級代表の行為を二分し、立法行為（法律制定・改正）については「国内機関としての統治権限」を行使したものとして司法審査が及ぶとし、他方で、公職者の解任決定は「国際的な機関の任務」によるものとしてその審査の対象外とするものである。この見解からすれば、暫定統治機構の行為のうち国内の統治権限に基づくものについては、国内裁判所による司法審査の対象となり、それによって被害を受けた個人は司法的救済を受ける可能性があるということになる。この「機能の二重性」に依拠した司法審査については、それ

---

[134] Ombudsperson Institution in Kosovo, Special Report No. 1, para. 26.

[135] Sicilianos, *supra* note 3, p. 398. これに対し、ヴェルディラメ（Verdirame）は了解覚書の締結や国内司法機関への特別法廷の設置などを行うことで、裁判権免除を放棄すべきであったとする。そうすることによって当該領域の人権保障手続が強化され、国連暫定統治が終了した後にも人権の保護と促進が行われることになりえたとする。Verdirame, *supra* note 11, pp. 267-268.

[136] Request of eleven members of the House of Representatives of the Parliamentary Assembly of Bosnia and Herzegovina for review of conformity of the Law on State Border Service, Constitutional Court of Bosnia and Herzegovina, Decision, No. U-9/00, 3 November 2000, at http://www.ustavnisud.ba/odluke/. この事件において、上級代表の法的地位を「国際的性格の任務を有する」機関と「国内当局に代理して」「ボスニア・ヘルツェゴビナ当局として行動」し、立法する機関に分けた（*ibid.*, para. 5）。その上で、後者については憲法裁判所の審査に服するとして、本件事案を受理可能とした（*ibid.*, paras. 6-9）。結果的には、当該立法は合憲と判断された。因みに、ボスニア・ヘルツェゴビナ最高裁判所は、デイトン合意付属書4（Annex 4 Constitution）に記載されたボスニア・ヘルツェゴビナ憲法第6条に基づいて設置されたもので、欧州人権裁判所所長との協議の上で選出される3名の国際裁判官を含む9名の裁判官で構成される混合裁判所である。また、同第2条2項により同地域内で欧州人権条約が直接適用されており、その他関連する人権規範が適用法とされる。

を行うのに十分な能力を持つ国内裁判所が存在していることを前提としてではあるが、暫定統治機構の行為に対する司法的救済の1つの方向性を示すものといえるのではないだろうか。

　ただし、2006年のビルビヤ・カリニッチ事件[137]をめぐる憲法裁判所と上級代表との対立から、この見解を支える法的基礎が必ずしも強固ではないことが明らかになったことには留意する必要がある。この事件で、憲法裁判所はこれまで審査の対象としてこなかった上級代表による公職者の解任決定に対して、効果的な救済を与えなかったボスニア・ヘルツェゴビナが（欧州人権条約第13条を受けた）「憲法」上の人権の尊重を確保する積極的義務に違反したと認定する形で判断を示した[138]。この判断において上級代表の決定それ自体の評価が行われなかったにもかかわらず、上級代表は激しく反発し、「国際的な機関の任務」については上級代表の同意がない限り、いかなる形式の司法審査も及ばない旨の命令[139]を発付して、その判断を覆すという事態に至ったのである。この命令において、上級代表も「機能の二重性」に基づいて自らの立法行為については裁判権免除を放棄し、憲法裁判所による司法審査を認めたものの、その他の行為については司法審査を一切認めないという立場を堅持した。このことからすれば、「機能の二重性」に関する議論は、自らの行為の分類をどのような判断基準によって決定するのかも含めた上級代表自身が持つ権限に基づき、特に、立法行為について裁判権免除の放棄および司法審査の承認があったということを意味するに過ぎないとも考えられる。したがって、「機能の二重性」に依拠した司法審査を他の事例にも適用できるか、また、いかに一般化できるかについては今後の実行を含めて詳細な検討が必要であろう。

---

[137] *Milorad Bilbija i Dragan Kalinić*, Constitutional Court of Bosnia and Herzegovina, Decision on Admissibility and Merits, No. AP-953/05, 8 July 2006, at http://www.ustavnisud.ba/odluke/. ボスニア・ヘルツェゴビナ憲法裁判所が採用した「機能の二重性」の見解および本判決については、田中清久「ボスニア・ヘルツェゴビナ上級代表の権限行使に対する司法審査—国際領域管理におけるアカウンタビリティーの問題の一側面—」『愛知大学法学部法経論集』第189号（2011年）20-38頁参照。See also Momirov *supra* note 66, pp. 218-226; Verdirame, *supra* note 11, pp. 244-251.

[138] *Bilbija et al.*, Constitutional Court of Bosnia and Herzegovina, Decision on Admissibility and Merits, paras. 72, 76.

[139] Office of High Representative, Order on the Implementation of the Decision of the Constitutional Court of Bosnia and Herzegovina in the Appeal of Milorad Bilbija et al, No. AP-953/05, 23 March 2007, Articles 2, 3.

(2) 代替的救済手段による救済とその可能性

(a) 平和活動における代替的救済手段とその限界

　暫定統治機構による人権侵害に対して、国際および国内司法機関において司法的救済を受けることが極めて困難であり、特に、暫定統治機構が享有する広範な裁判権免除は、その放棄がなされない限り、個人の司法的救済において大きな障害となっている。しかしながら、暫定統治機構が裁判権免除を享有することを前提として個人の救済を受ける権利という観点から考えると、問題は暫定統治機構が裁判権免除を享有することそれ自体ではなく、裁判権免除を享有しているために司法的救済が受けられず、さらに、人権侵害を受けた個人にはそれに代わって救済を受けるための実効的な手続が提供されていないことである[140]。このことは国際組織が裁判権免除を享有することの内在的な問題と捉えられており[141]、例えば、国連特権免除条約第 8 条29項が「(a) 契約から生ずる紛争又は他の私法的性格を有する紛争で、国際連合を当事者とするもの」について、国連が「適当な解決方法について定めなければならない」と規定している。このように、国連の活動により被害を受けた個人は、その裁判権免除により国内司法機関で救済を受けられなくとも、この「適当な解決方法」（代替的救済手段）の下で救済を受けることができるとされているのである。

　平和活動についても、この規定を受けて、モデル地位協定第51項がその活動から生じた紛争については、代替的救済手段として「独立請求委員会（standing claims commission）」の設置を定めている[142]。しかしながら、この委員会はこれまで設置されたことがなく、これに代わる組織内部の救済手段である「現地請求審査委員会（local claims review board)」（請求審査委員会）が必要に応じて設けら

---

[140] See *Effect of Awards of Compensation Made by the United Nations Administrative Tribunal*, Advisory Opinion, 13 July 1954, ICJ Reports 1954, p. 57.

[141] August Reinisch, Introductory Note: Convention on the Privileges and Immunities of the United Nations/ Convention on the Privileges and Immunities of the Specialized Agencies, p. 2, at http://legal.un.org/avl/ha/cpiun-cpisa/cpiun-cpisa.html.

[142] U.N. Doc. A/45/594, para. 51 （「（国連平和維持活動（PKO）と受入国政府との間の紛争等を除き）国連 PKO およびその構成員が当事者であり、かつ、本協定のいかなる規定に基づいても［受入国／現地の］裁判所が管轄権を持たない私法的性格を有するあらゆる紛争または請求も、その目的のために設立される独立請求委員会によって解決されなければならない」）.

れるのが一般的になっている[143]。暫定統治機構については、UNTAES が地位協定、UNTAET が国連特権免除条約を根拠に裁判権免除を享有することから、これらに基づき代替的救済手段が設けられることになる。また、自らの規則によって裁判権免除を規定した UNMIK も同規則において、「KFOR、UNMIKまたはそれらの要員から生じまたは直接起因するものであって、それらの『活動上の必要性』から生じるものではない財産上の損失または損害および傷害、疾病または死亡に対する第三者請求は、そこに規定される方法で KFOR およびUNMIK により設置された請求委員会で解決されるものとする」[144]と規定する。この規則に基づいて設置された国連第三者請求手続（UN Third Party Claims Process）は、上記の請求審査委員会と同一のものであった[145]。

　このように暫定統治機構には代替的救済手段が形式的に設置されているものの、この請求審査委員会は申立ての審査と勧告を行うのみであることに加え、救済手段として次のような数多くの問題点が指摘されている[146]。この請求審査委員会は国連および平和活動の内部機関として設置されてきており、そのメンバーも行政部門の職員から構成されるなど組織としての独立性と公平性に欠ける[147]。また、常設の機関ではなく、必要が生じた段階で設置されるものであるため、その設置の可否それ自体が設置者である SRSG や平和活動の司令官など

---

[143] Administrative and Budgetary Aspects of the Financing of the United Nations Peacekeeping Operations: Financing of the United Nations Peacekeeping Operations, U.N. Doc. A/51/389, 20 September 1996, para. 22; Procedures in Place for Implementation of Article VIII, Section 29, of the Convention on the Privileges and Immunities of the United Nations, Adopted by the General Assembly on February 13, 1946, U.N. Doc. A/C.5/49/65, 24 April 1995, para. 17. See Daphna Shraga, "UN Peacekeeping Operations: Applicability of International Humanitarian Law and Responsibility for Operations-Related Damage," *American Journal of International Law* Vol. 94, No. 2 (2000), p. 409.

[144] UNMIK/REG/2000/47, Section 7.

[145] HRAP, *supra* note 54, p. 51.

[146] Carla Ferstman, *International Organizations and the Fight for Accountability: The Remedies and Reparations Gap* (Oxford University Press, 2017), pp. 104-107; Verdirame, *supra* note 11, pp. 225-226 ; Frédéric Mégret, "The Vicarious Responsibility of the United Nations," in Chiyuki Aoi, Cedric de Coning and Ramesh Thakur (eds.), *Unintended Consequences of Peacekeeping Operations* (United Nations University Press, 2007), pp. 262-263.

[147] Report of the Secretary-General on Administrative and Budgetary Aspects of the Financing of the United Nations Peacekeeping Operations: Financing of the United Nations Peacekeeping Operations, U.N. Doc. A/51/903, 21 May 1997, para. 10. See also Ombudsperson Institution in Kosovo, Special Report No. 1, paras. 70-78.

の裁量に委ねられるという制度上の問題がある[148]。また、対象となる申立てが「私法的性格を有する紛争」に関わるものでなければならず、さらに、平和活動等における「活動上の必要性」[149]から生じたものではないことが条件とされている。これらの概念自体が不明確なことに加え、その判断権も国連等に委ねられていることから、申立ての恣意的な排除の契機になりうる[150]。このほか、財政上の制約および人的資源の欠如から、申立ての時間的制約（時効）、非財産的損害の除外および請求金額の上限が設定されている[151]といったことも挙げられる。

　請求審査委員会がこうした問題点を孕むのは、そもそも、平和活動に従事する要員による交通事故等の不法行為や商取引に伴う「私法的性格を有する紛争」のみを解決することを目的として設置されてきた手続であり[152]、暫定統治機構のように統治権限を行使する活動を念頭に置いたものでも、また、そうした公法的性格を持つ活動に起因する個人の人権侵害による申立てを対象としうるものでもなかったからである。したがって、この請求審査委員会は個人の人権侵害に対する実効的な救済手段とはいえない。国連がその権限を拡大し、当初予定されていなかった一定の領域での暫定統治を行うのであれば、平和活動で用いられてきた従来の代替的救済手段では不十分であり、その権限に相応する適切な救済手段を設ける必要があろう[153]。

（b）暫定統治機構における独自の代替的救済手段

　暫定統治機構のうち UNMIK については、その人権侵害に対する救済手段

---

[148] U.N. Doc. A/51/389, para. 22.

[149] *Ibid.*, paras. 13-15. この概念の不明確性については、Mégret, *supra* note 146, pp. 257-258.

[150] 暫定統治機構の活動は統治権限の行使であるため、それに関わる紛争はすべて私法的性格を持たないと判断することが可能である。Bruce C. Rashkow, "Immunity of the United Nations: Practice and Challenges," *International Organization Law Review* Vol.10, No. 2 (2013), pp. 344-345. See also Ferstman, *supra* note 146, pp. 112-114. なお、フェルストマン（Ferstman）はこれまでの実行から国連等が私法的な紛争か否かを判断する唯一の相違は潜在的な申立人の数でしかないのではないかと指摘する。

[151] Resolution on the third-party liability: temporal and financial limitations, U.N. Doc. A/RES/52/247, 17 July 1998, paras. 8-9. 例えば、申立ては被害を受けたときから6ヵ月または平和活動の任務終了から1年以内に行わなければならず、また、賠償は財産的損害に限り、その金額の上限は50000ドルとされている。

[152] U.N. Doc. A/51/389, paras 6-8; U.N. Doc A/C.5/49/65, para. 15.

[153] Ferstman, *supra* note 146, pp. 116-117.

として、OSCE の支援の下にコソボオンブズパーソン機関が設置されていた。しかし、その手続の適切性について欧州評議会など外部の組織から批判されることになり[154]、結果、人権勧告パネルが設置されることになった[155]。これら2つの救済手段は不完全ではあるものの独立性を持って任務を行い、国際人権規範に従って勧告をする準司法的な救済手段であったといえる。また、UNTAETにおいてもオンブズパーソン機関が設置されたが、ほとんど機能することはなく、UNTAES にはそもそもこうした機関自体が設置されなかった。それゆえ、これらの救済手段は、暫定統治機構一般というよりも、UNMIK 独自のものであったといえるかもしれない。以下では、それぞれの手続の特徴と課題についてみることにする。

(i) オンブズパーソン機関

　UNMIK 規則2000/38号で設置されたコソボオンブズパーソン機関は、コソボ領域に居住するすべての者の国際人権基準、特に、欧州人権条約および同議定書と自由権規約で保障される人権および自由を確保することを任務とし[156]、1名の国際オンブズパーソンと3名以上のオンブズパーソン代理で構成される。オンブズパーソンは独立して任務を行うとされるが、その代理も含めて任命および解任については SRSG が決定権を持つ[157]。また、本規則が制定された2000年6月30日以降に発生した（それ以前に発生し、違反が継続しているものも含む）UNMIK および暫定自治政府の人権侵害および権限濫用の行為に対する個人・団体からの申立てを国際人権基準に基づいて審査し、関係当局に対して必要な措置を含めた勧告を行いうる[158]。ただし、軍事部門を担う KFOR の行為に対しては管轄を持たず、また、審査のための文書や書類へのアクセスも

---

[154] Venice Commission, CDL-AD (2004) 33, paras. 2, 104-106. なお、前述の UNMIK への欧州人権裁判所の管轄権の拡大に加えて、ボスニア・ヘルツェゴビナ人権委員会において設置された人権裁判部をモデルとしたコソボ人権裁判所の設置が勧告されていた。

[155] Ferstman, *supra* note 146, pp. 109-110; Momirov, *supra* note 66, p. 185.

[156] UNMIK/REG/2000/38, Sections 1.1.

[157] *Ibid.*, Sections 2 (独立性), 5-7 (機関の構成および任命), 8.2-8.3 (解任). なお、初代のオンブズパーソンは欧州人権委員会副委員長であったマレク・A・ノヴィツキ（Marek A. Nowicki）が務めた（UNMIK Press Release, UNMIK/PR/289, 12 July 2000）。

[158] *Ibid.*, Sections 3.1-3.3 (管轄), 4.1, 4.3-4.5, 4.8-4.10 (審査および勧告権限).

SRSG の判断により制限を受けることがある。なお、勧告を行った後に、関係
当局が合理的な期間に適切な措置をとらない場合やその旨の理由を提示しない
場合には、オンブズパーソンは SRSG に対して注意喚起し、公式声明を出すこ
とができる[159]。こうした権限に基づき、コソボオンブズパーソン機関は
UNMIK および SRSG による人権侵害について積極的に審議し、勧告を行って
きた[160]。しかしながら、その後、UNMIK 規則2006/6号によって組織が大幅に
改変され、オンブズパーソン自体の現地化（コソボ住民の採用）がなされると
ともに、UNMIK の人権侵害に対しては UNMIK との協定を締結しない限り取
扱うことができないように権限が制限された[161]。さらに、UNMIK から暫定自
治政府への権限移譲に伴い、純粋な現地機関へと変更された[162]。

　ところで、コソボオンブズパーソン機関は様々な人権侵害を認定してきた。
その主なものとして、前述の UNMIK 規則2000/47号に基づいて UNMIK（お
よびその職員）が享有する広範な裁判権免除が事実上の免責を意味し、法の支
配に反すると認定したことが挙げられる。また、この裁判権免除を受けること
に対する代替的救済手段として設置された国連第三者請求手続に独立性と公平
性が欠けているとして、公正な裁判を受ける権利（欧州人権条約第6条）を保
障するものではないとも判断した[163]。このほか、特に批判を受けていた SRSG
の執行命令による法外勾留について、法律で定める手続ではなく、異議申立て
の手続も欠如していることから、裁判を迅速に受ける権利（欧州人権条約第5
条4項）だけでなく、違法な勾留に対して賠償を受ける権利をも侵害している

[159] *Ibid.*, Section 4.11.

[160] 田村「前掲論文」（注88）148-149頁；望月「前掲論文」（注12）40-42頁；Rebecca Everly, "Reviewing Governmental Acts of the United Nations in Kosovo," *German Law Journal* Vol. 8, No. 1 (2007), pp. 31-32. なお、2000年から完全に現地機関となる2009年までの間に、UNMIK に対して1,396件（ただし、2007年以降の申立てはない）、コソボ警察を含む現地の関係当局に対して1,960件、管轄のない KFOR に対して180件の申立てがあったとされる。Momirov, *supra* note 66, p. 193.

[161] On the Ombudsperson Institution in Kosovo, UNMIK/REG/2006/6, 16 February 2006, Section 3.1, 3.4（管轄の限定）, 6.1（オンブズパーソンの現地化）.

[162] Amending UNMIK Regulation No. 2006/6 on the Ombudsperson Institution in Kosovo, UNMIK/REG/2007/15, 19 March 2007. ただし、新たなオンブズパーソンが選出なされなかったため2009年6月まで既存の機関が権限を有していた。Momirov, *supra* note 66, p. 191.

[163] Ombudsperson Institution in Kosovo, Special Report No. 1, paras. 82-83.

として身体の自由(欧州人権条約第5条1項)の違反に当たるとした[164]。さらに、この法外勾留に関するコソボオンブズパーソン機関の勧告に対応する形(その内容を履行するものではなかったが)で設置された「法外勾留審査委員会(Detention Review Commission)」[165]について、組織としての独立性に欠けており、裁判に相当する手続としての条件を満たさないことから勾留された者の裁判を迅速に受ける権利を侵害するものであると判断した[166]。

このように、コソボオンブズパーソン機関がUNMIKによる人権侵害に対して広範な管轄権を持ち、当時のユーゴスラビア連邦が批准していなかった欧州人権条約を含めた国際人権基準に従って審査、勧告を行ってきたことは、救済手段として評価できる点である[167]。しかし、この機関はUNMIK規則を設置根拠とするため、その設置に関する基礎そのものが脆弱であったことに加え、オンブズパーソンの任命・解任権をSRSGが持つとされたことから、その独立性に大きな問題を抱えていた。また、KFORに関わる事案は除外された上に、UNMIKが任務を開始してから1年以上経過した事案のみが対象とされていたように時間的・事項的管轄に制約があったこと、その権限が勧告および注意喚起にとどまっていたことなどから、実効的な救済手段であったとまではいえな

---

[164] Ombudsperson Institution in Kosovo, Special Report No. 3 on the Conformity of Deprivations of Liberty under 'Executive Orders' with Recognised International Standards, 29 June 2001, paras. 16, 25, 28, 29. Ombudsperson Institution in Kosovo, Special Report No. 1, paras. 82-83.

[165] On the Establishment of Detention Review Commission for Extra-Judicial Detention Based on Executive Orders, UNMIK/REG/2001/18, 25 August 2001. SRSG が任命する3名の国際委員で構成され、執行命令による法外勾留について審査を行う機関である (Sections 1, 2)。執行命令が合理的な理由に基づくものか否かを委員会が判断し、認められない場合には、当該執行命令は効力を失い、勾留されている者は即時釈放される、反対に、認めた場合には、その判断が最高裁判所の決定として扱われるとされる (Sections 6.2, 6.3)。しかし、3ヵ月間のみの活動で、その期間の延長はなされなかった。

[166] Ombudsperson Institution in Kosovo, Special Report No. 4, Certain Aspects of UNMIK Regulation No. 2001/18 on the Establishment of a Detention Review Commission for Extra-judicial Detentions Based on Executive Orders (25 August 2001), 12 September 2001, paras. 18, 24, 26.

[167] Marten Zwanenburg, *Accountability of Peace Support Operations* (Martinus Nijhoff Publishers, 2005), p. 310. ユーゴスラビア連邦が欧州人権条約に批准したのは2004年3月3日であり、この点を捉えてクラパム (Clapham) は、国連暫定統治において統治基準として人権規範を用いることの一方的な誓約を示す実行であると評価している。Andrew Clapham, *Human Rights Obligations of Non-State Actors* (Oxford University Press, 2006), pp. 130-131.

いであろう[168]。こうしたことは、UNMIK および SRSG がコソボオンブズパーソン機関の勧告について無視または拒否し、それを履行した事例がほとんどみられないことからも明らかであると考えられる[169]。

　東ティモールにもオンブズパーソン機関が設置されたが、その任務の開始はUNTAET の展開から17ヵ月後の2001年5月であった[170]。また、UNTAET 規則に基づいて設置されたものではなく、国連事務総長の報告書によれば、暫定行政官である SRSG 事務局の下部機関と位置づけられており、調査報告を行い、必要な措置の勧告を行うものとされた[171]。東ティモール住民の申立てに基づき、UNTAET、暫定行政官、その他現地機関の活動に対して人権基準に基づいて是正勧告を行ったとされるが、詳細は不明である[172]。UNTAET の任務の終盤に活動を開始し、その設置根拠も曖昧であったこと、後に国内の機関とされることが予定されていたこと（東ティモール憲法第27条で現地化された）などから、東ティモールのオンブズパーソン機関は極めて限定的にしか機能せず、実効性を欠くものであったと考えられる[173]。

(ii)　人権勧告パネル

　コソボオンブズパーソン機関に対する批判を受けて、UNMIK 規則2006/12号で設置された人権勧告パネル（勧告パネル）は、これまで類似の機関が存在

---

[168] See Ingravallo, *supra* note 86, pp. 402-403; Ferstman, *supra* note 146, p. 110. このことはオンブズパーソン自身も認めており、UNMIK の享有する免除とその協力の欠如のために、適切かつ実効的な方法で任務を果たすことが困難であるとしている。Ombudsperson Institution in Kosovo, Fifth Annual Report 2004-2005, 11 July 2005, p. 26.

[169] Stahn *supra* note 3, pp. 622-623; Everly, *supra* note 160, p. 32; Christine M. Chinkin, "United Nations Accountability for Violations of International Human Rights Law," *Recueil des Cours*, Vol. 395 (2019), p. 306.

[170] De Brabandere, *supra* note 121, p. 349.

[171] Report of the Secretary-General on Financing of the United Nations Transitional Administration in East-Timor, U.N. Doc. A/55/443, 3 October 2000, para. 42; Report of the Advisory Committee on Administrative and Budgetary Questions, Financing of the United Nations Transitional Administration in East Timor, UN Doc. A/55/531, 30 October 2000, para. 31.

[172] See UNTAET Daily Briefing, "Twenty Cases Examined by Ombudsperson," 1 June 2001.

[173] Momirov, *supra* note 66, p. 187; De Brabandere, *supra* note 121, p. 350; Chesterman, *supra* note 19, pp. 149-150.

しておらず、UNMIK 独自の救済手段であったといえる。勧告パネルは、UNMIK による人権侵害の犠牲者であるとする個人・集団からの申立てをUNMIK 規則1999/24号で列挙された8つの国際人権文書に基づいて審査することを任務とし[174]、欧州人権裁判所所長の提案を受けて、SRSG が任命する3名の国際委員で構成される[175]。2005年4月23日以降に（それ以前に発生し、被害が続くものを含む）コソボにおいて発生した事案についてのみ管轄権を持ち、また、他のすべての利用可能な救済手段が尽くされた後で、かつ、そこでの最終決定から6ヵ月以内の事案のみが受理可能であるとされる[176]。受理可能と判断した事案について本案審理を行い、人権侵害があったか否かの判断および必要に応じた勧告を SRSG に対して送付する。ただし、これらの判断および勧告は法的拘束力を持つものではない[177]。なお、勧告パネルはその手続において必要な UNMIK 要員の証人喚問や国連に関する文書提出を SRSG に要請することができるが、それに応じるか否かの決定権は SRSG が持つとされ、また、勧告パネルの判断等に対して何らかの行為をとるか否かも SRSG の排他的な権限と裁量に委ねられる[178]。

　このように限定的な機能のみを有していたものの、勧告パネルは、主に欧州人権条約および同議定書に関する多様な人権侵害の申立てに対して、受理した事案の大多数で違法性を判断し、勧告を行ってきた[179]。こうした状況を受けて、SRSG は本規則の実施に必要と考える行政命令を発付できる権限[180]に基づいて、2009年10月に行政命令2009/1を発付し、勧告パネルの権限を大幅に制限するに至った。具体的には、勧告パネルにおける事案の受理可能性について、

[174] UNMIK/REG/2006/12, Sections 1.2, 1.3（任務）.

[175] *Ibid.*, Sections 4.2-4.3（パネルの構成）, 5.1（任命）. なお、勧告パネル委員長はコソボオンブズパーソン機関の国際オンブズパーソンであったノヴィツキが機関の任務終了まで務めた。このほか、国際法学者のクリスチーン・チンキン（Christine Chinkin）、欧州人権裁判所副所長であったフランソワーズ・トゥルケンス（Françoise Tulkens）、欧州人権裁判所の現裁判官のポール・レメンス（Paul Lemmens）などが委員を務めた。HRAP, *supra* note 54, pp. 99-100.

[176] *Ibid.*, Sections 2（管轄権）, 3.1（受理可能性）.

[177] *Ibid.*, Sections 1.3（判断の非拘束性）, 17.1（判断および勧告の送付）.

[178] *Ibid.*, 15.3（手続段階での SRSG の裁量）, 17.3（判断等に対する SRSG の権限・裁量）.

[179] 2006年から新規申立ての期限とされた2010年までの間に527件の申立てがあり、受理可能（一部可能を含む）とした事案は357件、そのうち人権侵害の違法性を認めた事案は335件であったとされる。See HRAP, *supra* note 54, p. 129.

[180] UNMIK/REG/2006/12, Section 19.

SRSG は当該事案が本案審理に係属中であってもその判断を求めることができ、その間は本案審理が中断されることになった。また、新たな受理可能性に関する決定についても、別途その見解を得るために、SRSG に送付しなければならないとされた。さらに、コソボオンブズパーソン機関がその手続の違法性を判断していた国連第三者請求手続も尽くすべき利用可能な救済手段であるとされ[181]、その対象となる（または将来なりうる）場合には、当該事案は受理可能ではないと判断された。このほか、新規申立てについても期限が定められ2010年3月31日までとすることとされた[182]。

　ところで、勧告パネルが取り扱った事案について確認すると、申立て件数が多かったのは紛争中にコソボから避難したセルビア系住民による財産権の侵害に関するものであった（類型化されて審議された）。ただし、これらの申立ての前提となる被害自体は勧告パネルの時間的管轄以前のものであったが、違法性が認定されたのは、財産権の侵害それ自体ではなく、UNMIK 等に対するコソボの国内裁判所での賠償請求手続、特に、不動産問題を処理するためにUNMIK が設置した住宅財産局（Housing and Property Directorate）および住宅財産請求委員会（Housing and Property Claims Commission）における手続の遅延に対する裁判を受ける権利（欧州人権条約第6条1項）の侵害であった[183]。また、審議した事案の全体の約半数を占めたのが、UNMIK 設置前後に行われたとされる誘拐・失踪・殺害に対する UNMIK 警察および司法機関による不十分な捜査に関する事件（Missing and Murdered Persons Cases）であった。これらに対しては、UNMIK 当局が適切かつ実効的な捜査を実施しなかったことが手続における生命に対する権利（欧州人権条約第2条）を侵害し、それによって関係者（申立人）に精神的被害を与えたことが非人道的かつ品位を傷つける取扱い（同第3条）に該当するとした[184]。

[181] シュミット（Schmitt）はそもそも国連第三者請求手続が人権侵害を審査する手続ではないことから、この手続によることなく勧告パネルで受理可能と判断されるべきであると批判する。Schmitt, *supra* note 105, p. 209.

[182] Implementing UNMIK Regulation No. 2006/12 on the Establishment of the Human Rights Advisory Panel, UNMIK/DIR/2009/1, 17 October 2009, Sections 2.2（国連第三者請求手続）, 2.3-2.4（受理可能性判断）, 5（申立て期限）.

[183] HRAP, *supra* note 54, pp. 62-63, 76-77.

[184] *Ibid.*, pp. 63-74. See Schmitt, *supra* note 105, pp. 209-210.

このほか、特に大きな関心を引いたのは[185]、2007年2月の民衆デモの取締りの際にUNMIK警察による過度の実力行使によって2名の死亡者と多数の負傷者が発生した事件に関する事案（*Balaj and Others*事件）と避難民キャンプにおける劣悪な生活条件と長期間にわたる鉛害により被害を受けたロマ住民に関する事案（*N. M. and Others*事件）である。

　前者の*Balaj and Others*事件は勧告パネルが2008年に受理可能性（受理決定）の判断[186]を出した後に、SRSGが利用可能な救済手段が尽くされていないとして異議を申立てたことから、前述の行政命令2009/1が発付されるに至った事案である。最終的には、国連第三者請求手続が完了した後の2012年5月に、勧告パネルは本件事案の審理再開が行政命令による申立て期限に該当しないとの判断[187]を示して、本案審理を行った。そこで、2015年2月に被害を与えたUNMIK警察による実力の行使が絶対に必要なものではなく（欧州人権条約第2条2項）、それに対する実効的な捜査を実施しなかったことが生命に対する権利（同第2条）の侵害であるとした。また、警察による民衆デモへの強制介入が集会の自由（同第11条2項）に違反するとした[188]。

　後者の*N. M. and Others*事件も2009年に一部受理決定の判断[189]を示した後に、同じく行政命令により審理が中断されたが、2012年6月に審理を再開し、2016年2月にUNMIKによる複数の人権侵害を認定した。鉛害による健康と生命の被害を防止する積極的義務およびその危険性について適切な情報を提供しなかったことが生命に対する権利（欧州人権条約第2条）の侵害であり、さらには避難民キャンプでの鉛害および劣悪な生活環境が非人道的かつ品位を傷つける取扱い（同第3条）に該当し、生活水準の確保や健康を享受する権利（社会権規約第11、12条）の違反であるとした。また、コソボおよび避難民キャンプでのロマ住民の待遇が無差別原則（欧州人権条約第14条、自由権規約第2、

[185] Verdirame, *supra* note 11, p. 266. See HRAP, *supra* note 54, pp. 79-83.

[186] *Kadri Balaj and Others v. UNMIK*, HRAP, Case No. 04/07, Decision on admissibility, 6 June 2008.

[187] *Kadri Balaj and Others v. UNMIK*, HRAP, Case No. 04/07, Decision, 11 May 2012, para. 53.

[188] *Kadri Balaj and Others v. UNMIK*, HRAP, Case No. 04/07, Opinion, 27 February 2015, paras. 188-190（実力の行使）, 221（実効的な捜査）, 267-268（集会の自由）.

[189] *N. M. and Others v. UNMIK*, HRAP, Case No. 26/08, Decision on admissibility, 5 June 2009.

26条、社会権規約第 2 条）に違反するとした。このほか、この事案では申立て
を行った138名のうち、75名が女性または子どもであったことから、女性差別
撤廃条約、子どもの権利条約の違反も認定した[190]。なお、この判断を受けて、
2017年に国連事務総長は避難民キャンプで鉛害により被害を受けたロマ住民に
対する信託基金を設置すると表明した。ただし、十分な拠出金がなく未だ運用
されておらず、また、勧告パネルが求めた個々の被害者に対する賠償を行うも
のでもないことから批判されている[191]。

　このように、勧告パネルは、オンブズパーソン機関の抱える問題を解消する
ものとして、欧州評議会などの外部の組織からの要請を受けて設置されたもの
であり、UNMIK の多様な人権侵害の違法性を主要な国際人権文書に基づいて
判断および勧告してきた実行からすれば、より有用性のある救済手段であった
と評価できよう。また、その委員の人選が欧州人権裁判所と密接な関係を持っ
て行われ、SRSG に解任権が認められないという点では、一定程度ではあるが、
その構成における独立性が担保されていたものといえる。ただし、オンブズパー
ソン機関の任務を継承したということもあり、UNMIK の活動開始後 5 年以上
経過した事案のみが対象とされるなど時間的管轄権はさらに限定されていた。
また、オンブズパーソン機関と同様に UNMIK 規則に基づき設置されたことか
ら、自由権規約委員会が述べるように[192]、自由権規約第 2 条 3 項に規定され
る救済措置として必要な独立性と権限は欠けていた。特に、SRSG の権限は強
く、例えば、審査段階での協力要請、判断および勧告の履行についてその裁量

[190] *N. M. and Others v. UNMIK*, HRAP, Case No. 26/08, Opinion, 26 February 2016, paras. 223-224（積極的義務）、230-231（情報提供義務）、245-246（非人道的な取扱い）、259-260（安全な場所への移転が認められなかったことが私生活および家族生活が尊重される権利の違反）、282-283（社会権規約の違反）、308-309（無差別原則の違反）、328-330（女性差別撤廃条約、特に、第12条（保健における差別）の違反）、347（子どもの権利条約第 3 条（子どもの最善の利益）、6 条（生命に対する権利）、24条（健康に関する権利）、27条（生活水準の確保）、37条（非人道的な取扱い）の違反）.

[191] See Human Rights Council, The Human Right to an Effective Remedy: the Case of Lead-contaminated Housing in Kosovo, U.N. Doc., A/HRC/45/CRP.10, 4 September 2020, paras. 50-56. また、チンキンはロマ住民に対する信託基金の設置という措置が、人権侵害の被害者に対して賠償するという原則を「脆弱な」共同体への支援という希釈化された概念で損なうものであり、また、特定の犠牲者のみを対象とすることで犠牲者間の差異を設けるものであるとして批判する。Chinkin, *supra* note 169, pp. 313-314. こうした信託基金による賠償の問題については、第 5 章を参照。

[192] HRC, CCPR/C/UNK/CO/1, para. 10.

に委ねられていた。さらに、SRSG に規則の実施に関する行政命令を発付する権限を認めていたことが問題となり、その結果、本案審理手続の中断や事実上の任務の終了期限が決定されることになった。

　確かに、勧告パネルが行った数多くの人権侵害の判断および勧告に対してUNMIK がそれを履行した事例はみられず、この救済手段は実効的であったとはいえない。翻って SRSG と勧告パネルの間の緊張関係が SRSG による行政命令という形での強権的な介入をもたらしたことは、勧告パネルによる人権侵害に関する判断や勧告といった実行が法的拘束力を持つものではなくとも、UNMIK および SRSG の権限行使に対して事実上の影響力を有していたことの証左であるとも考えられる[193]。

小括

　暫定統治機構による人権侵害に対する救済の可能性について検討してきた。暫定統治機構が人権諸条約の当事者になれないことから、地域的人権条約に設けられた国際司法機関である人権裁判所による救済は利用できない。また、暫定統治機構が統治権限を行使する領域の国内司法機関による救済は、当該機構からの司法機関の独立性が担保できておらず、司法審査を行う能力も欠いている可能性があるため、その利用は事実上難しい状況にある。さらに、批判を受けているものの、暫定統治機構が裁判権免除を享有しており、それが放棄されない限り、国内司法機関による司法審査の法的な障害となっている。

　そこで、暫定統治機構を含め国際組織が裁判権免除を享有する際に、その被害を受けた個人を救済するためにその設置が義務づけられている代替的救済手段の利用の可能性が重要となる。これまでの平和活動において設置されてきた代替的救済手段である請求審査委員会は、そもそもその審査対象となる国際組織の内部機関であり、小規模な「私法的性格を有する紛争」を処理することを目的とするものであることから、統治権限を行使する暫定統治機構の人権侵害を審査するには不十分である。また、一部の暫定統治機構においては、当該機構による人権侵害を国際人権規範に基づいて審査する準司法的な救済手段が設置されてきた。その 1 つがオンブズパーソン機関である。オンブズパーソン自

---

[193] See Chinkin, *supra* note 169, p. 309.

体は既にいくつかの国際組織において設置されており、その判断に法的拘束力はないものの一定の実効性を持った救済手段として評価されている[194]。しかしながら、暫定統治機構に設置されたオンブズパーソン機関はその設置者であるSRSG および暫定行政官から十分に独立した機関であるとはいえず、その勧告も暫定統治機構によって履行されることはなかった。さらに、コソボにおいては欧州評議会などの外部組織からの批判もあり、独自の機関である勧告パネルが設置されることになった。この勧告パネルはオンブズパーソン機関より改善されたものの、SRSG からの独立性を確保できておらず、また、その権限も勧告を行うにとどまり、人権侵害に対する救済手段としてはその実効性に欠けていた。

　このように暫定統治機構が自らの規則などにより事後的に設置したこれらの機関は、設置の段階でその機能に多くの制約が課されることになり、救済手段としては不十分なものであった。人権侵害の被害者である個人が実効的な救済を得るためには、暫定統治機構やそれを統括する SRSG から独立し、その行為に対して法的拘束力ある判断を行いうる機関が少なくとも当該機構の活動と同時に設置される必要がある[195]。それには暫定統治機構の設置に関わる国連（安保理）の決定がなければならないが、これまでの状況からは極めて難しいものと考えられる。

結び　国連暫定統治における被害者救済の意義

　「国家建設は平和構築ではない」[196]という2015年の HIPPO 報告書における国連の立場の表明は、東ティモールの UNTAET 以降、暫定統治機構が設置されてきていないという事実と符合しているようである。現在、平和構築という長期的な取組みの中で、国連、特に、安保理がどのように関わるべきかの問い直しが求められており[197]、本章で取り上げた暫定統治機構は一時期に実施された特殊な事象であったのかもしれない。しかし、紛争により社会制度が崩壊し、

[194] 例えば、世界銀行インスペクションパネル（The World Bank Inspection Panel）および欧州オンブズマン（The European Ombudsman）について、Zwanenburg, *supra* note 167, pp. 299-306.

[195] Schmitt, *supra* note 105, p. 211; Chesterman, *supra* note 19, p. 153.

[196] U.N. Doc A/70/95-S/2015/446, para 132.

[197] Higgins *et al.*, *supra* note 82, p. 1092.

統治機構が機能しなくなった領域において、特定の国家（群）ではなく、普遍的な国際組織が、その規模や形態は異なるとしても、関与することの意義は失われてはおらず、暫定統治機構が直面した問題、特に、当該機構の権限行使による人権侵害は今後の国連による平和構築活動でも生起しうるものと考えられる。

そもそも、人権は国家とその（管轄下にある）住民の間の問題であり、国連はそうした人権義務の名宛人である国家を監督、監視し、人権の保護と促進を担う人権の守護者の任務を果たすものと考えられてきた。そのため、原則として、国連自身がその任務により個人の人権を直接的に侵害する危険性は考慮されず、被害を受けた個人が国連に対して救済を求めること、また、そのための手続を定める必要も十分に検討されてこなかった[198]。こうしたことが、国連憲章のみならず、国連および安保理が補助機関を設置する決議等においても、人権の保護（義務）に関する明確で一貫した規定や枠組みが定められなかった理由の１つであったといえよう。他方で、国連および安保理は国際社会の平和と安全の維持も主要な任務としており、その任務の遂行のためには国際法を逸脱する行動をも一定程度とりうるとされる。暫定統治機構に強大な権限が与えられ、かつ、国家機関（国内司法機関）からの介入を排除する裁判権免除が認められたのも、この任務の遂行に必要であるとされたためである。人権の保護と促進、国際社会の平和と安全の維持という双方の任務にはある種の矛盾が存在しており、本来、許容されないはずの人権の制約は、これまで後者の任務の遂行における一時的かつ限定的な範囲でのみ認められてきたのである。

国連が暫定統治機構を設置し、一定の領域において（ほぼ）すべての統治権限を行使することは、国連が設置された当初では想定されていなかったことであった。また、その統治が長期間に及び、伝統的な意味での国際社会の平和と安全の維持という任務から次第に乖離してきたことから、従来の活動に対して用いられてきた枠組みや判断基準ではその活動を評価することが困難になってきた。そうした中で、暫定統治機構によって数多くの人権侵害がなされ、それに対する（実効的な）救済が与えられなかったのである。こうした事態に何らの措置も講じられなければ、国連および安保理が人権の守護者であるという観念が神話に過ぎないと捉えられることになる。このことは国連および安保理の正当性

---

[198] Verdirame, *supra* note 11, pp. 242-243.

と信頼を損なうのみならず[199]、その守護者による義務の不履行という人権システム全体を毀損することにも繋がりうる危険性を孕むものと考えられる[200]。

　こうした危険性を回避するために国連および安保理はいかなる措置を講じればよいのであろうか。もちろん、人権の保護と促進を重視し、国際社会の平和と安全の維持に優先させればよいといった単純な話ではない。本章で検討したように、問題は、暫定統治機構のような主体が強大な統治権限を行使するにもかかわらず、その設置に関する安保理決議において、権限を制約する基準もそのための救済手段も明確に定められていなかったことにある[201]。そこで、例えば、治安維持のために大規模な実力（または武力）行使が必要となる段階においては、占領法規に認められる範囲の、あるいは、国際人権規範に規定される緊急事態においても逸脱できない範囲の人権が保障されることを定めておくべきである。これらの規範は国家実行によって裏付けられているものであり、その法的価値は一定程度担保されていると考えられる。また、裁判権免除を放棄することはその任務の遂行を害する可能性があるため困難であるとしても、個人の権利保護のために、上記の法規範に基づいて暫定統治機構の行為を審査する（準司法的な）代替的救済手段をその設置と同時に設けることも定めておくべきである。これによって、暫定統治機構からの独立性を確保し、ある程度実効性を持った救済手段になるものと考えられる。こうした安保理決議による制約は国連および安保理による自己統制的なものに過ぎず、この点に懸念は残るものの、その補助機関である暫定統治機構にとってはその任務の射程を厳密に制約する法規範であり、それを逸脱して行動することは許されない。それゆえ国連および安保理が人権の保護と促進を担う主体としての正当性と信頼を維持するために、こうした措置を自ら講ずることは十分に意義があろう。そのためにも、国連加盟国、安保理理事国がこれまでの国連の平和活動、ひいては国連および安保理の活動それ自体が現地の住民に対して与えてきた被害とその救済の必要性について認識を改めることが求められる。

　国連暫定統治における人権保護と被害者の救済には多くの課題があり、現段階においては不十分なものといわざるを得ない。しかしながら、少なくとも、

---

[199] 望月「前掲論文」（注12）39-40頁。

[200] HRAP, *supra* note 54, p. 94.

[201] Sicilianos, *supra* note 3, pp. 404-406.

個人の人権侵害に対して何らかの救済手段を設けるべきとする方向性が示されている点は評価できる。すなわち、国連においても暫定統治機構のように国家に相当する統治権限を行使する場合には、公正な裁判を受ける権利[202]や効果的な救済を受ける権利といった手続的保障に関する（国際）人権規範の適用を受けるべきであるという認識が誕生しつつあるということである[203]。このことは、国際組織の権限行使により被害を受けた個人の救済に関する国際法の新たな展開を示唆するものといえよう。

---

[202] 公正な裁判を受ける権利については、主要な国際人権文書（世界人権宣言第10条、自由権規約第14条、欧州人権条約第6条など）およびジュネーブ諸条約共通第3条においてもほぼ同様の規定がなされている。また、自由権規約委員会の緊急事態に関する一般的意見29（HRC, General Comment No. 29: Article 4: Derogations during a State of Emergency, CCPR/C/21/Rev.1/Add.11/Rev.1, 31 August 2001, para. 16）においても、緊急事態において逸脱できない権利であるとされるなど、国際法の一般原則になっているものと考えられる。

[203] 佐藤『前掲書』（注82）327、375頁。

参考文献

新井京「暫定統治型の平和活動における占領法規の適用可能性：コソヴォ暫定統治機構を中心に」浅田正彦編『二一世紀国際法の課題：安藤仁介先生古稀記念』（有信堂高文社、2006年）461-494頁。

岡田陽平「国際機構の裁判権免除と裁判を受ける権利：欧州人権裁判所判例法理の分析」『国際協力論集』第24巻2号（2017年）15-37頁。

酒井啓亘「国連憲章第7章に基づく暫定統治機構の展開—UNTAES・UNMIK・UNTAET」『神戸法学雑誌』第50巻2号（2000年）81-148頁。

坂本一也「国連平和維持活動に関わる国連の裁判権免除について—Stichting Mothers of Srebrenica and others v. Netherlands 欧州人権裁判所決定を素材に—」『岐阜大学教育学部研究報告（人文科学）』第64巻2号（2016年）21-40頁。

佐藤哲夫『国連安全保障理事会と憲章第7章—集団安全保障制度の創造的展開とその課題』（有斐閣、2015年）。

田中清久「ボスニア・ヘルツェゴビナ上級代表の権限行使に対する司法審査—国際領域管理におけるアカウンタビリティーの問題の一側面—」『愛知大学法学部法経論集』第189号（2011年）1-50頁。

田村恵理子「統治者としての国際連合に対する人権上の制約—国連コソヴォ暫定統治機構の実行を中心に」日本国際連合学会編『ジェンダーと国連（国連研究第16号）』（2015年）143-162頁。

橋本敬市「ボスニア和平プロセスにおける上級代表の役割—ポスト・デイトン期におけるマンデートの拡大—」『外務省調査月報』2000年度第3号（2000年）49-73頁。

樋口一彦「国際人道法ノート (5)」『琉球法学』第90号（2013年）345-366頁。

望月康恵「国際機構による『統治』」『法と政治』第57巻2号（2006年）5-48頁。

薬師寺公夫「国連の平和執行活動に従事する派遣国軍隊の行為の帰属—ベーラミ及びサラマチ事件決定とアル・ジェッダ事件判決の相克—」『立命館法学』第333・334号（2010年）1573-1622頁。

山田哲也『国連が創る秩序：領域管理と国際法』（東京大学出版、2011年）。

Amnesty International, *East Timor: Justice Past, Present and Future*, ASA 57/001/2001 (July 2001).

Benvenisti, Eyal, "The Applicability of the Law of Occupation to UN Administration of Foreign Territory," *University of Cambridge Faculty of Law Legal Studies Research Paper* No. 36/2019 (2019).

Benzing, Markus, "Midwifing a New State: The United Nations in East Timor," *Max Planck Yearbook of United Nations Law* Vol. 9 (2005), pp. 295-372.

Bothe, Michael and Marhaun Thilo, "UN Administration of Kosovo and East Timor: Concept, Legality and Limitations of Security Council Mandated Trusteeship Administration," in Christian Tomuschat (ed.), *Kosovo and the International Community: A Legal Assessment* (Kluwer Law International, 2002), pp. 217-242.

Cameron, Lindsey, "Human Rights Accountability of International Civil Administrations to the People Subject to Administration," *Human Rights & International Legal Discourse* Vol. 1, No. 2 (2007), pp. 267-300.

Caplan, Richard, *International Governance of War-Torn Territories: Rule and Reconstruction* (Oxford University Press, 2006).

Chesterman, Simon, *You, the People: The United Nations, Transitional Administration, and State-Building* (Oxford University Press, 2004).

Chinkin, Christine M., "United Nations Accountability for Violations of International Human Rights Law," *Recueil des Cours* Vol. 395 (2019), pp. 213-319.

Clapham, Andrew, *Human Rights Obligations of Non-State Actors* (Oxford University Press, 2006).

De Brabandere, Eric, *Post-Conflict Administrations in International Law: International Territorial Administration, Transitional Authority and Foreign Occupation in Theory and Practice* (Martinus Nijhoff Publishers, 2009).

—— "Human Rights Accountability of International Administrations: Theory and Practice in East Timor," in Jan Wouters, Eva Brems, Stefaan Smis and Pierre Schmitt (eds.), *Accountability for Human Rights Violations by International Organisations* (Intersentia, 2010), pp. 331-354.

De Schutter, Olivier, "Human Rights and the Rise of International Organisations: The Logic of Sliding Scales in the Law of International Responsibility," in Jan Wouters, Eva Brems, Stefaan Smis and Pierre Schmitt (eds.), *Accountability for Human Rights Violations by International Organisations* (Intersentia, 2010), pp. 51-128.

de Wet, Erika, "The Direct Administration of Territories by the United Nations and Its Member States in the Post Cold War Era: Legal Bases and Implications for National Law," *Max Planck Yearbook of United Nations Law* Vol. 8 (2004), pp. 291-340.

—— "The Governance of Kosovo: Security Council Resolution 1244 and the Establishment and Functioning of eulex," *American Journal of International Law* Vol. 103, No. 1 (2009), pp. 83-96.

Everly, Rebecca, "Reviewing Governmental Acts of the United Nations in Kosovo," *German Law Journal* Vol. 8, No. 1 (2007), pp. 21-37.

Ferraro, Tristan (ed.), *Expert Meeting: Occupation and Other Forms of Administration of Foreign Territory* (International Committee of the Red Cross, 2012).

―― "Determining the Beginning and End of an Occupation Under International Humanitarian Law," *International Review of the Red Cross* No. 885 (2012), pp. 133-163.

―― and Cameron Lindsey, "Article 2: Application of the Convention," in International Committee of the Red Cross (ed.), *Commentary on the First Geneva Convention, 2nd ed.*, (Cambridge University Press, 2016).

Ferstman, Carla, *International Organizations and the Fight for Accountability: The Remedies and Reparations Gap* (Oxford University Press, 2017).

Friedrich, Jürgen, "UNMIK in Kosovo: Struggling with Uncertainty," *Max Plank Yearbook of United Nations Law* Vol. 9 (2005), pp. 225-293.

Higgins, Rosalyn, Webb Philippa, Akande Dapo, Sivakumaran Sandesh and Sloan James, *Oppenheim's International Law: United Nations* (Oxford University Press, 2017).

Human Rights Advisory Panel (HRAP), *Final Report: History and Legacy Kosovo, 2007-2016*, 30 June 2016.

Ingravallo, Ivan, "UN Territorial Administrations: between International Humanitarian Law and Human Rights Law," in Robert Kolb and Gloria Gaggioli (eds.), *Research Handbook on Human Rights and Humanitarian Law* (Edward Elgar Publishing, 2013), pp. 391-415.

Irmscher, Tobias H., "The Legal Framework for the Activities of the United Nations Interim Administration Mission in Kosovo: The Charter, Human Rights, and the Law of Occupation," *German Yearbook of International Law* Vol. 44 (2001), pp. 353-395.

Kondoch, Boris, "Human Rights Law and UN Peace Operations in Post-Conflict Situations," in, Nigel D. White and Dirk Klaasen (eds.), *The UN, Human Rights and Post-Conflict Situations* (Manchester University Press, 2005), pp. 19-41.

Larsen, Kjetil Mujezinović, *The Human Rights Treaty Obligations of Peacekeepers* (Cambridge University Press, 2012).

Linton, Suzannah, "Rising from The Ashes: The Creation of a Viable Criminal Justice System In East Timor," *Melbourne University Law Review* Vol. 25, No. 1 (2001), pp. 122-180.

Matheson, Michael J., "United Nations Governance of Postconflict Societies," *American Journal of International Law* Vol. 95, No. 1 (2001), pp. 76-85.

Mégret, Frédéric and Hoffmann Florian, "The UN as a Human Rights Violator? Some Reflections on the United Nations Changing Human Rights Responsibilities," *Human Rights Quarterly* Vol. 25, No. 2 (2003), pp. 314-342.

—— "The Vicarious Responsibility of the United Nations," in Chiyuki Aoi, Cedric de Coning and Ramesh Thakur (eds.), *Unintended Consequences of Peacekeeping Operations* (United Nations University Press, 2007), pp. 250-267.

Milanovic, Marko, *Extraterritorial Application of Human Rights Treaties: Law, Principles, and Policy* (Oxford University Press, 2011).

Miller, Anthony J., "The Privileges and Immunities of the United Nations," *International Organizations Law Review* Vol. 6, No. 1 (2009), pp. 7-115.

Momirov, Aleksandar, *Accountability of International Territorial Administrations: A Public Law Approach* (Eleven International Publishing, 2011).

Orakhelashvili, Alexander, "Responsibility and Immunities: Similarities and Differences between International Organizations and States," *International Organizations Law Review* Vol. 11, No. 1 (2014), pp. 114-171.

Rashkow, Bruce C., "Immunity of the United Nations: Practice and Challenges," *International Organization Law Review* Vol. 10, No. 2 (2013), pp. 332-348.

Ratner, Steven R., "Foreign Occupation and International Territorial Administration: The Challenges of Convergence," *European Journal of International Law* Vol. 16, No. 4 (2005), pp. 695-719.

— "The Law of Occupation and UN Administration of Territory: Mandatory, Desirable, or Irrelevant?," in Tristan Ferraro (ed.), *Expert Meeting: Occupation and Other Forms of Administration of Foreign Territory* (International Committee of the Red Cross, 2012), pp. 96-104.

Reinisch, August, *International Organizations before National Courts* (Cambridge University Press, 2000)

—— "Privileges and immunities," in Jan Klabbers and Åsa Wallendahl (eds.), *Research Handbook on the Law of International Organizations* (Edward Elgar Publishing, 2011), pp, 132-155.

—— *Introductory Note: Convention on the Privileges and Immunities of the United Nations/ Convention on the Privileges and Immunities of the Specialized Agencies.*

Sassòli, Marco, "Legislation and Maintenance of Public Order and Civil Life by Occupying Powers," *European Journal of International Law* Vol. 16, No. 4 (2005), pp. 661-694.

Schmitt, Pierre, *Access to Justice and International Organizations: The Case of Individual Victims of Human Rights Violations* (Edward Elgar Publishing, 2017).

Shraga, Daphna, "UN Peacekeeping Operations: Applicability of International Humanitarian Law and Responsibility for Operations-Related Damage," *American Journal of International Law* Vol. 94, No. 2 (2000), pp. 406–412.

Sicilianos, Linos-Alexandre, "L'administration territoriale par les Nations Unies et d'autres institutions internationales habilitées par les Nations Unies,"*Rapport préliminaire, Institut de Droit international (IDI), La Haya Sessions* (2019), pp. 333–408.

Stahn, Carsten, *The Law and Practice of International Territorial Administration* (Cambridge University Press, 2008).

United Nations Peacekeeping Law Reform Project, *United Nations Peacekeeping and the Model Status of Forces Agreement: Background paper* (School of Law, University of Essex, 2010).

Verdirame, Guglielmo, *The UN and Human Rights: Who Guards the Guardians?* (Cambridge University Press, 2011).

Wellens, Karel, *Remedies against International Organisations* (Cambridge University Press, 2002).

Werzer, Julia, "The UN Human Rights Obligations and Immunity: An Oxymoron Casting a Shadow on the Transitional Administrations in Kosovo and East Timor," *Nordic Journal of International Law* Vol. 77, No. 1–2 (2008), pp. 105–140.

Wickremasinghe, Chanaka, "International Organizations or Institutions, Immunities before National Courts," in Rüdiger Wolfrum (ed.), *Max Planck Encyclopedia of Public International Law* Vol. VI (Oxford University Press, 2012), pp. 10–17.

Wilde, Ralph, *International Territorial Administration: How Trusteeship and the Civilizing Mission Never Went Away* (Oxford University Press, 2008).

Wolfrum, Rüdiger, "International Administration in Post-Conflict Situations by the United Nations and Other International Actors," *Max Planck Yearbook of United Nations Law* Vol. 9 (2005), pp. 649–696.

Zwanenburg, Marten, *Accountability of Peace Support Operations* (Martinus Nijhoff Publishers, 2005).

国連文書

Administrative and Budgetary Aspects of the Financing of the United Nations Peacekeeping Operations: Financing of the United Nations Peacekeeping Operations, U.N. Doc. A/51/389, 20 September 1996.

Administrative and Budgetary Aspects of the Financing of the United Nations

Peacekeeping Operations: Financing of the United Nations Peacekeeping Operations, U.N. Doc. A/51/903, 21 May 1997.

Concluding Observations on Kosovo (Republic of Serbia), CCPR/C/UNK/CO/1, 14 August 2006.

Draft Model Status-of-Forces Agreement for Peace-keeping Operations, U.N. Doc. A/45/594, 9 October 1990, Annex.

Financing of the United Nations Transitional Administration in East-Timor, U.N. Doc. A/55/443, 3 October 2000.

General Comment No. 26: Continuity of Obligations, CCPR/C/21/Rev.1/Add.8/Rev.1, 8 December 1997.

General Comment No. 29: Article 4: Derogations during a State of Emergency, CCPR/C/21/Rev.1/Add.11/Rev.1, 31 August 2001.

Procedures in Place for Implementation of Article VIII, Section 29, of the Convention on the Privileges and Immunities of the United Nations, Adopted by the General Assembly on February 13, 1946, U.N. Doc. A/C.5/49/65, 24 April 1995.

Report of the Advisory Committee on Administrative and Budgetary Questions, Financing of the United Nations Transitional Administration in East Timor, U.N. Doc. A/55/531, 30 October 2000.

Report of the High-level Independent Panel on Peace Operations on Uniting Our Strengths for Peace: Politics, Partnership and People, U.N. Doc. A/70/95-S/2015/446, 17 June 2015.

Report of the Panel on United Nations Peace Operations, U.N. Doc. A55/305-S/2000/809, 21 August 2000, Annex.

Report of the Secretary-General pursuant to Paragraph 10 of Security Council Resolution 1244 (1999), U.N. Doc. S/1999/672, 12 June 1999.

Report Submitted by the United Nations Interim Administration Mission in Kosovo to the Human Rights Committee on the Human Rights Situation in Kosovo since June 1999, CCPR/C/UNK/1, 13 March 2006.

Responsibility of international organizations, U.N. Doc. A/RES/66/100, 9 December 2011, Annex.

Secretary-General's Bulletin, Observance by United Nations forces of international humanitarian law, U.N. Doc. ST/SGB/1999/13, 6 August 1999.

The Human Right to an Effective Remedy: the Case of Lead-Contaminated Housing in Kosovo, U.N. Doc. A/HRC/45/CRP.10, 4 September 2020.

The Rule of Law and Transitional Justice in Conflict and Post-conflict Societies, U.N.

Doc. S/2004/616, 23 August 2004.

The Situation in East Timor, U.N. Doc. S/1999/1024, 4 October 1999.

The United Nations Interim Administration Mission in Kosovo, U.N. Doc. S/1999/779, 12 July 1999.

The United Nations Interim Administration Mission in Kosovo, U.N. Doc. S/2008/692, 24 November 2008.

The United Nations Transitional Administration for Eastern Slavonia, Baranja and Western Sirmium, U.N. Doc. S/1997/767, 2 October 1997.

The United Nations Transitional Administration for Eastern Slavonia, Baranja and Western Sirmium, U.N. Doc. S/1997/953, 4 December 1997.

United Nations Juridical Yearbook 2004, U.N. Doc. ST/LEG/SER.C/42 (United Nations Publication, 2007).

United Nations Basic Principles and Guidelines on Remedies and Procedures on the Right of Anyone Deprived of Their Liberty to Bring Proceedings Before a Court, U.N. Doc. A/HRC/30/37, 6 July 2015.

判決・勧告的意見 （国際司法裁判所）

Accordance with international law of the unilateral declaration of independence in respect of Kosovo, Advisory Opinion, 22 July 2010, ICJ Reports 2010.

Case concerning Application of the Convention on the Prevention and Punishment of the Crime of Genocide, Order, 13 September 1993, ICJ Reports 1993.

Case concerning Armed Activities on the Territory of the Congo, Judgement, 19 December 2005, ICJ Reports 2005.

Certain Expenses of the United Nations (Article 17 paragraph 2 of the Charter), Advisory Opinion, 20 July 1962, ICJ Reports 1962.

Effect of Awards of Compensation Made by the United Nations Administrative Tribunal, Advisory Opinion, 13 July 1954, ICJ Reports 1954.

Interpretation of the Agreement of 25 March 1951 between the WHO and Egypt, Advisory Opinion, 20 December 1980, ICJ Reports 1980.

Legal Consequences of the Construction of a Wall in the Occupied Palestinian Territory, Advisory Opinion, 9 July 2004, ICJ Reports 2004.

Legality of the Use by a State of Nuclear Weapons in Armed Conflict, Advisory Opinion, 8 July 1996, ICJ Reports 1996.

判決（欧州人権裁判所）

Agim Behrami and Bekir Behrami v. France & Ruzhdi Saramati v. France, Germany and Norway, ECtHR, Grand Chamber, Decisions to the admissibility of Application No. 71412/01 and Application No. 78166/01, 2 May 2007.

Dušan Berić and others v. Bosnia and Herzegovina, ECtHR, Application Nos. 36357/04 and others, Decision, 16 October 2007.

Waite and Kennedy v. Germany, ECtHR, Grand Chamber, Judgment, Application No. 26083/94, 18 February 1999.

判決（国内裁判所）

Jedanaest članova Zastupničkog doma Parlamentarne skupštine Bosne i Hercegovine, Constitutional Court of Bosnia and Herzegovina, Decision, No. U-9/00, 3 November 2000.

Milorad Bilbija i Dragan Kalinić, Constitutional Court of Bosnia and Herzegovina, Decision on Admissibility and Merits, No. AP-953/058, 8 July 2006.

第4章

性的搾取・虐待の被害者救済と防止
― 国連平和活動が関わる事例を中心として

清水奈名子

本章の目的と用語の定義

1．国連平和活動要員による性的搾取・虐待の国際問題化
  （1）歴史的経緯とジェンダーの主流化
  （2）被害の実態―申立件数とその内訳

2．不処罰をもたらす法的課題
  （1）義務違反と法的根拠
  （2）性的搾取・虐待行為の帰属と防止のための相当の注意義務
  （3）要員の特権・免除と「任務にとっての必要性」

3．被害者救済と予防に向けた取組み
  （1）加盟国に対する働きかけと自発的コンパクトの締結
  （2）被害者の救済と予防に向けた取組み

結び　権利回復のための平和構築を担う主体の正当性

本章の位置づけ

　第1章において述べたように、平和構築を含む平和活動の目的の1つは、紛争後の復興を通じて被害を受けた人々の人権の保護と促進を含む救済である。この目的を達成するために、冷戦後の平和活動の多機能化、長期化が進み、国連機関が暫定統治機能を担う事例がみられるようになった。その一方で、第2章、第3章が指摘するように、多国籍軍や暫定統治機構による活動に適用される人権規範が存在しないため、活動要員や機関の行為によって人権が侵害された場合に、加害者の責任追及や被害者の救済が困難となる問題が新たに発生してきた。これらの問題を回避するには、平和構築の関与主体もまた人権規範に拘束される必要があるが、そのための法的議論や制度整備は個人の救済を実効的なものとするまでには至っていない。

　同様の問題は、冷戦後の国連平和活動の拡大に伴って発生してきた、活動要員による紛争地域の住民に対する性的搾取・虐待 (sexual exploitation and abuse) に関しても指摘されてきた。近年、文民の保護が主要な任務となっている平和活動の要員が、かえって人権侵害の加害者となっているにもかかわらず、その責任が追及されず、被害者の救済が行われていないことが、2000年代以降に国際 NGO 等の調査によって明らかになったのである。国連事務局はこの問題を、人権の保護と促進を目指す平和活動の正当性と信頼性を掘り崩す深刻な問題として捉え、現在に至るまで組織的な対処を続けている。

　本章では、平和活動の要員による性的搾取・虐待を一律に禁止する国際法規定が存在しないことを指摘しつつ、要員の非違行為に関する調査や処分の責任を負うのは主に要員の派遣国であることを踏まえたうえで、要員の行為に対する責任追及の過程に関わる義務違反の認定、行為の帰属、裁判権免除等の法的課題を検討する。あわせて国連事務局を中心とした問題への対処がどのように進められてきたのかを概観し、自発的なコンパクトの締結の提唱、被害者中心のアプローチとしての信託基金の設立について取りあげる。国際刑事裁判所による被害者への賠償制度と平和構築の関係性を検討する第5章とあわせて、法的な限界を克服しようとする国連における実践上の取組みが、被害を受けた個人の救済にどのように貢献しうるのかについて考察する。

本章の目的と用語の定義

　冷戦終焉後に、停戦監視任務に限定されない多様な任務を担うようになった多機能型の国連平和維持活動は、平和構築に関与してきた主要な主体である。1990年代の前半に発生し、文民を含む多数の犠牲を出した旧ユーゴスラビアや

ルワンダにおける武力紛争は、アドホックな 2 つの国際刑事裁判所の設置をもたらしただけでなく、国連平和維持活動の主要な任務として、文民の保護（protection of civilians）や人権監視が新たに設定される端緒となった[1]。紛争後の社会における人権保障が、持続可能な平和を構築する上で重視されるようになったことを、これらの新たに追加された任務は示していたといえよう。

　このように国連平和維持活動が人権保障につながる任務を担うようになった冷戦後は、一方で活動要員による性的搾取や虐待とその不処罰が問題視された時期でもあった。展開される活動数や要員数が飛躍的に増加する中で、活動要員による受入国住民に対する性的な搾取・虐待行為が、国連機関や国際 NGO から報告されるようになったのである[2]。

　加えて、2000年には平和と安全に関わる女性の役割の強化を求める国連安全保障理事会（安保理）決議1325が採択され、平和維持活動におけるジェンダーの主流化（gender mainstreaming）が求められるようになった[3]。この流れを受けて、国連事務局は性的搾取・虐待問題が、国連とその活動の正当性と信頼性を掘り崩す深刻な問題であると認識するに至り、2003年には「性的搾取および虐待からの保護のための特別措置」に関する事務総長告示[4]によって組織的な対応を行う姿勢を表明した。また2008年に国連の平和維持活動局（国連 PKO 局）がまとめた『国連平和維持活動—原則と指針』（キャップストーン・ドクトリン）が指摘したように、「国連平和維持活動は人権を完全に尊重しつつ実施されるべきであり、その任務の実施を通して人権を促進することを希求すべき」[5]活動へと変化していることが強調されている。さらに国連では2015年以降、対策と

---

[1] Report of the High-level Independent Panel on Peace Operations on uniting our strengths for peace: politics, partnership and people, U.N. Doc. A/70/95–S/2015/446, 17 June 2015, para. 83. 清水奈名子『冷戦後の国連安全保障体制と文民の保護—多主体間主義による規範的秩序の模索—』（日本経済評論社 2011年）92-101頁。

[2] UNHCR and Save the Children-UK, *Note for Implementing and Operational Partners on Sexual Violence & Exploitation: The Experience of Refugee Children in Guinea, Liberia and Sierra Leone based on Initial Findings and Recommendations from Assessment Mission*, 22 October-30 November 2001, 2002.

[3] U.N. Doc. S/RES/1325, 31 October 2000, paras. 5, 6, 17.

[4] Secretary-General's Bulletin, Special Measures for Protection from Sexual Exploitation and Sexual Abuse, U.N. Doc. ST/SGB/2003/13, 9 October 2003.

[5] UN Department of Peacekeeping Operations, Department of Field Support, United Nations Peacekeeping Operations: Principles and Guidelines (Capstone Doctrine), January 2008, p. 14.

再発防止を促すために搾取・虐待に関与した活動要員の国籍国の公表を進めている。しかしながらその後も、性的搾取・虐待に関わったとされる要員の不処罰が続いていることが問題となってきた[6]。

本章では、平和維持活動要員を中心とする平和構築に関わる活動要員に、国際人権規範の遵守が求められるようになった背景について、活動要員による性的搾取・虐待問題を事例として考察する。この作業を通して、紛争後社会における国際人権規範の適用を通して「リベラル・ピース」[7]の実現を目指す平和構築活動の担い手は、いかなる国際法規範の遵守を求められるのかを検討すると同時に、発生した被害者の救済や責任の追及が十分に行われていない問題に国連がどのように対応してきたのかを明らかにすることが、本章の目的である。

続く第1節では、2000年代以前に国連において議題化されることのなかった性的搾取・虐待問題が国際問題化した背景には、ジェンダーに基づく暴力をめぐる国際人権法、国際刑事法の発展があったことを指摘した上で、第2節では不処罰の要因となっている法的課題を検討する。最後に第3節において、加盟国による協力を促し、被害者の救済と非違行為（misconduct）の防止のために国連が実施してきた取組みについて検討する。

なお本稿では、2003年の国連事務総長告示[8]にしたがって、性的搾取ならびに性的虐待を以下のように定義している。

> 性的搾取：性的目的で行われる、脆弱な立場、力の格差または信頼のあらゆる濫用行為またはその試みであり、他者の性的搾取から金銭的、社会的または政治的に利益を得ることを含むが、それらに限定されるものではない。
>
> 性的虐待：性的性質をもつ身体的侵害行為またはその脅迫であって、力によるもの、または対等ではない状況、または強制的な状況の下で行われた行為。18歳未満の者とのあらゆる性的行為を含む。

---

[6] Special Measures for Protection from Sexual Exploitation and Abuse, U.N. Doc. A/73/744, 14 February 2019, para. 5.

[7] Oliver P. Richmond, *Peace in International Relations*, Second Edition, (Routledge. 2020) pp. 135-140.

[8] U.N. Doc. ST/SGB/2003/13, 9 October 2003, Sections 1-5.

　また国連がそのホームページ上で公表している活動要員による性的搾取・虐待に関する申立件数[9]には、国連平和維持活動に従事する文民、警察、軍事要員に加えて、国連政治ミッション等に従事する活動要員も含まれていることから、これらの活動を包摂する「国連平和活動（UN Peace Operations）」の語を本章では用いることとする。

1．国連平和活動要員による性的搾取・虐待の国際問題化

(1) 歴史的経緯とジェンダーの主流化

　国連平和活動要員[10]による性的搾取・虐待問題は、冷戦期に実施された活動においても指摘されていたが、その申立件数が増加したのは、前述したように活動数ならびに活動要員数が急増した1990年代以降である。2005年に国連総会に提出された報告書『ゼイド報告』によれば、メディアや人権団体の調査によって、ボスニア・ヘルツェゴビナおよびコソボ（UNPROFOR）、カンボジア（UN-TAC）、東ティモール（UNTAET）、シエラレオネ（UNAMSIL）、コンゴ民主共和国（MONUC）における各活動において、複数の被害が報告されていたという[11]。しかしながら、当初国連はこれらの被害について公的な議題として取り上げることはなく、組織的な対応を行わなかったことが批判されてきた[12]。

　こうした国連による当初の消極的な姿勢が変化し、2003年の事務総長告示によって性的搾取・虐待の禁止と、非違行為が実証された場合の懲戒処分や刑事訴追の方針[13]が打ち出された背景には、次の2つの要因を指摘することができる。

　第1の要因は、性的危害もしくは苦痛を加える行為を含むジェンダーに基づく暴力（gender-based violence）を、国際人権法上の権利侵害として位置づけ

---

[9] https://conduct.unmissions.org/table-of-allegations（以下本章におけるインターネット資料へのアクセス日は2020年12月31日である）。

[10] 軍事要員、文民要員、国連警察要員ならびに政治ミッションの要員を含む。

[11] A Comprehensive Strategy to Eliminate Future Sexual Exploitation and Abuse in United Nations Peacekeeping Operations (Zeid Report), U.N. Doc. A/59/710, 24 March 2005, para. 3. Olivera Simic, *Regulations of Sexual Conduct in UN Peacekeeping Operations*, (Springer, 2012), pp. 33-38.

[12] Sandra Whitworth, *Men, Militarism, and UN Peacekeeping: A Gendered Analysis*, (Lynne Rienner Publishers, 2004), pp. 67-74. Simic, *supra* note 11, pp. 40-42.

[13] Secretary-General's Bulletin, *supra* note 4, Sections 1 and 5.

ることを目指した1990年代の国際的な活動である[14]。1992年には女性差別撤廃委員会による一般勧告第19号「女性に対する暴力」（第11回会期）において、ジェンダーに基づく暴力は、「一般国際法または人権条約に基づく人権および基本的自由の女性による享受を害しまたは無効にする」ものであり、「女性差別撤廃条約第1条が意味する範囲内の差別に該当する」ことが表明されている[15]。

　この一般勧告を受けて、1993年世界人権会議において採択されたウィーン宣言および行動計画第18段落においても「女性に対する暴力」と「性的搾取」が女性の人権に関わる問題として取り上げられ、「人間の尊厳および価値と両立せず、除去されなければならない」ことが明記された[16]。さらに1994年には国連総会決議48/104「女性に対する暴力の撤廃に関する宣言」が採択され、女性に対する暴力を定義した第2条では（b）項において「職場、教育機関その他の場所におけるレイプ、性的虐待、セクシュアル・ハラスメントおよび威嚇、ならびに女性の人身売買および強制売春を含む、地域社会全般で起こる肉体的、性的および心理的暴力」が明記され、これらを含む暴力行為の予防、捜査、国内法に則った処罰を加盟国に求めている（第4条（c））[17]。また1995年の第4回世界女性会議と北京行動綱領第4章Dにおいても、女性に対する暴力に関する問題が詳細に取り上げられ、加盟国への対応が求められた[18]。以上のように、1990年代の一連の国際文書においてジェンダーに基づく暴力が人権侵害に当たることが確認され、各国に対してその対応が繰り返し要請されてきたのである。

　上述した女性差別撤廃委員会一般勧告第19号を嚆矢として、表1に示したように、平時における女性への暴力が国際人権法違反を構成するとした一連の国際的な基準設定が進んでいくことになる。さらにこの時期は、冷戦後の武力紛

---

[14] 小島妙子・戒能民江「第6条　女性の売買・売春からの搾取の禁止」国際女性の地位協会編『コンメンタール女性差別撤廃条約』（尚学社、2010年）179-183頁。Marsha A. Freeman, Christine Chinkin and Beate Rudolf eds., *The UN Convention on the Elimination of All Forms of Discrimination Against Women: A Commentary*, (Oxford University Press, 2012), pp. 463, 464.

[15] CEDAW Committee, General Recommendation No. 19: Violence against women (1992), U.N. Doc. A/47/38 at 1 (1993).

[16] Vienna Declaration and Programme of Action, adopted by the World Conference on Human Rights in Vienna on 25 June 1993, para. 18.

[17] U.N. Doc. A/RES/48/104, 23 February 1994.

[18] The Fourth World Conference on Women, Beijing Declaration and Platform for Action (1995).

争において多発した性的暴力（sexual violence）の国際犯罪化が進んだことでも知られている。安保理決議によって設置された旧ユーゴスラビアならびにルワンダにおける国際刑事裁判所、そして1998年にローマ規程によって設立された国際刑事裁判所において、武力紛争における性的暴力が国際犯罪として規定されるに至った[19]。

　以上でみたように、ジェンダーに基づく暴力が重大な人権侵害を構成し、平時であるか戦時であるかを問わず、その禁止や予防を法的な義務にしようとする国際的な世論形成が進んだことが、国連による性的搾取・虐待問題への対応を促した第1の要因であるといえよう。

表1　ジェンダーに基づく暴力に関する主要な文書・資料（1992-2005年）

年月	主要な文書・資料名
1992年1月	女性差別撤廃委員会による一般勧告第19号「女性に対する暴力」（第11回会期）
1993年5月	旧ユーゴスラヴィア国際刑事裁判所規程第5条（人道に対する罪）(g) 強姦
1993年6月	世界人権会議とウィーン宣言および行動計画18段落「女性に対する暴力」「性的搾取」
1994年2月	国連総会決議「女性に対する暴力の撤廃に関する宣言」（A/RES/48/104）
1994年11月	ルワンダ国際刑事裁判所規程第3条（人道に対する罪）(g) 強姦
1995年9月	第4回世界女性会議と北京行動綱領第4章 D「女性に対する暴力」
1998年7月	国際刑事裁判所規程第7条（人道に対する罪）(g) 強姦
1999年8月	国連軍による国際人道法の遵守に関する事務総長告示[20]
2000年10月	安保理決議1325「女性、平和、安全保障」と平和活動におけるジェンダーの主流化
2002年2月	UNHCR と Save the Children UK による報告書[21]の公表
2002年9月	UNAMSIL 任期延長のための安保理決議1436におけるゼロ・トレランスへの言及（15段落）
2002年11月	国連総会に内部監査室（OIOS）報告書提出・性的搾取・虐待の事案を確認
2003年10月	「性的搾取および虐待からの保護のための特別措置」に関する事務総長告示
2004年10月	MONUC 任期延長のための安保理決議1565において派遣国に対応を要請（25段落）
2005年2月	安保理議長宛ての事務総長書簡の中でゼロ・トレランスを基本方針として確認（3、8段落）
2005年3月	「国連平和維持活動における今後の性的搾取・虐待撲滅のための総合戦略」（『ゼイド報告』）提出

（筆者作成）

[19] Daniela Nadj, *International Criminal Law and Sexual Violence against Women: The Interpretation of Gender in the Contemporary International Criminal Trial*, (Routledge, 2018) chapters 2 and 3. Muna Ndulo, "The United Nations Responses to the Sexual Abuse and Exploitation of Women and Girls by Peacekeepers during Peacekeeping Missions," *Berkeley Journal of International Law*, Vol. 27, No. 1, (2009), pp. 131-134.

[20] Secretary-General's Bulletin, Observance by United Nations Forces of International Humanitarian Law, U.N. Doc.ST/SGB/1999/13, 6 August 1999.

[21] UNHCR and the Save the Children-UK (2002), *supra note 2*.

こうした流れを受けて2000年に採択された安保理決議1325「女性、平和、安全保障」は、国連の安全保障分野におけるジェンダー主流化の起点となったことで知られている[22]。同決議は、国連内外における安全保障分野での意思決定への女性の参加を促すと同時に、国連平和活動に関しても、①任務へのジェンダーの観点の導入（第5段落）、②女性の権利や保護に関する要員への訓練の実施（第6段落）、③女性要員の増員（第6段落）を求めるものであった。以降、国連平和維持活動の任務を決定する安保理決議の文言にも、ジェンダーへの配慮が明記されるようになり、武力紛争中に性的暴行の犠牲となりやすい女性や子どもたちの保護が、文民の保護任務において重視されるようになっていったのである[23]。

　国連による消極的姿勢を変化させた第2の要因は、国連平和活動要員による深刻な性的搾取・虐待行為に関する調査報告書が、国連難民高等弁務官事務所（UNHCR）と国際NGOであるSave the Children-UKから2002年に公表されたことであった[24]。その中にはギニア、リベリア、シエラレオネにおいて実施された聞き取り調査の結果として、UNHCRやNGO職員だけでなく、国連平和活動要員による18歳未満の難民の子どもたちに対する性的搾取・虐待行動が詳細に報告されていた。報告書が公表される前にUNHCRから情報提供と調査の依頼を受けていた国連事務局は、その下部組織である内部監査部（Office of Internal Oversight Services; OIOS）による調査結果をまとめた報告書を2002年11月に総会に提出した。UNHCR等による報告書に記載されていた事案は立証されなかったものの、独自の調査によって確認された事案は立証可能な申立てであり、平和活動要員が関わっていたことを明らかにしたのである[25]。

　同報告書を受けて、2003年4月に国連総会が決議57/306を採択して事務総長に対策を求めたことが、2003年の事務総長告示による組織的な対応へとつながっていくことになった[26]。さらに2005年に事務総長が安保理議長に宛てた書

[22] U.N. Doc. S/RES/1325, 31 October 2000. Kelly Neudorfer, *Sexual Exploitation and Abuse in UN Peacekeeping*, (Lexington Books, 2015) p. 2.

[23] 清水『前掲書』（注1）97-101頁。

[24] UNHCR and the Save the Children-UK, *supra* note 2.

[25] Investigation into Sexual Exploitation of Refugees by Aid Workers in West Africa: Note by the Secretary-General, U.N. Doc. A/57/465, 11 October 2002.

[26] Simic, *supra* note 11, pp. 46-50.

簡において、基本方針として、国連平和活動要員が最も脆弱な立場にある人々
を犠牲にする行為については 1 件たりとも許容しないとする、ゼロ・トレラン
ス（zero tolerance）を明確に打ち出すに至った[27]。

　以上でみたように、国連平和活動要員による性的搾取・虐待が国際問題化し
た背景には、平時および戦時を問わずジェンダーに基づく暴力への対策と処罰
を求める国際世論に加えて、国連機関や国際 NGO、研究者らによる被害の告
発と不処罰への批判があったのである。

(2)　被害の実態—申立件数とその内訳

　事務総長は総会からの要請を受けて、2004 年以降「性的搾取と虐待からの保
護に関する特別措置」と題する報告書を毎年提出し、被害実態の調査結果を報
告してきた。また 2005 年に国連 PKO 局に設置された行動・規律ユニット
（Conduct and Discipline Unit; CDU）によって、国連ホームページ上で性的搾
取・虐待に関する申立件数とその詳細を報告する体制が整備されてきた[28]。

　次頁の図 1 に示したように、被害の申立てを行う主体として想定されている
のは、被害者だけでなく、目撃者、現地共同体に設置された通報機関、NGO、
他の活動要員、メディア等であり、特に平和活動要員による性的搾取・虐待行
為の被害について、他の活動要員が知りうる立場におかれた際には、2003 年の
事務総長告示によって被害を通報することが義務とされている（he or she
must report）[29]。申立てを受けるのは各ミッションに置かれた行動規律チーム
（Conduct and Discipline Teams; CDTs）、または国連本部の OIOS 調査課ない
し CDU であり、これらの部局はミッションの最高責任者（事務総長特別代表）
に報告し、調査の必要性を判断する。この時点で、申立ては記録され、国連ホー

---

[27] Letter dated 9 February 2005 from the Secretary General addressed to the President of the Security Council, U.N. Doc.S/2005/79 (9 February 2005) paras. 3 and 8. 国連が打ち出したゼロ・トレランスの原則に関しては、セックスワーカーの主体的な意志決定を阻害する可能性や、社会、経済的背景要因への取組みの欠落などの点から批判もなされてきた。Gabrielle Simm, *Sex in Peace Operations,* (Cambridge University Press, 2015), pp. 33-40. 本稿ではこうした問題を踏まえつつ、国連平和活動要員による性的搾取・虐待行為によって被害を受けたとの申立てがなされた場合に、活動要員や要員派遣国の責任を明確にし、被害を訴える個人の救済のために実施されてきた国連と加盟国による対応を中心に検討する。

[28] https://conduct.unmissions.org/addressing.

[29] Secretary-General's Bulletin, *supra* note 4, para. 3.2 (e). 申立手続の詳細については、次の国連ホームページを参照した。https://peacekeeping.un.org/en/standards-of-conduct.

被害の申立て（通報）
被害者・目撃者・現地共同体に設置された通報機関・NGO・他の活動要員・メディア

↓

各ミッション内の行動規律チーム（CDTs）・国連本部の内部監査部（OIOS）調査課または行動規律ユニット（CDU） ミッションの最高責任者（事務総長特別代表）に報告・調査の必要性判断 申立てを記録／国連ホームページ等で公表 被害者支援（医学的・心理的・法的支援）の開始（関連する国連機関・NGO）

▽

調査
①国連職員たる文民要員・専門家等への申立て← OIOS またはミッションによる調査／可能な限り 6 ヵ月以内（緊急を要する場合には 3 ヵ月以内）に調査を終了 ②各国が派遣する軍事要員・警察要員への申立て← OIOS から派遣国に報告／派遣国が 10 日以内（緊急を要する案件は 5 日以内）に調査を開始しない場合には OIOS が行政調査を開始

▽

被害実証後の措置
①国連による懲戒処分（解雇他）／関係国に刑事責任追及を付託／被害者支援信託基金に当該要員の支払停止となった給与を送金 ②派遣国から国連に調査結果と処分を報告／要員の本国送還と今後の国連平和活動への参加禁止／被害者支援信託基金に当該要員の払戻金を送金 通報者への調査結果報告／被害者支援の継続

図 1　被害申立て後の手続

出典：国連ホームページを元に筆者作成[30]

ムページ等で公表される申立件数に含まれることになる。また被害者への支援が必要な場合には、やはり調査の必要性が判断された時点から開始される体制になっている。

　申立てが調査の対象になった場合には、国連と直接の雇用関係をもつ文民要員や専門家等への申立てについては OIOS またはミッションが調査を行い、可能な限り 6 ヵ月以内（緊急を要する場合には 3 ヵ月以内）に調査を終了する。その一方で、各国が派遣する軍事要員・警察要員への申立てについては、OIOS から派遣国に報告が行われ、通常は派遣国が調査を実施することになっ

---

[30] https://peacekeeping.un.org/en/standards-of-conduct.

ている。しかし派遣国が10日以内（緊急を要する案件は 5 日以内）に調査を開始しない場合には、OIOS が行政調査（administrative investigation）を開始することが可能である。

　調査の結果被害が実証された場合、文民要員、専門家については国連による解雇等を含む懲戒処分の対象となり、関係国に刑事責任追及を付託できるほか、性的搾取・虐待被害者支援信託基金（Trust Fund in Support of Victims of Sexual Exploitation and Abuse）[31]（以下、被害者支援信託基金）に当該要員の支払停止となった給与を送金することが決まっている。一方で各国が派遣する軍事要員、文民要員については、派遣国から国連に調査結果と処分内容を報告することが求められており、国連によって要員の本国送還と今後の国連平和活動への参加禁止措置をとること、また被害者支援信託基金に当該要員の払戻金を送金することが可能となっている。

　さらに調査結果は通報者に報告されることに加えて、現在では被害者支援が報告後も継続して実施される体制が組まれるようになっている。2017年 8 月にアントニオ・グテーレス（António Guterres）事務総長は、オーストラリアの法律専門家ジェーン・コナーズ（Jane Connors）氏を、性的搾取・虐待の被害者の権利保護を担当する初の被害者の権利アドボケート（Victims' Rights Advocate）に任命した[32]。これは、同年 2 月に提出された事務総長報告の中で提案された役職であり、被害者への支援強化策として打ち出されたものである[33]。

　アドボケートの主要な役割は、自ら声をあげづらい立場にある被害者の声を代弁することに加えて、支援のために国連システム横断的な体制を整えることとされている。被害者支援に関する2019年の活動報告書によれば、コナーズ自身が被害者の声を直接傾聴する現地調査を行っているほか、被害者の権利現地アドボケート（Field Victims Right's Advocate）を任命したうえで、中央アフリカ、コンゴ民主共和国、ハイチ、南スーダンに派遣し、被害者による通報

---

[31] United Nations, Special Measures for Protection from Sexual Exploitation and Sexual Abuse, Report of the Secretary-General, U.N. Doc. A/69/779, 13 February 2015.

[32] Statement of United Nations Secretary-General, "Ms. Jane Connors of Australia - Victims' Rights Advocate," 23 August 2017, https://www.un.org/sg/en/content/sg/personnel-appointments/2017-08-23/ms-jane-connors-australia-victims%E2%80%99-rights-advocate.

[33] Special Measures for Protection from Sexual Exploitation and Sexual Abuse, Report of the Secretary-General, U.N. Doc. A/71/818, Addendum, 28 February 2017, paras. 27-35.

や裁判手続への支援を行うほか、医療や経済的な支援と被害者をつなぐ役割をも果たしていることが報告されている[34]。このように、現場で発生している被害の実態を当事者、関係者から聞き取る活動を強化しつつ、権利アドボケートとして声明や報告書を定期的に公表することで、関連する多様な国連機関、加盟国等に問題の解決と被害防止に向けた取組みを促しているのである。

　さらにアドボケートの役割として2019年12月には、国連児童基金（UNICEF）等の関連機関とともに「性的搾取・虐待被害者への支援提供に関するプロトコル（United Nations Protocol on the Provision of Assistance to Victims of Sexual Exploitation and Abuse)」の作成に貢献している。プロトコルの対象範囲はすべての国連システムに属する主体に加えて、安保理決議の下で活動する多国籍軍も含むとされており、被害者支援の項目には、安全と保護、医療ケア、心理、教育と生活支援、司法サービス、要員との間に誕生した子ども（peace-keeper babies）への支援など幅広い項目が挙げられている[35]。

　こうした体制の下で明らかになった被害の実態を示したのが、次頁以降の図表である。図2にあるように、国連平和活動要員による性的搾取・虐待の申立件数は過去8年間にも増減を繰り返しており、ゼロ・トレランス方針のもとに組織的な対応が始まって以降も、毎年一定数の申立てが続いていることが分かる。被害通告の制度が整備され、また問題が認知されるようになったことを反映した結果、申立数が減らない可能性もあるが、多くの対策が講じられてきた現在に至るまで加害行為が続いていることも、また事実である。

---

[34] United Nations Victims Right's Advocate, Annual Report 2019, un-ovra-annual-report-2019-online.pdf.

[35] United Nations Protocol on the Provision of Assistance to Victims of Sexual Exploitation and Abuse, 12 December 2019, https://www.un.org/en/pdfs/UN%20Victim%20Assistance%20Protocol_English_Final.pdf.

図２　平和活動要員に対する性的搾取・虐待の申立件数（2020年12月末時点）
出典：国連事務総長報告書[36]と国連ホームページの情報[37]を元に筆者作成

　また次頁の表２に示したように、2020年12月時点で事務総長による最も新しい報告が出ている2019年に行われた申立ての内訳をみると、被申立人は派遣されている要員数の比率を反映して軍事要員が最も多く、次いで文民要員、国連警察要員の順となっているが、こうした割合はデータが公表されている2007年以降ほぼ一貫している[38]。一方で被害者の属性をみると、被害者のうち18歳未満の子どもが20名含まれている。子どもとの性的行為はすべて性的虐待に分類されることから、軍事要員による性的虐待13件のうち12件、また文民要員による性的虐待の半数以上、警察要員による１件中１件が、子どもを対象にしていたと思われる。さらに性的行為の結果生まれた子どもたちに関する、父親認知を求める申立てについても軍事要員が最も多くなっている。

---

[36] Special Measures for Protection from Sexual Exploitation and Sexual abuse, Report of the Secretary-General, U.N. Doc. A/70/729, 16 February 2016, Special Measures for Protection from Sexual Exploitation and Sexual Abuse, Report of the Secretary-General, U.N. Doc. A/71/818, Addendum, 28 February 2017, Special Measures for Protection from Sexual Exploitation and Sexual Abuse, Report of the Secretary-General, U.N. Doc. A/72/751, Annex, 15 February 2018, Special Measures for Protection from Sexual Exploitation and Sexual abuse, Report of the Secretary-General, U.N. Doc. A/73/744, 14 February 2019, Annex.

[37] Conduct in the UN Field Mission, https://conduct.unmissions.org/sea-overview

[38] 2012年のみ、文民要員への申立件数（31件）が軍事要員への申立件数（19件）を超えていた。https://conduct.unmissions.org/sea-subjects

表2　2019年(80件)の申立内訳

職種	申立件数	申立内容（件数）			被害者の属性（人数）		
		性的虐待	性的搾取	父親認知を含む	成人	子ども	不明
軍事要員	49	13	36	29	52	12	0
文民要員	25	10	15	5	14	7	1
警察要員	6	1	5	4	5	1	0

出典：国連事務総長報告書を元に筆者作成[39]

　続けて図３は、2010年以降の申立件数上位５位までの活動名と調査結果を示している。国連平和維持活動の展開地域がアフリカ大陸に集中している現状を反映して、ハイチ（MINUSTAH）以外はコンゴ民主共和国（MONUSCO）、中央アフリカ（MINUSCA）、リベリア（UNMIL）、南スーダン（UNMISS）と、いずれもアフリカにおける活動が占めている。

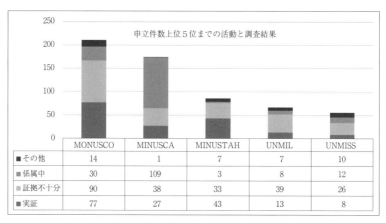

	MONUSCO	MINUSCA	MINUSTAH	UNMIL	UNMISS
■その他	14	1	7	7	10
■係属中	30	109	3	8	12
■証拠不十分	90	38	33	39	26
■実証	77	27	43	13	8

図３　2010年以降の申立件数上位５位までの活動と調査結果（2020年12月末現在）

出典：国連ホームページの情報を元に筆者作成[40]

---

[39] United Nations, Supplementary information to the report of the Secretary-General on special measures for protection from sexual exploitation and abuse, U.N. Doc. A/74/705, 17 February 2020.

[40] Conduct in the UN Field Mission, https://conduct.unmissions.org/sea-investigations

　表 3 には、2018年から2020年に申立てがあった事案の調査主体と調査結果を示している。実証された案件が35件ある一方で、調査中の案件は127件、うち派遣国が調査主体となった案件が約 3 分の 1 を占めている。これらの中には派遣国が調査結果の報告を行っていない、あるいは調査自体を行っていない場合も含まれている。

表 3　2018-2020年の事案の調査主体と調査結果（2020年12月末時点）

調査主体別調査件数					調査結果		
派遣国	OIOS	派遣国と OIOS	ミッション	保留・他	実証	証拠不十分	調査中
45	101	22	11	10	35	27	127

出典：国連ホームページの情報を元に筆者作成[41]

　また表 4 に示したように、2017年から2019年に軍事要員に対して行われた申立てで実証された55件に関する派遣国による処分の内訳をみると、処分保留が31件と最も多くなっている。また13件の禁固刑についても、短いものでは「取引を伴う性行為（transactional sex）への勧誘」を行った国連兵力引き離し監視隊（UNDOF）要員に28日間、長いもので「搾取的関係」をもった MONUS-CO 要員の 1 年間となっている[42]。

表 4　実証された2017-19年の軍事要員への申立（55件）に関する派遣国による処分の内訳[43]（2020年12月末時点）

処分	保留	禁固	解雇	経済的制裁	行政処分	降格	処分無・時効
性的虐待	7	2	1	0	0	1	0
性的搾取	24	11	9	4	3	1	1

出典：国連ホームページの情報を元に筆者作成[44]

---

[41] https://conduct.unmissions.org/sea-investigations

[42] https://conduct.unmissions.org/table-of-allegations

[43] 複数の要員が関わる場合、また複数の処分が行われる場合があるため、申立件数より処分件数が多くなっている。

[44] https://conduct.unmissions.org/sea-actions

また表5には、2015年以降に公表されてきた被申立人の国籍国別人数を示している。上位5カ国はアフリカに集中しているが、要員派遣人数が最も多い5カ国とは異なる国々であることから[45]、一部の要員派遣国において性的搾取・虐待防止のための対策が不十分であることがうかがえる。

表5　2015年以降の申立てを受けた要員数の上位5カ国とその内訳（2020年12月末時点）

順位 被申立人の国籍国 （2020年11月末時点の 派遣人数・順位）	1位 カメルーン （1,097人・18位）	2位 南アフリカ （1,049人・20位）	3位 DRC （0人）	4位 コンゴ （153人・62位）	5位 ガボン （449人・40位）
総　　　数	40	37	30	25	24
軍事要員への 申立件数（%）	34（85%）	37（100%）	30（100%）	23（92%）	24（100%）
警察要員への 申立件数（%）	6（15%）	0（0%）	0（0%）	2（8%）	0（0%）

出典：国連ホームページの情報を元に筆者作成[46]

　以上のように、国連平和活動要員による性的搾取・虐待の根絶に向けた組織的な対応が開始されてから15年以上が経過した現在に至るまで、子どもの被害者を含めた申立てが毎年続いており、調査中の案件が少なくないことからも、一部加害者の不処罰が続いており、迅速な被害者救済が十分に実現していないといえるだろう。続く第2節では、このような事態を引き起こす要因として指摘されてきた法的な課題について検討していく。

2．不処罰をもたらす法的課題

(1) 義務違反と法的根拠

　第1節でみたように、加害行為の公表や防止のための組織的な取組みが行われてきたにもかかわらず、平和活動要員による性的搾取・虐待が続いている要因の1つとして、法的な責任追及を困難にしている法的課題が指摘されてきた。第1の課題は、2003年の事務総長告示によって定義された広範にわたる性的搾取・虐待行為が、それぞれいかなる国際義務違反を構成するのかについては十

---

[45] https://peacekeeping.un.org/en/troop-and-police-contributors

[46] https://conduct.unmissions.org/sea-subjects

分に明確ではないという点である。

　事務総長告示では、性的搾取・虐待が「普遍的に確認された国際法規範と基準の侵害」、すなわち国際人権条約等に関わる国際義務違反であり、「国連職員規則・細則によって禁止されている」、すなわち国連内部規則の違反である、と述べている（3.1）。また性的搾取・虐待は重大な非違行為を構成し、それゆえに即時解雇を含む懲戒処分の対象となること（3.2 (a)）、18歳未満の子どもとの性的行為の禁止（3.2 (b)）、性交のために金銭、雇用機会、物品、支援やサービスを交換することの禁止（3.2 (c)）、国連職員と支援の受益者との性的関係については、本質的に対等ではない権力関係に基づくものであり、国連による活動の信頼性と高潔さを損なうものであることから、強く抑制される（strongly discouraged）こと（3.2 (d)）が打ち出されている。

　まず前者の国際義務違反について検討すると、確かに、脅迫や暴力を用いた強姦や搾取的な買春行為は女性差別撤廃条約第 1[47]および 6 条、子どもの権利条約第19および34条において禁止されているが、2002年の UNHCR 等による報告書が提出された時点から最も問題となってきた、支援物資や金銭との交換を伴う支援の受益者（成人）との性的行為のすべてを、一律に禁止する国際法上の根拠について見出すことはできないのが現状である[48]。強姦のように国際義務違反を構成する行為であったとしても、条約上の義務を負うのは締約国の

---

[47] 先述したように、女性差別撤廃委員会一般勧告19において、第 1 条の差別には女性に対する暴力が含まれるとの見解が示されている。またこの勧告を更新した一般勧告35では、国連平和維持活動による女性に対するジェンダーに基づく暴力の問題についても言及されている。CEDAW Committee, General Recommendation No. 35 on Gender-Based Violence against Women, updating general recommendation No. 19, U.N. Doc. CEDAW/C/GC/35 (26 July 2017), para. 20.

[48] 坂本一也「PKO 要員による性的搾取及び虐待に対する国連の取組み」『岐阜大学教育学部研究報告　人文科学』第67巻第 2 号（2019年）52、53頁. Simic, *supra* note 11, pp. 50-68. 強姦の禁止については、ジュネーブ諸条約第 1 追加議定書第76条 1 項や国際刑事裁判所規程 7 条 1 項（g）にも規定されているが、国連平和活動による性的搾取・虐待の多くは任務外の私的な時間に行われており、広範、組織的に行われる武力紛争下の性的暴行とは異なることが指摘されてきた。Róisín Sarah Burke, *Sexual Exploitation and Abuse by UN Military Contingents: Moving Beyond the Current Status Quo and Responsibility under International Law,* (Brill/ Nijhoff, 2014) pp. 30, 31. また1999年には「国連軍による国際人道法の遵守」に関する事務総長告示が示されたが、違反行為に関する責任の所在や処罰については詳細に決められていない。Secretary-General's Bulletin, *supra* note 20. なお、国連と受入国の間で締結する地位協定のモデル地位協定には、活動要員の受入国の国内法を尊重するように規定している（第 6 項）。 Model Status-of-force Agreement for Peacekeeping Operations, U.N. Doc. A/45/594, 9 October 1990.

みであることから、非違行為が国連に帰属する場合には関連する人権条約違反を根拠に国際責任を問うことができないと考えられる。他方で行為が派遣国に帰属する場合には、関連する条約の締約国に対しては国際責任が問われると考えられるが[49]、事務総長告示が示したすべての行為が条約上の義務違反ではない点には留意が必要である。

　次に国連内部規則違反について検討すると、国連憲章101条１項（職員の任命権者としての事務総長）は、国連職員規則・細則を、国連内部の行政文書である事務総長告示として定めており、国連職員は任命権者である事務総長の命令・指示に従う義務（規則1.2（c）／細則1.2（a））が規定されている[50]ことから、国連の職員は事務総長告示に従う義務を負っている。ここで問題となるのは、2003年の事務総長告示の適用対象が「国連のすべての職員」（告示2.1）とされる一方で、「国連の指揮および統制の下で活動を行う国連軍」（United Nations forces conducting operations under United Nations command and control）については、1999年事務総長告示「国連軍による国際人道法の遵守」7項の範囲で適用（同2.2）するという、要員の地位によって異なる基準を提示していた点であった。

　この点は、2005年に対策を提案した『ゼイド報告』により被害の抑止の障害となっているとの批判を受けて、2007年に国連と派遣国間で結ばれるモデル覚書[51]が改訂されることになった。事務総長告示は事務局内部の行政通達ではあるが、要員派遣国と国連の間で締結される兵力提供協定の付則として位置づけられることから、加盟国が派遣する軍事要員をも拘束すると解釈されてきた[52]。ところが2007年に改定されたモデル覚書では、軍事要員については2003年の告示そのものの遵守ではなく、性的搾取・虐待を含めた非違行為を決して「行わない（We will always conduct ourselves…）」とする国連PKO局が作成した活動要員の行動基準に従うことが規定されるにとどまることになった。さらに、

---

[49] 表７に示した被申立人の国籍国上位５カ国はすべて、女性差別撤廃条約ならびに子どもの権利条約の締約国である。

[50] 2013年の職員規則・細則の改訂により、細則1.2（e）として性的搾取・虐待を禁止することが規定された。

[51] Revised Draft Model Memorandum of Understanding, U.N. Doc. A/61/19 PartⅢ, 12 June 2007.

[52] 新井京「『国連軍による国際人道法の遵守』に関する事務総長告示」『京都学園法学』第32号（2000年）31頁。

軍事要員による犯罪行為が行われた際には、派遣国に排他的な刑事管轄権があることも確認されている[53]。

　なお、強姦などの最も重大な非違行為については、受入国の国内法上の違反が問われる可能性もある。また国連と受入国間で結ばれる地位協定のモデル協定には、要員の受入国の国内法令遵守義務（6項）[54]が規定されているが、受入国では刑事法制度が機能不全に陥っていることが多く、受入国で訴追される可能性は高くないことが指摘されてきた。他方で、派遣国の国内法上の違反を認定する場合にも、国外犯の処罰規定の欠如や、領域外で発生し、司法共助が困難な地域で証拠要件を満たす調査が困難であることも課題となっている。さらに国内法に基づく訴追については、(3) で扱う要員の裁判権免除がどのような場合に認められるのか、という問題とも関わっており、その実現は容易ではない。

(2) 性的搾取・虐待行為の帰属と防止のための相当の注意義務

　それでは、平和活動要員による性的搾取・虐待行為は、果たして国連に帰属するのか、または派遣国に帰属するのか、いずれの解釈が妥当するのだろうか。国連平和活動要員の行為は国連に帰属するとする従来の見解[55]からの変化を近年印象づけたのは、国際組織と派遣国への重複帰属の可能性を排除しないとする国際組織責任条文コメンタリーに言及しつつ、特定の行為に対する「実効的支配(effective control)」に基づいていずれに帰属するかが判断されるとした、オランダ最高裁判所における2013年ヌハノビッチ事件判決であった[56]。それは

---

[53] Revised Draft Model Memorandum of Understanding, U.N. Doc. A/61/19 Part Ⅲ, 12 June 2007, Article 7 quinquiens, Annex H.

[54] Model Status-of-force Agreement for Peacekeeping Operations, *supra* note 48.

[55] 国連法務部は、国連平和維持活動は安保理ないし総会の補助機関であって、その国際違法行為は国連に帰属するとの見解を示してきた。Interoffice memorandum to the Director of the Codification Division, Office of Legal Affairs and Secretary of the International Law Commission regarding the topic Responsibility of International Organizations, 3 Feburuary 2004, *Unided Nations Juridical Yearbook 2004*, U.N. Doc. ST/LEG/SER.C/42 (United Nations Publication, 2007) p. 354.

[56] Draft Articles on the Responsibility of International Organizations, with Commentaries (2011), http://legal.un.org/ilc/texts/instruments/english/commentaries/9_11_2011.pdf. *The Netherlands v. Nuhanovic* (Supreme Court of Netherlands), 12/03324 (6 September 2013), International Legal Materials, Vol. 53, No. 3 (2014), pp 512-537. 坂本一也「国連平和維持部隊による違法行為の帰属と派遣国の責任―Nuhanovic 事件／Mustafic 事件オランダ最高裁判決を素材に―」『岐阜大学教育学部研究報告（人文科学）』第63巻2号（2015年）67-93頁。

国際組織責任条約草案第 7 条[57]に基づいた立論であったが、問題は同第 8 条において、権限踰越や指示違反の場合であったとしても「公的資格においてかつその組織の全般的な任務の範囲で行動する場合には、国際法上当該組織の行為とみなされる」[58]と規定している点である。同様に国家責任条文第 7 条も、権限踰越や指示違反の場合であっても「その資格で行動する場合」に限定しており、任務範囲外の行為の帰属を問うことはできないことになる[59]。本章で検討している国連平和活動要員の性的搾取・虐待行為が「任務の範囲」に該当するかどうかについては、職務時間外の私的な場面で行われる場合から、政府から支給された武器や制服、物資などを用いて行われる場合まで、当該行為が発生する状況が多様であることからも、先行研究等において統一的な見解が形成されるには至っていない。その結果、現状では行為の帰属は事例ごとに異なる状態になっているのである[60]。

　そこで次に検討すべきは、行為の帰属が明確にならない限り国際責任を追及することはできないのか、という問題である。特に女性に対する暴力に関する事案では、近年権利の侵害を防止する「相当の注意（due diligence）」義務の

---

[57] Article 7. The conduct of an organ of a State or an organ or agent of an international organization that is placed at the disposal of another international organization shall be considered under international law an act of the latter organization if the organization exercises effective control over that conduct.

[58] 英文は以下の通り。The conduct of an organ or agent of an international organization shall be considered an act of that organization under international law if the organ or agent acts in an official capacity and within the overall functions of that organization, even if the conduct exceeds the authority of that organ or agent or contravenes instructions.

[59] 英文は以下の通り。The conduct of an organ of a State or of a person or entity empowered to exercise elements of the governmental authority shall be considered an act of the State under international law if the organ, person or entity acts in that capacity, even if it exceeds its authority or contravenes instructions. 国家責任条文については下記のサイトを参照した。Responsibility of States for Internationally Wrongful Acts2001, http://legal.un.org/ilc/texts/instruments/english/draft_articles/9_6_2001.pdf.

[60] Rosa Freedman, "Unaccountable: A New Approach to Peacekeepers and Sexual Abuse," European Journal of International Law, Vol. 29, No. 3, (2018), pp. 974-976. Burke, *supra* note.48. 尋木真也「国連平和維持活動（PKO）要員による性的搾取および虐待の規制」『早稲田大学社会安全政策研究所紀要』第 8 号（2015年）93頁。なお、国連平和活動に従事する部隊構成員の行為の帰属については、以下の論文を参照されたい。岡田陽平「国連平和活動に適用される行為帰属法理の展開」（博士論文）京都大学大学院法学研究科法政理論専攻（2015年 3 月）47-107頁。https://repository.kulib.kyotou.ac.jp/dspace/bitstream/2433/199036/2/dhogk00171.pdf.

違反が頻繁に主張されるようになっていることから[61]、性的搾取・虐待行為自体の帰属が明確ではない場合であっても、派遣国による要員に対する教育、訓練、管理の不足などを理由として人権条約上の保護義務について「相当の注意」義務を用いて責任を問う可能性は残るとする指摘もある[62]。自由権規約委員会の一般的意見31において示された人権保護義務の域外適用に積極的な傾向と相まって[63]、自国領域外に派遣された軍事要員による違法行為が義務違反を構成するとする議論に基づいて、派遣国の義務として論じることは可能である。他方で同様の「相当の注意」義務を果たして国際組織も負いうるのかについては、さらなる検討が必要である。

(3) 要員の特権・免除と「任務にとっての必要性」

このように、いかなる法的義務違反を構成するのか、またはどの主体に行為が帰属するのかがいずれも明瞭ではない点に加えて、活動要員の不処罰の要因として先行研究によって指摘されてきたのが国連平和活動要員の裁判権免除である[64]。国連と受入国の間で締結される地位協定のモデル地位協定3項（c）には、国連特権免除条約が活動に適用されることが明記されており、また同27項には各国の軍事要員は「特にこの協定に規定される特権および免除を享有する」こと、同46項にはすべての要員は「公的資格で行った口頭または書面による陳述およびすべての行為に関して、訴訟手続を免除される」ことが規定されている[65]。公的資格で行った行為に関しては、国連特権免除条約5条18項（a）にも国連職員に関して同様の規定があり、また国連憲章105条2項「この機構に関連する自己の任務を独立に遂行するために必要な特権と免除を享有する」とす

---

[61] 国連総会決議「女性に対する暴力の撤廃に関する宣言」（A/RES/48/104）Article 4 (c) Exercise due diligence to prevent, investigate and, in accordance with national legislation, punish acts of violence against women, whether those acts are perpetrated by the State or by private persons. Alice Edwards, *Violence against Women under International Human Rights Law*, (Cambridge: Cambridge University Press, 2011) chapters 4 and 5.

[62] 尋木「前掲論文」（注60）95、96頁。

[63] Human Rights Committee, General Comment 31, U.N. Doc. CCPR/C/21/Rev.1/Add. 13 (26 May 2004), para. 10.

[64] 尋木「前掲論文」（注60）97、98頁。Ai Kihara-Hunt, "Addressing Sexual Exploitation and Abuse: The Case of UN Police --- Recommendations," *Journal of International Peacekeeping*, Vol. 21 (2017), pp. 62–82.

[65] Model Status-of-force Agreement for Peacekeeping Operations, *supra* note 48.

る規定にも関連している。

　モデル地位協定の規定のみをみれば、軍事要員も含めて「公的資格」で行った行為に関してのみ限定的に免除を享有していることから、任務外の行為である性的搾取・虐待行為について免除は付与されないとする解釈は可能であろう。また国連特権免除条約第5条20項には、事務総長は職員の免除に関して「職位に与えられる免除が裁判の進行を阻害するものであり、かつ、国際連合の利益を害することなくこれを放棄できると判断する場合」には、その免除を放棄できると規定している。しかしながら国連の実行において、国連職員の免除が多くの事例において絶対的な免除として運用されており、さらに各国の軍事要員については国家の主権免除に依拠して裁判権免除を享有するのが一般的である[66]。

　実際に国連が公表している2015年以降のデータによれば、実証された性的搾取・虐待行為の加害者の多数が刑事訴追されておらず、その一部だけが国連からの給与支払い停止や退去処分を受けているに過ぎない[67]。したがって不処罰との関係で問題となるのは裁判権免除に加えて、第3章においても指摘されてきたように、その運用に関する国連と派遣国の消極的な姿勢を反映した実行自体であるといえるだろう。

　以上でみてきたように、国際人権法で保障された権利の侵害として注目を集めたジェンダーに基づく暴力の一形態としての性的搾取・虐待行為に関して、義務違反の認定、行為の帰属、裁判権免除に関する法的課題が存在している。個人の権利を保障する国際的な体制において、国際組織の活動に関わる要員による任務外に行われた非違行為の責任を、誰がどのように追及するのかをめぐって、国連事務局を中心に多くの対策が提案され、議論が続けられてきた。その際に問題となるのは、責任を負う機関の認定や加害者の処罰が主であったために、被害者の救済については対策の遅れが指摘されてきた。国連平和活動要員が行う人権侵害行為の責任を、法的に追及するための制度や手続がいまだに整わない中で、被害者の救済と非違行為の予防のために国連がどのような取組みを行っているのかについて、最後に第3節において考察する。

---

[66] 尋木「前掲論文」（注60）97、98頁。Kihara-Hunt, *supra* note 64. なお、ジェノサイドをはじめとする国際犯罪に関しては、国家元首や外交官、軍人などの国家機関であっても外国における裁判権免除を認めないとする判例が出ている。稲角光恵「外国刑事管轄権からの公務員の免除—国際犯罪は例外となるか—」『金沢法学』55巻2号（2013年）167-169頁。

[67] https://conduct.unmissions.org/table-of-allegations

3．被害者救済と予防に向けた取組み

(1) 加盟国に対する働きかけと自発的コンパクトの締結

　国連事務局を中心とした組織的な取組みにもかかわらず、性的搾取・虐待の申立てが続く中、不処罰の要因の1つとなっている加盟国の消極的な姿勢を変えていくための取組みが現在も続けられている。特に2015年には中央アフリカに派遣されている活動要員による性的搾取・虐待事件がメディアによって大きく報道されたことを受けて、この問題を特に取り上げた初めての安保理決議2272が2016年に採択された[68]。同決議では、「広範かつ組織的な性的搾取・虐待についての信用性のある証拠がある場合」には、その行為に関わった要員を擁する部隊の帰国を決定するという事務総長の方針を認定した上で（1項）、捜査や被申立人の責任追及、事務総長への報告に協力しない派遣国のすべての部隊を、他の協力的な派遣国の部隊と交代させること（2項）、さらに今後の平和活動への参加に際しても、派遣国による協力姿勢を考慮すること（3項）を求めている。国連平和活動に参加できるのは、捜査や責任の追及に関して協力的な派遣国に限定していく方針を、安保理が初めて決議によって明示したのである。

　翌2017年の3月には第71回国連総会にて決議278「性的搾取および虐待行為に対する国連の行動」が採択され、加盟国が調査や責任追及に協力することを求めると同時に（3から5項）、「不処罰の文化（culture of impunity）が性的搾取・虐待の増加をもたらしている」ことを指摘した（6項）。同年9月には性的搾取と虐待の予防に関するハイレベル会合の開催を実現し、総会の場で広く加盟国がこの問題を共有すると同時に、同会議では、要員派遣国による調査を強化し、非違行為を国内法上の犯罪として訴追を行うなど、予防のための詳細な措置を定めた国連と各加盟国間の自発的コンパクトの締結を提唱している[69]。この自発的コンパクトに署名している加盟国は、最新のデータである2019年9月時点で103にのぼり、その中には被申立人の国籍国上位5カ国のうち、

---

[68] U.N. Doc. S/RES/2272 (11 March 2016), para. 6.

[69] Special Measures for Protection from Sexual Exploitation and Abuse, Report of the Secretary-General, U.N. Doc. A/71/818, 28 February 2017 .

南アフリカ、コンゴ民主共和国、ガボンの3カ国が含まれている。さらにグテーレス事務総長は、問題に取り組む意思を表明した各国首脳陣によるグループ（Circle of Leadership）の形成による政治的主導を掲げ、2018年には共同声明を発表するなど、国際的な問題として議題化し、対策と予防のための加盟国による協力を取り付ける政策を続けているのである[70]。

(2) 被害者の救済と予防に向けた取組み

　近年の取組みとして着目すべきもう1つの動向が、被害者中心型のアプローチ（victim-centered approach）が重視されるようになった点である[71]。既にみたように、被害の申立てがなされた後も捜査の結果が出るまでに時間がかかること、また加害者への処罰とは別に被害者への支援による救済策が必要であることを踏まえて、2016年に事務総長による提案を受けて設立されたのが、性的搾取・虐待被害者支援信託基金であった[72]。被害者および要員の子どもへの医療ケア、法的支援、心理・社会的支援等を行う団体に出資することを目的としており、すでに被害者が所在するリベリア、中央アフリカ、コンゴ民主共和国において、約3,400人を対象にプロジェクトを実施しているという。拠出金は加盟国による自発的な拠出金および加害者による拠出（約40万米ドル）を受け、2019年6月時点で集まった合計約200万米ドルの内70％を拠出済みであるという[73]。加害者や責任を有する機関が直接被害者に賠償をする方式とは異なり、有志による出資を求め、その一部に加害者による出資を含めた方法を採用することで、国際社会の共通関心事項として性的搾取・虐待の被害者救済を進めよ

[70] Member State Signatories to the Voluntary Compact with the Secretary-General of the United Nations on the Commitment to Eliminate Sexual Exploitation and Abuse, as of 24 September 2019, compact_countries_list_24_september_2019.pdf. Collective Statement of the Members of the Secretary-General's Circle of Leadership on the Prevention of and Response to Sexual Exploitation and Abuse in United Nations Operations, 27 September 2018, https://www.un.org/preventing-sexual-exploitation-and-abuse/content/collective-statement-members-secretary-general-circle-leadership

[71] Freedman, *supra* note. 60, pp. 961-985.

[72] U.N. Doc. A/69/779, 13 February 2015.

[73] Trust Fund in Support of Victims of Sexual Exploitation and Abuse, "2019 UPDATE" (June 2019) https://conduct.unmissions.org/remedial-trust-fund.

うとする国連の姿勢が表れている[74]。

　あわせて予防に向けた取組みとしては、派遣国による要員の経歴審査の厳格化[75]、事務総長による年次報告の中での加盟国によるベスト・プラクティスのリスト化、実際の性的搾取・虐待事例に関する情報の要員を対象とした事前研修への組み込みなどの、実務的な対応も継続的に続けられている。また安保理決議1325が求めていた安全保障分野における女性の参加に関しても、国連平和活動への女性要員の増員が長年追及されてきた。しかしながら、2020年11月時点で82,296人の軍事・文民要員のうち女性は5,596人と約 7 ％に過ぎず[76]、また一部の活動における抑止効果が報告されているものの、男性優位の組織文化を有する軍隊の性質そのものの改革を伴わないならば、女性要員の増加のみでは根本的対策とはならないとの指摘がされてきた点についても、留意する必要がある[77]。

結び　権利回復のための平和構築を担う主体の正当性

　以上概観してきたように、平和活動要員による性的搾取・虐待問題に関しては、国連事務総長を中心に加害者の責任を追及し、同時に被害を申し立てた被害者を支援する取組みが続けられてきた。しかしながら現在も不処罰となる事例が残存しており、このことが継続的な被害の発生を招いている可能性が高い。任務の必要性の観点を考慮すれば、性的搾取・虐待行為は特権免除の対象外となる行為として認定される可能性が高いが、捜査や訴追の主要な責任を負う要

---

[74] 基金に出資している19カ国（アルバニア、オーストラリア、バングラデシュ、ブータン、カナダ、キプロス、フィンランド、インド、イタリア、日本、ルクセンブルク、ナイジェリア、ノルウェー、パキスタン、ポルトガル、スロバキア、スリランカ、スイス、ウガンダ）には、被申立人の国籍国上位 5 カ国は含まれていない。

[75] Kihara-Hunt, *supra* note 64, pp. 62-82.

[76] Gender Report, November 2020, https://peacekeeping.un.org/sites/default/files/07_gender_report_november_2020_32.pdf.

[77] Angela Alchin, Amanda Gouws and Lindy Heinecken, "Making a difference in peacekeeping operations: Voices of South African women peacekeepers," *African Security Review*, Vol. 27, Issue 1 (2018) pp. 1-19; Marsha Henry, "Peacexploitation? Interrogating Labor Hierarchies and Global Sisterhood Among Indian and Uruguayan Female Peacekeepers," *Globalizations*, Vol. 9, Issue 1 (2012) pp. 15-33; Lesley J. Pruitt, *The Women in Blue Helmets: Gender, Policing and the UN's First All-Female Peacekeeping Unit*, (University of California Press, 2016) pp. 100-115; Sabrina Karim and Kyle Beardsley, *Equal Opportunity Peacekeeping: Women, Peace, and Security in Post-Conflict States*, (Oxford University Press, 2017) pp. 165-194.

員派遣国による被害調査の消極性と不徹底という運用面の問題が続いてきた。また国連もその職員の免除を放棄しない事例が多く見られるなど、適切な対応がなされていないとの批判を受けている。

　冷戦後の平和構築においては、国際的な人権基準と民主主義が重視され、国連をはじめとした国際的な主体が関与しながら「リベラル・ピース」の実現が目指されてきた。特に、国連平和活動において女性たちへの暴力からの保護を含めた、文民の保護が主要任務化される中で、本来は保護すべき現地住民を対象にした国連活動要員による性的搾取・虐待は深刻な人権侵害として国際問題化することになったのである。国際法規範の履行確保機能を担う平和構築の主体は、その主体自身が国際的な規範を遵守することが求められるようになって久しい。紛争を経験した国において実施される平和構築の目的は、前述したように被害を受けた人々の人権の保護と促進を含む救済である。そのためには、侵害された個人の権利を回復し、また国際人権規範を紛争後社会において定着させる必要がある。この点を踏まえるならば、平和構築活動の正当性を維持し、性的搾取・虐待問題に実効的に対処するためには、関連する国際人権規範を国連活動においていかに尊重していくのかが今後も問われることになる。

　その一方で、本課題への対策は一般的な国際法規範による一元的な規制が志向されるよりも、国連と派遣国の間のバイラテラルな自発的コンパクトを締結することで、派遣国による調査報告を強化し、国内法上の犯罪化と訴追によって解決をはかることが模索されてきた。また、加害責任者による直接的な賠償の代替として、自発的拠出金による基金を活用した支援が始まっており、さらに被害者の権利アドボケートによる活動によって持続的な被害者の救済が目指されている。これは続く第5章で取り上げる国際刑事裁判所による被害者救済の取組みと同様に、法的手続によって救済されない被害に対応するための新たな制度として評価できるだろう。

　平和構築のための多様な機能を担うようになった冷戦後の国連平和活動による人権侵害の責任を追及し、被害者を救済し、今後の被害を予防する際に、国家間、もしくは国家と個人の関係を規律する法としての国際法の仕組みでは十分に対応できず、救済されない被害が存在してきた。冷戦後の世界においてジェンダーに基づく暴力が国際関心事項とされていく中で、「疑似国家」的な機能を果たしている国連平和活動において国際人権規範が目指す権利を実現するた

めの体制づくりは、今後も求められ続けるだろう。それは、国連活動の正当性を確保するために必要であるだけでなく、国際社会における法の支配の実現に関わる論点であることを踏まえれば、国際法学にとって重要な課題であるといえるのである。

参考文献

新井京「『国連軍による国際人道法の遵守』に関する事務総長告示」京都学園法学第32号（2000年）1-49頁。

稲角光恵「外国刑事管轄権からの公務員の免除―国際犯罪は例外となるか―」金沢法学55巻2号（2013年）155-180頁。

岡田陽平「国連平和活動に適用される行為帰属法理の展開」（博士論文）京都大学大学院法学研究科法理論専攻（2015年3月）https://repository.kulib.kyotou.ac.jp/dspace/bitstream/2433/199036/2/dhogk00171.pdf

小島妙子・戒能民江「第6条　女性の売買・売春からの搾取の禁止」国際女性の地位協会編『コンメンタール女性差別撤廃条約』（尚学社 2010年）179-193頁。

坂本一也「国連平和維持部隊による違法行為の帰属と派遣国の責任―Nuhanovic事件／Mustafic事件オランダ最高裁判決を素材に―」岐阜大学教育学部研究報告（人文科学）第63巻2号（2015年）63-93頁。

――「PKO要員による性的搾取及び虐待に対する国連の取組み」岐阜大学教育学部研究報告　人文科学第67巻第2号（2019年）29-64頁。

清水奈名子『冷戦後の国連安全保障体制と文民の保護―多主体間主義による規範的秩序の模索―』（日本経済評論社 2011年）。

尋木真也「国連平和維持活動（PKO）要員による性的搾取および虐待の規制」早稲田大学社会安全政策研究所紀要第8号（2015年）85-106頁。

Alchin, Angela, Amanda Gouws and Lindy Heinecken, "Making a difference in peacekeeping operations: Voices of South African women peacekeepers," *African Security Review*, Vol. 27, Issue 1 (2018) pp. 1-19.

Burke, Róisín Sarah, *Sexual Exploitation and Abuse by UN Military Contingents: Moving Beyond the Current Status Quo and Responsibility under International Law*, (Leiden/ Boston: Brill/ Nijhoff, 2014).

Edwards, Alice, *Violence against Women under International Human Rights Law*, (Cambridge: Cambridge University Press, 2011).

Freedman, Rosa, "Unaccountable: A New Approach to Peacekeepers and Sexual Abuse," *European Journal of International Law*, Vol. 29, No. 3, (2018) pp. 961-985.

Freeman, Marsha A., Christine Chinkin and Beate Rudolf eds., *The UN Convention on the Elimination of All Forms of Discrimination Against Women: A Commentary*, (Oxford/ New York: Oxford University Press, 2012).

Henry, Marsha, "Peacexploitation? Interrogating Labor Hierarchies and Global Sisterhood Among Indian and Uruguayan Female Peacekeepers," *Globalizations*,

Vol. 9, Issue 1 (2012) pp. 15-33.

Karim, Sabrina and Kyle Beardsley, *Equal Opportunity Peacekeeping: Women, Peace, and Security in Post-Conflict States*, (New York: Oxford University Press, 2017).

Kihara-Hunt, Ai, "Addressing Sexual Exploitation and Abuse: The Case of UN Police --- Recommendations," *Journal of International Peacekeeping*, Vol. 21 (2017), pp. 62-82.

Nadj, Daniela, *International Criminal Law and Sexual Violence against Women: The Interpretation of Gender in the Contemporary International Criminal Trial*, （London/ New York: Routledge, 2018).

Ndulo, Muna, "The United Nations Responses to the Sexual Abuse and Exploitation of Women and Girls by Peacekeepers during Peacekeeping Missions," *Berkeley Journal of International Law*, vol. 27, no. 1, 2009, pp. 127-161.

Neudorfer, Kelly, *Sexual Exploitation and Abuse in UN Peacekeeping*, (Lanham: Lexington Books, 2015).

Pruitt, Lesley J., *The Women in Blue Helmets: Gender, Policing and the UN's First All-Female Peacekeeping Unit*, (Oakland/ California: University of California Press, 2016).

Richmond, Oliver P., *Peace in International Relations*, Second Edition, (London/ New York: Routledge, 2020).

Simic, Olivera, *Regulations of Sexual Conduct in UN Peacekeeping Operations*, (Heidelberg: Springer, 2012).

Simm, Gabrielle, *Sex in Peace Operations*, (Cambridge University Press, 2013).

UNHCR and Save the Children-UK, *Note for Implementing and Operational Partners on Sexual Violence & Exploitation: The Experience of Refugee Children in Guinea, Liberia and Sierra Leone based on Initial Findings and Recommendations from Assessment Mission*, 22 October - 30 November 2001 February, 2002.

Whitworth, Sandra, *Men, Militarism, and UN Peacekeeping: A Gendered Analysis*, (Boulder/ London: Lynne Rienner Publishers, 2004).

国連文書

A comprehensive strategy to eliminate future sexual exploitation and abuse in United Nations peacekeeping operations (Zeid Report), U.N. Doc. A/59/710, 24 March 2005.

Collective Statement of the Members of the Secretary-General's Circle of

Leadership on the Prevention of and Response to Sexual Exploitation and Abuse in United Nations Operations, 27 September 2018, https://www.un.org/preventing-sexual-exploitation-and-abuse/content/collective-statement-members-secretary-general-circle-leadership (参照 2020-12-31).

CEDAW (The Convention on the Elimination of all forms of discrimination Against Women) Committee, General Recommendation No. 19: Violence against woman (1992), U.N. Doc. A/47/38/ at 1 (1993).

—— General Recommendation No. 35 on Gender-Based Violence against Women, updating general recommendation No. 19, U.N. Doc. CEDAW/C/GC/35 (26 July 2017).

Human Rights Committee, General Comment 31, U.N. Doc. CCPR/C/21/Rev.1/Add. 13, 26 May 2004.

Interoffice memorandum to the Director of the Codification Division, Office of Legal Affairs and Secretary of the International Law Commission regarding the topic Responsibility of International Organizations, 3 Feburuary 2004, in United Nations Juridical Yearbook 2004, U.N. Doc. ST/LEG/SER.C/42, pp. 352–356 (United Nations Publication, 2007).

Investigation into sexual exploitation of refugees by aid workers in West Africa: Note by the Secretary-General, U.N. Doc. A/57/465, 11 October 2002.

Letter dated 9 February 2005 from the Secretary General addressed to the President of the Security Council, U.N. Doc. S/2005/79, 9 February 2005.

Model Status-of-force Agreement for Peacekeeping Operations, U.N. Doc. A/45/594, 9 October 1990.

Revised Draft Model Memorandum of Understanding, U.N. Doc. A/61/19 Part Ⅲ, 12 June 2007.

Report of the High-level Independent Panel on Peace Operations on Uniting Our Strengths for Peace: Politics, Partnership and People, A/70/95–S/2015/446 (17 June 2015).

Secretary-General's Bulletin, Observance by United Nations Forces of International Humanitarian Law, U.N. Doc.ST/SGB/1999/13, 6 August 1999.

Secretary-General's Bulletin, Special Measures for Protection from Sexual Exploitation and Sexual Abuse, U.N. Doc. ST/SGB/2003/13, 9 October 2003.

Special Measures for Protection from Sexual Exploitation and Sexual Abuse, Report of the Secretary-General, U.N. Doc. A/69/779, 13 February 2015.

Special Measures for Protection from Sexual Exploitation and Abuse, Report of the Secretary-General, U.N. Doc. A/70/729, 16 February 2016.

Special Measures for Protection from Sexual Exploitation and Abuse, Report of the Secretary-General, U.N. Doc. A/71/818, Addendum, 28 February 2017.

Special Measures for Protection from Sexual Exploitation and Abuse, Report of the Secretary-General, U.N. Doc. A/72/751, Annex, 15 February 2018.

Special Measures for Protection from Sexual Exploitation and Abuse, Report of the Secretary-General, U.N. Doc. A/73/744, Annex, 14 February 2019.

Supplementary Information to the Report of the Secretary-General on Special Measures for Protection from Sexual Exploitation and Abuse, U.N. Doc. A/74/705, 17 February 2020.

UN Department of Peacekeeping Operations, Department of Field Support, United Nations Peacekeeping Operations: Principles and Guidelines (Capstone Doctrine), January 2008.

判決（国内裁判所）

The Netherlands v. Nuhanovic (Supreme Court of Netherlands), 12/03324 (6 September 2013), International Legal Materials, Vol. 53, No. 3 (2014), pp. 512–537.

第5章

国際刑事裁判所（ICC）における
被害者救済の取組み
― 平和構築機能としての意義と課題

望月　康恵

問題の所在

1．平和構築における人権の保護と促進の実態

2．国際法違反行為の被害者に関する国際法上の諸原則

3．国際刑事裁判所（ICC）における被害者

4．ICC における賠償に関する判断

　（1）被害者の範囲

　（2）賠償の対象と様式

　（3）賠償命令と支援活動

5．平和構築機能としての被害者救済

　（1）賠償命令の社会的意義

　（2）信託基金による支援活動の意義

結び　平和構築機能を担う国際刑事司法の可能性

本章の位置づけ

　本章では、国際刑事裁判所（ICC）における被害者への賠償のメカニズムを検討する。ICC は、国際社会の関心事である最も重大な犯罪を行った者の訴追と処罰に加えて、被害者に対する賠償についてもその任務とし、判断を通じて賠償を得る資格のある被害者の範囲や賠償の内容を確認してきた。また ICC の信託基金は一定の条件の下で賠償命令を実行し、被害を受けた共同体に対して支援を行う。このような刑事司法機関による賠償は、国際法上の違法行為により被害を受けた個人に対する、また紛争により被害を受けた集団や共同体に対する措置でもある。ICC の判断に基づく賠償は、前章までに論じられた、平和構築の取組みにおいては十分に対応できなかった、人権侵害の被害者に対する措置といえるだろう。また信託基金を通じての支援活動の対象範囲は ICC が管轄権を行使する事態であり、より広範な被害者や共同体に対する措置となる。さらにICC による賠償命令は、被害に対する、国際社会としての公的な認知機能といえる。このような視点から、本章は、紛争下の国際法違反行為を特定し、被害者に対する賠償を命じる ICC の機能が、平和構築の特徴を有することを論証する。

問題の所在

　平和構築とは、紛争管理のすべてのレベルで国家の能力を強化することにより、紛争の発生や再発のリスクを減らし、持続する平和と発展の基礎を築くための様々な取組みである[1]。紛争を経験した国家や地域においては、平和が定着する社会の構築を目指し、国際社会からの支援を受けて新たな統治機構や法制度の設立が行われてきた。平和構築を通じて、国際法に基づいた人権の保護と促進が目指される一方で、取組みから生じる課題が明らかになってきた。

　本章では、国際人道法の違反行為により被害を受けた個人や集団に対する賠償に着目する。特に国際的な刑事裁判所による判例の考察から、平和構築としての刑事司法機関の役割と賠償の意義を検討する。

　国際的な刑事裁判所は、国際社会の関心事である最も重大な犯罪に管轄権を行使し、あらゆる地位の者を訴追し処罰する。これにより、不処罰の阻止が目指されている。国際的な刑事裁判所はまた、刑事司法機関としての機能を通じ

---

[1] "What is Peacebuilding?" United Nations Peacebuilding Fund, http://www.unpbf.org/application-guidelines/what-is-peacebuilding/#fn-1937-3（閲覧日2019年 7 月26日）

て独自の法体系を確立している[2]。

　世界人権宣言や人権諸条約は個人の権利の侵害に対する効果的な救済について規定している。その具体的な内容については、地域の人権裁判所の判例などを通じて確定され、権利に対応する国家の義務についても確認されてきた。また国際社会において、侵害された権利の救済に関する原則が策定されているが、普遍的な制度の確立には至らず、個別事例に応じて賠償の手続や内容が定められ運用されてきた[3]。前章までの検討から明らかなように、被害を受けた個人に対しては、一貫した措置はとられてこなかった。その主な理由としては、第1に、個人に対する行為を規律し、個人が被った損害を特定し、その損害を償う国際的な原則の発展は、主に1980年代以降にみられる現象であること、第2に、国際法違反の行為により個人が受けた被害を特定し償うメカニズムが、個別の状況に応じてアドホックに設立され機能してきたこと、第3に、違法行為により被害を受けた個人に対しては、権利の回復として様々な賠償措置が想定されるものの、被害者が多数に及ぶ場合に、資源の観点から実施可能な対応のみがとられてきたことなどが指摘される。

　1990年代以降に設立された国際的な刑事裁判所は、国際人道法の重大な違反に責任を負う者の訴追を主な目的とする[4]。国際人道法違反の被害者に関して

---

[2]　越智萌『国際刑事手続法の体系―「プレミス理論」と一事不再理原則―』(信山社、2020年)。

[3]　古谷修一「国際人道法違反と被害者に対する補償―国際的制度の展開」『ジュリスト』No. 1299（2005年）64-72頁。

[4]　国際法上の違反行為を行った個人を裁く国際的な刑事裁判所は、1990年代に設立されている。旧ユーゴスラビアにおける紛争下での人道法違反を処遇する、旧ユーゴスラビア国際刑事裁判所（ICTY）（正式名　1991年以後旧ユーゴスラビアの領域内で行われた国際人道法に対する重大な違反について責任を有する者の訴追のための国際裁判所、International Tribunal for the Prosecution of Persons Responsible for Serious Violations of International Humanitarian Law Committed in the Territory of the Former Yugoslavia since 1991）が1993年に、1994年にはルワンダ内戦における国際法違反行為を処罰する、ルワンダ国際刑事裁判所（ICTR）（正式名　1994年1月1日から同年12月31日までの間にルワンダ領域内で行われたジェノサイドおよび他の国際人道法の重大な違反の責任を有する者ならびに近隣諸国での領域で行われた同様の違反の責任を有するルワンダ国民の訴追のための国際刑事裁判所 the International Criminal Tribunal for the Prosecution of Persons Responsible for Genocide and Other Serious Violations of International Humanitarian Law Committed in the Territory of Rwanda and Rwandan Citizens responsible for genocide and other such violations committed in the territory of neighbouring States, between 1 January 1994 and 31 December 1994）が設立された。2006年にはカンボジア特別裁判部（ECCC）、2007年にはレバノン特別裁判所（STL）、2010年にはシエラレオネ特別裁判所（SCSL）が設立された。これら刑事裁判所の設立の根拠は、安全保障理事会決議によるもの（ICTY、ICTR、STL）、国家と国連の間の協定（SCSL）、国内法（ECCC）など多様である。なおICTY、ICTRはアドホック裁判所とも呼ばれる。

は、公判における証人として、保護の必要性が捉えられていたが、被害者の保護や侵害された権利の回復という視点はみられなかった。しかしながら、旧ユーゴスラビア国際刑事裁判所（ICTY）とルワンダ国際刑事裁判所（ICTR）の実践を通じて、多数の被害者に対する措置の必要性が確認されていった。国際刑事裁判所（ICC）に関するローマ規程（ICC規程、ローマ規程）にはICTY、ICTRの経験を踏まえて被害者に関する規定が挿入された。

　ICCは、重大犯罪行為者を訴追し処罰する一方で、賠償命令を通して、賠償の対象者と賠償の内容を確定してきた。またICCの信託基金[5]は、ICCの締約国会議により設立され、ICCの裁判部（Chambers）により下された賠償命令を一定の条件に基づいて実施し、支援活動を行う。

　ICCは違法行為から生じた被害を特定し侵害された権利を回復する措置を決定する。重大な犯罪行為による被害の甚大さと被害者の規模に鑑みれば、ICCによる賠償命令と支援活動は注目に値する。被害者を対象とするICCの賠償メカニズムとその実践は、前章までの議論を踏まえると、紛争により被害を受けた個人の権利の回復を目的とする措置であり、個人の救済を目指す平和構築機能として捉えることができるのではないか。これが本章の主張である。

　平和構築の議論においては、紛争により被害を受けた地域における行政上または立法上の措置が注目されてきた。平和構築は主に国家の能力の強化を目指しており、統治機構の設立やその運営の支援が求められる。国内の司法機関に関しては、その制度を保障する法律と、裁判機能を担う専門家の育成を前提とするために、平和構築としての支援においては時間を要する。

　その一方で、様々な国際的な刑事裁判所の設立以降、国際法上の重大犯罪行為者の訴追と処罰が行われ、これにより国の指導者であっても不処罰は免れないことが確認されるなど、法の支配が具体的に示されてきた。また刑事司法機関による裁判は、重大な犯罪行為により害を受けた被害者を特定し、彼らに対する措置の必要性を明らかにしてきたのである。

　本章ではICCによる賠償命令と、ICCの信託基金を通じての賠償と支援活動に着目し、それらが平和構築としての特徴を有することを検討する。すなわちICCによる一連の措置は、これまで十分に対応できなかった紛争の被害者

---

[5] 野口元郎「第7章　被害者信託基金とその活動」村瀬信也・洪恵子共編『国際刑事裁判所：最も重大な国際犯罪を裁く（第二版）』（東信堂、2014年）338-354頁。

に対する救済措置であり、また被害を受けた社会の回復を目指す取組みである
と論じる。

　本章ではまず議論の前提として、関連する国際法上の原則を概観する。次に、
被害者に対する賠償について ICC の判断を検討し、その特徴について考察する。
なお、本章では ICC の管轄権が及ぶ犯罪行為の被害者に対する賠償命令、信託基
金による支援活動を「被害者救済」と位置づける[6]。

1．平和構築における人権の保護と促進の実態

　第 4 章までの検討において、平和構築を通じて紛争下で生じた人権侵害から
の救済が目指される一方で、平和構築に起因する人権侵害行為とその法的課題
についても論じられた。

　平和構築においては、被害を受けた人々の権利の保護と促進に向けた取組み
が行われるものの、必ずしも一貫した行動がとられてはいない。第 2 章で検討
された通り、現地での適用法規も実施主体も様々であった。ソマリアに展開し
た統一タスクフォース（UNITAF）として、オーストラリア軍は展開地域に
占領法規を適用したが、現地に適用される法については、軍を展開する国の判
断に任されていた。アフガニスタンでは、国際社会の支援の下で、代表者が参
加するロヤジルガの開催、憲法の確認、移行政府が設立されたが、平和構築の
実施主体も人権の保護義務の担い手も政府であった。イラクにおいては、安全
保障理事会（安保理）決議により、連合国暫定当局（CPA）に政府を設立す
る権限が与えられた。また第 2 章と第 3 章で検討された通り、国連による暫定
統治の事例においても、人権の保護義務の担い手が当該国家の政府またはそれ
に準ずる機関か、あるいは国連により設立された暫定統治機構かについては必
ずしも明確ではなく、状況に応じた対応がなされていた。さらに暫定統治機構
や国際機構が、国際人権法上の義務を負うのかについては不明な状況であった。
　第 3 章と第 4 章の議論からは、統治権限の行使により住民に対する人権侵害

---

[6] 本稿では、賠償命令を通じての被害者への措置を主に検討することから、被害者の刑事手
続への参加については対象外とする。なお ICC における被害者の地位については、以下を参
照のこと。古谷修一「被害者救済の機関としての国際刑事裁判所」芹田健太郎・戸波江二・
棟居快行・薬師寺公夫・坂元茂樹編集代表『国際人権法の国際的実施』（信山社、2011年）
451-476頁; 東澤靖「第 6 章　ICC における被害者の地位—実現された制度と課題—」村瀬・
洪『前掲書』（注5）295-337頁。

が行われたり、平和活動の要員による性的搾取・虐待が行われたりすることが問題視されながらも、国際的な機関や主体に付与される免除により、現地の司法機関が管轄権を行使できず、被害を受けた個人が司法手続によって救済される道が閉ざされる問題が明らかにされた。これは国連の活動が国際人道法や国際人権規範の適用を受けるのかという問題を提起するが、少なくとも本書で取り上げている平和活動においては、国際人道法と国際人権規範が全面的に適用されることは論証されなかった。

　国連の平和活動に起因する人権侵害行為については、原則として要員派遣国により処遇されるが、それは違法な行為を行った自国民に対する派遣国の国内法上の処分である。被害を受けた個人への実質的な対応の1つとして、国連において信託基金が設置される例もある。これは国際機構に付与されている免除により当該組織の活動による被害や不利益を現地住民が被った場合に、既存の法に基づいて措置が講じられないことへの代替策でもある。例えば2010年に、国連ハイチ安定化ミッション（MINUSTAH）の要員が原因とされるコレラがハイチで蔓延した際に、国連の法的責任は追及されなかった[7]。感染拡大について、2016年に国連事務総長が謝罪を行い、ハイチの衛生状態に対処してコレラの鎮静化を図り、被害者を対象とした信託基金の設立を表明した。

　国連コソボ暫定行政ミッション（UNMIK）の活動により引き起こされた人権侵害行為に関しても、信託基金が設立された。第3章で論じた通り、UNMIKによる人権侵害行為を審査する目的で人権勧告パネルが設立され[8]、UNMIK規則に基づいて個人や集団からの申立てを審査した。特に難民キャンプの劣悪な状況についてパネルは、UNMIKによる被害者の生命と健康の権利の侵害を判断し、十分な賠償の支払いに向けて適切な措置をとるべきであることを勧告した[9]。この勧告を受けて国連事務総長は、UNMIKによる政策によって被害を受けたロマ住民に対する共同体プロジェクトに資金援助を行う目的で、2017

---

[7] Yohei Okada, "Interpretation of Article VIII, Section 29 of the Convention on the Privileges and Immunities of the UN: Legal Basis and Limits of a Human Rights-based Approach to the Haiti Cholera Case," *International Organizations Law Review*, Vol. 15 (2018), pp. 39-76.

[8] UNMIK Regulation 2006/12, 23 March 2006.

[9] Marek Nowicki, Christine Chinkin, Françoise Tulkens, "Final Report of the Human Rights Advisory Panel," *Criminal Law Forum*, Vol. 28 (2017), pp. 77-97.

年にコソボ信託基金の設立を決定した[10]。また第 4 章において検討された通り、平
和維持活動要員による性的搾取・虐待の被害者への支援のために、性的搾取・虐
待被害者支援信託基金が設立され、プロジェクトが実施されている。

　このように、国連の活動により被害を受けた個人に対する、信託基金を通じ
てのある種の救済は、国際機構が享受する免除により法的な責任を追及できな
い状況において、被害者に対する措置を提供できる次善の策といえるだろう。
その一方で、ハイチにおける信託基金の設立と被害者への支援に対しては、信
託基金が被害者に対する賠償ではなく援助であること、賠償を法的に求める資
格を有する者として被害者を処遇せず、むしろ慈善行為の対象として扱うこと
が批判される[11]。同様に、性的搾取・虐待の被害に対する国連の取組みについ
ても十分かつ効果的な賠償により償われる被害者の法的権利が考慮されていな
いことが問題視された[12]。さらに自発的拠出金に基づく信託基金が十分な資金を
確保できるのかという課題もある。実際に、コソボの信託基金は国連加盟国か
らの十分な協力を得られず、実効的に運用される目途はたっていない[13]。

２．国際法違反行為の被害者に関する国際法上の諸原則

　国際社会における被害者に対する賠償の理念は、1980年代以降の国際法規範
や制度の発展に影響を受けている[14]。被害者賠償は、第 1 に、国連における犯

[10] United Nations Secretary General, Statement attributable to the Spokesman for the Secretary-General on the Human Rights Advisory Panel's recommendations on Kosovo, 26 May 2017. https://www.un.org/sg/en/content/sg/statement/2017-05-26/statement-attributable-spokesman-secretary-general-human-rights（以下本章におけるインターネット資料へのアクセスは2020年12月31日である。）

[11] Mona Khalil, "Ten Years After the Outbreak of Cholera in Haiti, Justice for the Victims Has Yet to Come," https://opiniojuris.org/2020/10/20/ten-years-after-the-outbreak-of-cholera-in-haiti-justice-for-the-victims-has-yet-to-come/

[12] The Redress Trust, "Sexual Exploitation and Abuse in Peacekeeping Operations: Improving Victims' Access to Reparation, Support and Assistance," September 2017, p. 4, https://pseataskforce.org/uploads/tools/1505891747.pdf.

[13] U.N. Doc. A/HRC/45/CRP.10, 4 September 2020, paras. 50-56.

[14] 古谷修一「国際刑事裁判所における被害者賠償の展開―個別的損失補填から行政目的の集団的賠償へ―」平覚・梅田徹・濱田太郎編集代表『国際法のフロンティア：宮崎繁樹先生追悼論文集』（日本評論社、2019年）340-343頁; Shuichi Furuya, "The Right to Reparation for Victims of Armed Conflict: The Intertwined Development of Substantive and Procedural Aspects," Cristián Correa, Shuichi Furuya and Clara Sandoval, *Reparation for Victims of Armed Conflict* (Cambridge University Press, 2021), pp. 29-33.

罪被害者の権利侵害に関する発展であり、第2に、地域裁判所における被害者賠償の発展であり、第3に、武力紛争後の個人賠償実施のためのアドホック賠償メカニズムの発展である[15]。

　国連における被害者の権利侵害の議論は、当初は、犯罪や権力濫用により被害を受けた者に対する、国内法上の制度に関するものであった。第1章で指摘した通り、1985年に国連総会で採択された「犯罪および権力濫用の被害者の正義に関する基本原則宣言」[16]（1985年基本原則）は、国内で生じた犯罪や権力濫用による被害者の権利が十分に認められていない状況を受けて、被害者の権利を確認し尊重し救済する国内法上および国際的な措置が必要であるという共通の理解に基づいて採択された。同原則は、国内法上の犯罪行為の被害者と、国際人権規範に違反する権力濫用の被害者を特定し、前者については国内法上の制度に基づく措置と制度の整備を、後者については権力濫用を禁止する国内法の修正と、被害者に関する多数国間条約の審議を国に促した。

　2005年に国連総会で採択された「国際人権法の大規模な違反および国際人道法の重大な違反の被害者のための救済と賠償の権利に関する基本原則および指導原則」[17]（2005年指導原則）は、国際法違反行為の被害者に、賠償を含む効果的な救済措置を提供する国家の義務を定める。この2005年指導原則において、被害者とは、国際人権法や国際人道法の重大な違反により生じた害について個人または集団として被害を受けた者であること、国際法上、救済の権利として、司法へのアクセス、被害に対する賠償、違反行為についての情報にアクセスする権利を有することが明確にされた。また、これら原則においては、犯罪行為

---

[15] 個人への賠償の実行例としては、国連補償委員会（UNCC）が挙げられる。UNCC は、イラクによるクウェート侵攻という国際法上の違法行為により生じた損害について処遇する機関であり、従来の国家責任論からの議論がなされる。同委員会においては、損害を受けた私人の請求に対して国家が代理人として行動した。また無国籍者に対しては、UNCC が代わりに請求を行うなど、国家を経由せずに個人の請求が行える枠組も作られた。中谷和弘「湾岸戦争の事後救済機関としての国連補償委員会」柳原正治編『国際社会の組織化と法：内田久司先生古稀記念論文集』（信山社、1996年）、354-359頁。

[16] Declaration of Basic Principles of Justice for Victims of Crime and Abuse of Power, U.N. Doc. A/RES/40/34, Annex, 29 November, 1985.

[17] Basic Principles and Guidelines on the Right to Remedy and Reparation for Victims of Gross Violations of International Human Rights Law and Serious Violations of International Humanitarian Law, U.N. Doc. A/RES/60/147, Annex, 16 December, 2005; 申惠丰「国際人権法および人道法の違反に対する責任と救済─国際人道法の重大な違反の被害者が救済を受ける権利の承認をめぐって」坂元茂樹編『国際立法の最前線：藤田久一先生古稀記念』（有信堂高文社、2009年）405-428頁。

者の特定、逮捕、訴追や判決にかかわらず、被害者が特定されると定められており、犯罪行為についての挙証責任が必ずしも前提とされないなど、被害者の状況を配慮した規定となっている。また国家の義務として、違反行為を防止する立法上、行政上の措置をとること、違反行為を調査し、国内法と国際法に従い責任を有する者に対して行動をとること、被害者が司法にアクセスできるようにすることや効果的な救済を提供することが定められた。

　被害者に対する救済の議論は、国内における法の制定と制度の設立に加えて、国際法上の法規範の確認と制度の確立へと発展していった。さらに、武力紛争により被害を受けた個人の賠償請求が行われるメカニズムが個別に設立されてきたことは、被害者に賠償を行う制度の設立と運用が可能であることを示してきた[18]。

　国際的な刑事司法機関に着目した場合、ICTY と ICTR においては、被害者に関する規定は限定的であった。ICTY では、「手続証拠規則において被害者および証人の保護について」定め（ICTY 規程第22条）、公判における証人としての保護が規定された。また被害者に対する措置に関しては、第一審裁判部において、有罪確定者に対して、犯罪行為によって得た財産および収益（脅迫によって得たものを含む）を正当な所有者に返還することを命令できると規定された（第24条）。ただしこの財産や収益の返還は、有罪確定者に対する「刑罰」として位置づけられていた。またこれは、検察官や裁判部によって開始されるもので被害者が直接に行える手続ではなかった。さらに被告人の有罪が確定し、被告人による財産の違法な取得が犯罪と関連すると認められた場合には、第一審裁判部はその判断において、その旨の特定の認定を行い、原状回復を命じることができた（手続証拠規則第98条 ter（B））。原状回復に関しては、第一審裁判部は有罪判決の確定後に、検察官の要請によりあるいは自発的に、財産または収益の原状回復について決定するために公聴会を開催し、財産または収益の保全と保護のために暫定的措置を命じあるいは適切と思われる手続をとることができる、と定められた（第105条（A））。このように、犯罪行為者による違法な財産の獲得に対する原状回復を求める手続は、裁判部または検察官の権限であり、被害者による権利の行使ではなかったのである。

---

[18] 古谷「前掲論文」（注3）64-70頁。

その一方で、被害者が金銭賠償を得るためには国内裁判所に訴訟を提起する旨が定められた（第106条（B））。被害者への金銭賠償に関しては、ICTY の判断が最終かつ拘束力を有し、ICTY の判断の優越性と判断に基づいて、国内法上の被害者による請求の可能性が確認されていた[19]。このようにアドホック裁判所においては、被害者が救済を自ら裁判所に申し立てる手続は用意されておらず、国内法上の手続を援用するメカニズムとなっていた。

　被害者への金銭賠償の必要性については、アドホック裁判所の実践を通じて認識され、安保理に提案がなされた[20]。その提案では、ICTY において犯罪被害者は、被害について金銭賠償を求める国際法上の権利があること、その権利の実現においては裁判所規程や規則を改正し裁判所において処遇する方法も考えられるものの、裁判手続の変更は公判にも様々な影響を及ぼすことが指摘された。そこで国連による国際請求委員会の設立が提案された。同委員会は、修復的正義の措置を提供するより公正かつ迅速な方法を紛争の被害者に提供できると考えられたのである[21]。

　国際請求委員会は設立されなかったものの、ICTR の手続証拠規則第34条の改正により、被害者証人支援ユニットによる証人に対する身体的、精神的リハビリテーションの提供、証人の保護についての計画策定が規定された。被害者証人支援ユニットは、法廷に召喚されたすべての証人に対して、安全かつ安心して証言が行えるように、必要な物質的、精神的また保護措置を提供するために設立された。被害者証人支援ユニットの権限の拡大は、被害者からの要請に応じた救済措置の1つとして評価されるが[22]、措置の対象は証人としての被害者に限定されており、審理を円滑に行うという裁判所の機能を改善する措置といえるだろう。以上の通り、アドホック裁判所においては公判の証人に対する

---

[19] ICTR についても同様の規定が含まれる。ICTR 規程第23条（刑罰）、手続証拠規則（第88条（B）、第105条（A）、第106条（B）（C））。

[20] Security Council, Victims' Compensation and Participation, U.N. Doc. S/2000/1063, Appendix, 3 November 2000.

[21] *Ibid.*, paras. 46-48. ICTR に関しても国際法違反行為の被害者への金銭賠償についてのメカニズムについて安保理に対して提案がなされた。Letter dated 9 November 2000 from the President of the International Criminal Tribunal for Rwanda addressed to the Secretary-General, U.N. Doc. S/2000/1198, Annex, 15 December 2000.

[22] Christine Evans, *The Right to Reparation in International Law for Victims of Armed Conflict* (Cambridge University Press, 2012), p. 95.

措置は定められていたものの、被害者が公判に参加し金銭賠償を得ることにより自らの尊厳を取り戻し[23]、それにより地域の平和と安全の回復に貢献しうることについては、考慮されていなかった[24]。

3．国際刑事裁判所（ICC）における被害者

被害者の公判への参加や被害者に対する賠償を定めるICC規程の条文は、「革新的」[25]といわれる。賠償を命じるICCの権限は、重大犯罪行為により被害を受ける多数の人々に対する救済の必要性という社会の要請を反映している。ICC規程は賠償に関して次のとおり定める。

　第75条　被害者に対する賠償
　1　裁判所は、被害者に対する又は被害者に係る賠償（原状回復、補償及びリハビリテーションの提供を含む。）に関する原則を確立する。その確立された原則に基づき、裁判所は、その判決において、請求により又は例外的な状況においては職権により、被害者に対する又は被害者に係る損害、損失及び傷害の範囲及び程度を決定することができるものとし、自己の行動に関する原則を説明する。
　2　裁判所は、有罪の判決を受けた者に対し、被害者に対する又は被害者に係る適切な賠償（原状回復、補償及びリハビリテーションの提供を含む。）を特定した命令を直接発することができる。
　　裁判所は、適当な場合には、第79条に規定する信託基金を通じて賠償の裁定額の支払を命ずることができる。

規程上、賠償原則の確立は義務である。確定された原則に基づいて、ICCは

---

[23] 賠償と尊厳との関連については、人権に関する米州条約（米州人権条約）に基づく賠償判断を通じて明確にされた。米州では、軍事独裁政権の下で拷問や強制失踪などの人権侵害が行われたが、そのような行為に対して原状回復は現実的ではなかった。被害者の家族は、被害者の尊厳を回復するために、精神的満足の形態としての賠償に関心を示した。*Ibid.*, p. 67.

[24] Claude Jorda and Jerome de Hemptinne, "The Status and Role of the Victim," Antonio Cassese, Paola Gaeta, John R.W.D. Jones, *The Rome Statute of the International Criminal Court: A Commentary Volume II* (Oxford University Press, 2002), p. 1389.

[25] Report of the International Criminal Court, U.N. Doc. A/60/177, 1 August 2005, para. 4.

被害の範囲や程度について決定できる。ICC 規程において、被害者に「対する」および「係る」賠償と示されているように、賠償の程度や範囲は広範である。ICC 規程の起草段階からは、賠償が被害者および被害者に関してもなされることが明らかであり、ICC 規程第75条の適用範囲は、前述の、1985年基本原則や2005年指導原則に特定される被害者にも及ぶ[26]。ICC には、賠償の原則、賠償がなされる損害、損失、傷害の範囲と程度、賠償の内容を決定できる広範な裁量が与えられている。

　ICC における被害者に関する規定は、アドホック裁判所と比較して次の特徴がある。まず被害者は、自らの損失や損害について自主的に賠償命令を求めることができる。被害者が賠償の請求を行わない場合でも、ICC は賠償の手続を開始できる。被害者が不在あるいは賠償請求を怠った場合でも、ICC は被害者の権利保護を確保するために自ら責任を担う[27]。さらに被害者への賠償は、有罪確定者からの罰金など信託基金に預けられた資源が用いられる。被害者に対して直接に個別の裁定を行うことが不可能あるいは実行できない場合においても、信託基金を通じての賠償支払いが可能である。

　賠償命令を実行する ICC の信託基金は、裁判所の管轄権が及ぶ犯罪の被害者とその家族のために、締約国会議により設置され、締約国会議が決定した基準によって管理される（ICC 規程第79条1、3項）。信託基金は、ICC による判断を受けての賠償および、活動とプロジェクト（支援活動）を行う[28]。賠償命令が下された時に、有罪確定者が被害者に賠償を行えないあるいはそれが現実的でない場合には、賠償裁定額について、ICC は信託基金への供託を命じることができる（ICC 手続証拠規則第98条2）。また集団賠償の裁定がより適切であると判断する場合には、ICC は有罪確定者に対する賠償裁定が、信託基金を通じて実施されることを命じることができる（第98条3）。

　被害者に対する支援活動は、公判手続とは別個に信託基金により実施される。

---

[26] David Donat-Cattin, "Article 75 Reparations to victims," Otto Triffterer (ed.), *Commentary on the Rome Statute of the International Criminal Court: Observers' Notes, Article by Article, Second Edition* (C.H.Beck/Hart, 2008), pp. 1402-1403.

[27] Jorda and de Hemptinne, *supra* note 24, p. 1408.

[28] 望月康恵「国際刑事裁判所（ICC）における被害者信託基金―平和構築の予備的考察―」西海真樹・都留康子編著『変容する地球社会と平和への課題』（中央大学出版部、2016年）101-125頁。

支援活動の対象範囲はICCが捜査を行う事態であり、対象者は公判手続に参加する被害者に制限されず、事態におけるすべての被害者となる。したがって、ICCが事態の捜査に着手すれば、信託基金は自らの判断に基づいて支援活動を行うことができる。これまでに、ウガンダ、コンゴ民主共和国、コートジボワール、中央アフリカ共和国において支援活動が行われてきた。支援活動はプロジェクトとして実施されることから、賠償命令と比べて対象となる被害者の範囲が広く、また賠償の決定や方法に制約されずに柔軟な運用が可能である[29]。支援活動には性暴力の被害者や元子ども兵などへの身体的・精神的リハビリテーション、物質的支援などが含まれる。

4．ICCにおける賠償に関する判断

ICCではルバンガ事件、カタンガ事件、アル・マディ事件において、賠償命令が出された（2020年12月現在）。理論上、ICCの賠償命令の目的として次の2つが掲げられる。第1に、現代的な司法の概念と一致して、犯罪行為に責任を持つ者が処罰されるのみならず、被害者が被った害について可能な限り修復する義務を負うことである。第2に、ICCにより決定された賠償は、ICCの管轄権が及ぶ犯罪行為に責任を持つ個人にその責任を負わせる役割を補完する。刑事手続と有罪判決が犯罪行為者に着目する一方で、有罪確定者に対する賠償命令は、まずは被害者のニーズと利益に資するものでなければならない[30]。現在の国際刑事司法のパラダイムは応報的であると同時に修復的であり、加害者、被害者、さらには共同体の間の関係性の再構築を包含する。

ICCにおける最初の賠償命令は、コンゴ民主共和国における敵対行為に子ども兵を徴用したことについて戦争犯罪が問われたルバンガ事件（第一審）において下された。この判断では、賠償の目的は次の通り示された。

賠償は［ICC］規程に定められている2つの主な目的を満たす。すなわち重大犯罪に責任を有する者に対して、被害者に与えた害を修復する義務を負わせ、また犯罪人が自らの行為に責任を負うことを裁判部が確保できる

---

[29] 野口「前掲論文」（注5）344-345頁。

[30] Eva Dwertmann, *The Reparation System of the International Criminal Court: Its Implementation, Possibilities and Limitations* (Martinus Nijhoff Publishers, 2010), p. 43.

ようにすることである。さらに賠償は特定の個人に向けられるものであり、また被害を受けた共同体に、より広範に貢献しうる。この事件の賠償は、達成される範囲で、犯罪による被害を軽減し、違法な行為の結果を軽減することにより被害者へのジャスティスを提供し、将来の違反を回避し、元子ども兵の効果的な社会復帰に貢献しなければならない。賠償は、このプロセスへのルバンガの参加を強要することなく、有罪確定者、犯罪被害者、被害を受けた共同体の間の和解促進を支援できる[31]。

　つまり、賠償の目的として、一方では犯罪行為者による害を修復すること、他方で犯罪行為者の責任を ICC が確保することが示される。さらに賠償は被害者の権利を回復し、加害者、被害者、被害を受けた共同体の間の関係性の回復を支援すると確認された。

　この判断において確認された賠償の目的は、ICC の規程上の目的と比べてより詳細であり発展的である。ただし個人が被った権利侵害に対する回復機能としての賠償が、多様な当事者間の和解をもたらすのかについては、十分に実証されておらず、賠償の目的と様式には、明確な関連性は必ずしも示されていない。また第一審裁判部の判断によれば、賠償は、加害者による被害の修復と位置づけられていたが、加害者が賠償を実施する資源を持たず、その結果、ICC の信託基金から支払われることが判断された。したがって、害の実質的な修復は、加害者によってではなく、ICC 締約国により行われる。実際に、これまで賠償が決定した上述の事件においては、いずれも信託基金からの支出が決定している。

　犯罪行為者自らが賠償を行えない状況が想定される中、ルバンガ事件の上訴裁判部は、5つの基準を特定し、その基準を賠償命令に含めることが、賠償の適切な実施にとって極めて重要であると述べた。すなわち、①賠償命令が、有罪確定者に対してなされなければならないこと、②有罪確定者の責任が確立され通知されなければならないこと、③賠償命令が、手続証拠規則第97条1および98条に従い、集団または個人もしくは両方の賠償の様式について特定し、その理由を示さなければならないこと、④賠償命令は、有罪が確定した犯罪の結

[31] Prosecutor v. Thomas Lubanga Dyilo, ICC-01/04-01/06, Decision establishing the principles and procedures to be applied to reparations (7 August 2012), para. 179.

果として直接および間接の被害者に対して被った害を特定し、また特定の事件の状況に基づいて第一審裁判部が適当とみなした賠償の様式を特定しなければならないこと、⑤賠償命令は、賠償裁定から便益を得る資格を有する被害者を特定し、あるいは被害者が被った害と、有罪となった個人の犯罪の間の関連に基づいて、資格の基準を定めなければならないことである[32]。

　この賠償基準の提示は、賠償の決定における ICC の機能を明確にした。ICC は、有罪確定者の責任を具体的に示し、被害者が受けた害と有罪が確定した犯罪との関係性を検討し、賠償を得る資格を有する者を特定し、賠償様式を決定する。つまり ICC は賠償命令の決定において具体的な基準を定め適用することにより、賠償命令における自らの役割を確認しまたそのプロセスを精緻化したともいえる。さらに賠償命令を ICC が行うことが意義を有する。「［被告の責任を明らかにする重要性を指摘した］ICC 規程第75条についての上訴裁判部の解釈は、被害者に向けられた司法上のアカウンタビリティの認知を求めていた被害者にとっては確かな勝利である。…信託基金の限られた資源に照らして、ICC の賠償にとって極めて重要な、表出を重視する特徴が強化された」[33]。つまり、ICC による賠償判断が、公的な機能として被害者にとって意義を持つことが含意される。このような賠償についての基準の確立とその表出は、賠償の決定や実施段階における被害者の協力の必要性を明確にし[34]、また賠償の対象と内容の特定という ICC の独自の機能を確認する。

(1)　被害者の範囲

　ICC において被害者は、「裁判所の管轄に属するあらゆる犯罪行為の結果として害を被った自然人」(手続証拠規則第85条 (a))と個人が想定される一方で、宗教、教育、芸術または科学あるいは慈善目的である財産に充てられた自らの

---

[32] Prosecutor v. Thomas Lubanga Dyilo, ICC-01/04-01/06-AA2A3, Public document Judgment on the appeals against the "Decision establishing the principles and procedures to be applied to reparations" of 7 August 2012 with AMENDED order for reparations (Annex A) and public annexes 1 and 2 (3 March 2015), para. 32.

[33] Carsten Stahn, "Reparative Justice after the *Lubanga* Appeal Judgment: New Prospects for Expressivism and Participatory Justice of 'Juridified Victimhood' by Other Means?," *Journal of International Criminal Justice*, Vol. 13 (2015), p. 806.

[34] *Ibid.*, pp. 810-811.

財産、ならびに自らの歴史的建造物、病院およびその他の人道目的の場所や対象に対する、直接の害を被った組織や機関も含まれる（第85条（b））。上述の2005年指導原則においても、個人または集団として害を受けた者が被害者として特定され、集団の被害者には、特定の集団に属していることにより標的となった個人の被害者が含まれる。つまり集団とは個人の集まりというよりも、ある特徴を共有する集団が自らの資格により賠償を請求する権利を有するということである[35]。

　それでは賠償命令において確認された被害者とはどのような者か。ルバンガ事件（上訴裁判部）は、賠償を得る資格を有する被害者を特定し、被害者が受けた害と有罪確定者が引き起こした害の間の関係に基づいて資格の基準を確定しなければならないと述べた。また公判に参加する被害者について4つの条件を示した。すなわち、①申請者は自然人または法人であること、②申請者は害を被ったこと、③害の原因となった犯罪にはICCの管轄権が及ぶこと、④被害と犯罪の間の因果関係の存在である[36]。コンゴ民主共和国における市民に対する攻撃や殺人などにより、戦争犯罪に問われたカタンガ事件では、裁判部はこの4条件が賠償の判断においても適用されるとした。さらに、害を引き起こした犯罪は、ICCの管轄権が及ぶ有罪確定者による犯罪でなければならないことを指摘した[37]。くわえて裁判部は、個人の被害を決定する際に、個別に被害を受けたのか否かについて確認しなければならないとする。ただし被害者については、個別の害の存在を含意するものの、必ずしも直接の害に制限されないとし、自然人については直接の被害者にも間接の被害者にもなりえることを指摘した[38]。

　アル・マディ事件においては、マリ国のトンブクトゥにある重要文化財建築物への意図的な攻撃の共犯者として、アル・マディの戦争犯罪が確定した。裁判部は、重要文化財建築物の破壊によって害を被った者に、直接の被害を受け

[35] Dwertmann, *supra* note 30, pp. 198-202.

[36] Prosecutor v. Thomas Lubanga Dyilo, ICC-01/04-01/06-1432, Judgment on the appeals of the Prosecutor and the Defence against Trial Chamber I's Decision on Victims' Participation of 18 January 2008 (11 July 2008), para. 61-65.

[37] Prosecutor v. Germain Katanga, ICC-01/04-01/07, Order for Reparations pursuant to Article 75 of the Statute (24 March 2017), para. 36.

[38] *Ibid.*, para. 39.

たトンブクトゥの信者と住民に加えて、マリ国の人々と国際社会も含めた。裁判部は、この 3 つの集団が様々な害により被害を受けたことに留意する。裁判部はトンブクトゥの共同体が重要文化財建築物の攻撃によって過度に害を被ったこと、トンブクトゥ共同体からの賠償申請を受理したこと、しかし国家や国際社会から申請は行われていないことを確認した。その上で裁判部は、犯罪行為の特別な性質に留意する。すなわち裁判部は、文化遺産の破壊は全人類にとっての遺産の一部の消滅であることを指摘し、マリの共同体および国際社会が受けた苦痛について公的に認知することが適切であると述べた[39]。

　以上のように、ICC は、被害者の範囲について、その管轄権が及ぶ犯罪行為との結びつきを確認する。ただし賠償命令の基準に関しては、「犯罪行為者の刑事責任の特定」の基準とは別個の「賠償責任の特定」という基準を提示しており、賠償責任についての判断と、個人の犯罪責任の判断の違いを明確にした[40]。これは ICC における賠償に関する独自の判例法の発展をも予見させる。さらに賠償についての ICC の判断は、自らの裁量に基づく決定を可能にする。例えば、ICC の管轄権が及ぶ犯罪行為について、有罪が確定した場合には、被害者に対する賠償が行われるが、上述の通り、賠償の対象は、申請を行った者に制限されない。手続証拠規則第 95 条 1 は、裁判所が自らの発議により賠償手続を開始できる手続を定めた。「一般的な原則として、すべて被害者は自ら公判手続に参加しているか否かにかかわらず、賠償に関しては公平かつ平等に扱われる」[41]。ICC の管轄権が及ぶ最も重大な犯罪という性質上、被害者が公判手続に参加できない可能性が想定されているのである。このように、被害者への賠償については、公判手続への参加を必ずしも条件とせずに、被害者が等しく処遇されることが判示された。

(2) 賠償の対象と様式

　賠償の評価に関して、ICC は損害、損失、傷害の範囲と程度を考慮して、個人にまたは集団にあるいは双方に賠償を与えることができる（手続証拠規則第

---

[39] Prosecutor v. Ahmad Al Faqi Al Mahdi, ICC-01/12-01/15, Reparation Order (17 August 2017), paras. 51-53.

[40] Stahn, *supra* note 33, pp. 808-811.

[41] Prosecutor v. Al Mahdi, *supra* note 39, para. 29.

97条1)。ルバンガ事件において、賠償命令は賠償の種類と、有罪が確定した犯罪の結果としての害、また事件の状況に基づいた適切な賠償方法を特定しなければならない基準が設けられた。これまでの判断から、賠償は、集団賠償と個人賠償、実質的な賠償と象徴的賠償の4つのカテゴリーに区分される[42]。なお、個人に対する賠償と集団に対する賠償は排他的ではなく、同時に与えることができる[43]。

(a) 集団賠償

　ルバンガ事件（第一審）においては、被害者に対する集団賠償が裁定された。その理由として、裁判部は、まず賠償がジェンダーの差別なく裁定されることを確保すべきとする。次に当該事件の犯罪被害者の数が不確かなこと、また限られた数の個人のみが賠償の申請を行っていることから、特定されない被害者にも付与される賠償を確実にする集団的アプローチを確保しなければならないとした。さらに裁判部は個人および集団の賠償は相互に排他的ではなく同時に付与されうること、また個人賠償は共同体の緊張や分断の発生を避ける方法で与えられなければならないとした[44]。集団賠償のみを認めた第一審の判断に対して、個人賠償を求めていた被害者は、集団および個人賠償の両方を裁定しなかったことについてICC規程第75条などの違反を論じたが、上訴裁判部はその主張を退けた。上訴裁判部は、関連規定（ICC規程第75条1項、手続証拠規則第95条（2）(a)、98条（3）、145条（1）(c)、信託基金規則第55条）を確認した上で、これら規定から個人と集団の賠償について別個の手続が定められていると述べる。例えば手続証拠規則第94、95条に基づく個人の賠償手続については、すべての状況において決定することは求められていないが、その一方で第98条（3）の信託基金を通じての集団賠償については、例外を規定しているの

---

[42] ICCは賠償に含まれない金銭の支払い命令も下す。上述の通り、アル・マディ事件では、重要文化財建築物の破壊は、犯罪行為の直接の被害者のみならずマリ国と国際社会にも影響を及ぼしたと判断された。裁判部は、トンブクトゥの共同体に対する賠償を命じる一方で、象徴的な意思表示が適切であるとの考えに基づき、マリ国とユネスコ（国連教育科学文化機関）に対してそれぞれ1ユーロの支払いを命じた。Prosecutor v. Al Mahdi, *supra* note 39, paras. 51-54, 106-107.

[43] Prosecutor v. Dyilo, *supra* note 31, para. 220, Prosecutor v. Al Mahdi, *supra* note 39, para. 45.

[44] Prosecutor v. Dyilo, supra note 31, paras. 218-220.

ではなく、集団賠償裁定がより適切であることを決定する際に考慮する要素を
定めているとする。また上訴裁判部は、集団賠償が、被害の修復を重大犯罪の
責任者に義務づける賠償原則に合致することを指摘する。さらに集団賠償の裁
定において、第一審裁判部は個人からの賠償要請を判断することを求められて
おらず、むしろ集団裁定がより適切であるという決定は個人の賠償裁定を退け
る決定として作用する、と上訴裁判部は述べる。このように、ルバンガ事件で
は、集団賠償と個人賠償は排他的ではないことが確認されながらも、重大な犯
罪行為の責任を問うICCの目的に、集団賠償がより合致していることが確認
された[45]。

　ルバンガ事件において決定された集団賠償は、被害を受けた特定不可能な集
団を対象としたものであり、賠償額の算出においては特定されていない被害者
も考慮された。これに対して、カタンガ事件においては、集団賠償と個人賠償
が裁定され、それぞれの意義が確認された。すなわち集団賠償は、個別の被害
者が特定されないことから不名誉と感じることを回避する一方で、個人賠償は、
犠牲者が排除されたり周縁化されたり、さらに汚名を着せられることがないよ
うに確保するものであること、また被害者が補償や救済を得ることに加え、被
害について個人としてまた象徴的な認知を得ることから重要であるとする[46]。
さらにこの事件では、2つの様式の集団賠償が示された。集団賠償には、共同
体全体に利益をもたらすものと、集団の構成員である個人に着目する2つがあ
ること、前者の例としては学校や病院の建設が、後者の例としては医療サービ
スなど集団内の個人に着目したものが挙げられる。その上でカタンガ事件にお
いては、集団賠償は個別の被害者に対応するものでなければならず、被害者の
利益となるように計画された集団賠償が適切であると判断された[47]。したがっ
てこの事件の集団賠償としては、被害を受けた共同体の個別の構成員を対象と
した被害者に対する住居支援、教育支援、収入創出活動、精神的リハビリテー
ションが確認された。また本事件では、多様な被害者が共有するニーズと、被
害者の複雑な苦痛に対処することから集団賠償が適切であり、それが和解を促
進すると述べる。さらには被害者の共同体に提供される集団措置が、被害を受

---

[45] Prosecutor v. Dyilo, *supra* note 32, paras. 147-157.

[46] Prosecutor v. Katanga, *supra* note 37, para. 285.

[47] *Ibid.*, paras. 278-280, 294-295.

けた共同体の一般的な状況に肯定的な影響を及ぼす点に留意し、集団賠償は大規模な犯罪のすべての被害者やその共同体が受けた害について、個人賠償では完全に救済できないギャップを埋める方法であることも確認された[48]。

アル・マディ事件においては、被告による重要文化財建築物への攻撃がICC規程に違反する行為と特定され、重要文化財建築物の被害、その結果としての経済的な損失や道義的害が認定され、これらについて個人賠償と集団賠償が確認された。重要文化財建築物の損失は、共同体全体の損失と捉えられ、保護地域の復旧が命じられた。また経済的損失と道義的害については、個人賠償と集団賠償が命じられ、集団賠償の様式として象徴的賠償が命じられた。この事件では、集団賠償は経済的害に対処するために共同体のリハビリテーションを目的とすべきであること、措置として共同体に根差した教育、意識啓発計画、再定住計画、失われた経済活動を回復するための収入創出活動や金銭支援計画が含まれるとした[49]。アル・マディ事件における集団賠償は、共同体全体を対象としながらも、収入創出活動など特定の個人を対象とした活動も含まれた。

（b）象徴的な集団賠償

象徴的な集団賠償の命令は、共同体全体にとって公的な認知としての意義を持つ。上述の通り、アル・マディによる道義的害に対しては、集団賠償と個人賠償が判示された。集団賠償の様式として、重要文化財建築物への攻撃の結果として生じた感情的な苦痛に対処するリハビリテーションと、象徴的賠償が命じられた。象徴的賠償には記念物や記念碑の設置、儀式などが含まれ、それは共同体と住民が受けた道義的害について公的な認知を与えるものと捉えられた[50]。

ルバンガ事件において、上訴裁判部は、賠償に関する修正された命令を実施するように信託基金に指示し、それに基づいて信託基金が集団賠償の実施計画案を作成した。実施計画案において信託基金は象徴的な賠償プロジェクトとして、記念センターの設置や記憶継承のためのイベントやラジオ番組などを提案し、これらにより、被害を受けた共同体において、被害者が受けた害について

---

[48] *Ibid.*, paras. 289-293.

[49] Prosecutor v. Al Mahdi, *supra* note 39, para. 83.

[50] *Ibid.*, para. 90.

理解が深まり認知されること、また元子ども兵のスティグマの軽減、犯罪行為
や害についての共同体の認知により、被害者に対して集団賠償を実施できるよ
うになることが目指された[51]。

(c)　個人賠償

　個人賠償は、個人が排他的に資格を付与されている便益を被害者に与えるも
のであり、被害者に直接支払われる金銭賠償が一例である[52]。個人賠償が命じ
られたアル・マディ事件では、「被った財政上の損失に対処するため」に破壊
された重要文化財建築物により生計を立てていた個人に金銭賠償が認められ
た。また道義的害についても「攻撃により、先祖の埋葬場所が損害を受けた人々
の精神的苦痛と苦悩への個人賠償」として金銭賠償が命じられた[53]。この事件
において、「裁判部は、重要文化財建築物に*排他的*に生活が依存している者に
対してのみ、重大な経済損失に対する個人賠償を与える。彼らの損失は共同体
の人々と比べてより深刻であり例外的であることにより、個人に対する対応が
より適切である」[54]（イタリックは英語の原文）と、個人に金銭賠償を付与する
理由と条件を示した。このように、個人賠償の対象となる資格を有する個人に
ついてはより厳格な条件が示されるなど、条件に合致する個人の特定化はより
厳密である。また個人に対して付与される金銭賠償が、社会に緊張関係や分断
を引き起こさないようにする配慮の必要性も指摘される[55]。こうしてみると個
人に対する賠償は、集団賠償と比較してより敷居が高い措置として位置づけら
れる。

(d)　象徴的な個人賠償

　カタンガ事件において、上述の通り、集団賠償と個人賠償の目的が明らかに
され、また個人賠償の特徴が次の通り指摘された。すなわち個人賠償は、被害

---

[51] Prosecutor v. Thomas Lubanga Dyilo, ICC-01/04-01/06-Conf, Public Redacted version of Filing regarding symbolic collective reparations projects with Confidential annex: Draft Request for Proposals (19 September 2016), pp. 14-19.

[52] Prosecutor v. Katanga, *supra* note 37, para. 271.

[53] Prosecutor v. Al Mahdi, *supra* note 39, paras. 83, 90.

[54] *Ibid.,* para. 81.

[55] Prosecutor v. Dyilo, *supra* note 31, para. 220.

者にとって、償いや慰めであることに加えて、被害について個人的また象徴的な認知を与え、被害者が自己充足を得ることができ、自らのニーズに基づく決定を可能にするものである[56]。裁判部は、この個人賠償について、被害者にとって意義のあるものが適切であるとして、一人250米ドルの金銭賠償を決定した。象徴的な賠償と位置づけられたこの措置は害に対する完全な金銭賠償ではないものの、被害者にある種の救済の措置を提供し、また被害者の経済的自立を支援することを裁判部は指摘した。さらに共同体を離れているために集団賠償を受けることができない被害者に対しても、象徴的な個人への賠償が有益であることが示された[57]。

(3) 賠償命令と支援活動

　被害者に対する措置として、一方では有罪が確定した犯罪行為によって引き起こされた害について賠償命令がなされ、その一部は信託基金により実施される。他方で、被告が無罪となった場合には、賠償命令は下されないものの、信託基金による支援活動が実施される可能性がある。

　信託基金による支援活動は次の特徴を持つ。第1に、支援活動の対象者の範囲は、賠償命令により特定される被害者の範囲よりも広い。支援活動の対象者は、ICC が処遇する事態における被害者である。すなわち ICC が事態について調査を開始することにより、信託基金は支援活動を実施できる。また支援活動と賠償命令は別個の取組みであり、被害者は、支援活動を受けながら、賠償命令による便益を受ける可能性もある。支援活動は、ICC の管轄権が及ぶ犯罪により被害を受けたあらゆる被害者に対して実施できることから、特定の事件における犯罪行為から生じた害に制限されず、ICC の管轄権が及ぶ事態に包含される被害者に対して実施される。

　第2に、信託基金による支援活動は裁判部による賠償命令を待つことなく実施される。犯罪行為者の有罪が確定されなければ賠償命令は下されず、賠償も行われない。これに対して、支援活動は公判手続により制限を受けない。また支援活動が公判とは別個ではあるものの、公判が支援活動の実施を奨励する場合もある。被告の無罪が確定したベンバ事件を受けて、信託基金は、中央アフ

---

[56] Prosecutor v. Katanga, *supra* note 37, para. 285.

[57] *Ibid.*, paras. 285-286, 299-300.

リカ共和国の事態について被害者とその家族の便益のために、支援権限の下での計画の開始を加速化する決定を行った[58]。さらに、ICC の管轄権が及ばない犯罪行為についても、裁判部は支援活動が実施される可能性を排除しない。ルバンガ事件（上訴裁判部）は、性およびジェンダーに基づく暴力から生じた害については、被告の有罪が確認された犯罪行為から生じたものではないと判断し、被告はその害に関して賠償責任を負わないと判断した。ただし裁判部は、この判断は、性およびジェンダーに基づく暴力の被害者が、信託基金による支援活動から利益を受けることを除外するものではないとする。また上訴裁判部は、かかる暴力行為の被害者が、信託基金の支援活動の被害者に含まれる可能性については、信託基金を管理し運営する信託基金理事会において考慮されることが適切であるとの意見を示した[59]。カタンガ事件において、性およびジェンダーに基づく暴力ならびに子ども兵の敵対行為への利用という犯罪の重大さが強調されたものの、これら犯罪については有罪が確定せず、したがって、被害者は賠償手続において裁定される資格を持たないことが指摘された。ただし裁判部は、裁判部が措置を講じられない害については、信託基金に対して支援活動を考慮することを招請した[60]。

アル・マディ事件においては、被告による武力攻撃が、トンブクトゥとマリ国の他の地域で生じた広範な人権侵害行為と関連することが強調された。裁判部は、被告がこの広範囲に及ぶ行為については責任を負わないとしながら、信託基金に対して被害者への支援を検討することを奨励した[61]。

第3に、支援活動として、被害者に対するリハビリテーションや教育支援などが実施されてきた。その活動は現地の NGO とのパートナーシップにより実施されており、被害者の要請が直接に反映される措置が実施可能である。

---

[58] Prosecutor v. Jean-Pierre Bemba Gombo, ICC-01/05-01/08, Final observations on reparations following the acquittal of Mr. Jean-Pierre Bemba, (6 July 2018), paras. 7-8.

[59] Prosecutor v. Dyilo, *supra* note 32, paras. 198-199.

[60] Prosecutor v. Katanga, *supra* note 37, paras. 152-153, 157-161, 343-345.

[61] Prosecutor v. Al Mahdi, *supra* note 39, para. 108.

5．平和構築機能としての被害者救済

　ICC の賠償命令は、犯罪行為者の有罪の確定後に審議され、賠償命令の実施においては、これまでは信託基金からの支払いが命じられた[62]。ICC の賠償について救済という視点から捉えるとすれば、その意義としては、犯罪行為の違法性がまず認定され、次に賠償の対象とその内容が確定され実施されるプロセスが確立されてきたことが挙げられる。前述の通り、国連が設立した信託基金に対しては、それが被害者による権利の行使ではなく慈善という枠組みにおいて実施されること、それにより被害者による賠償申立の権利が損われることに対して批判された。ICC における賠償プロセスは、違法行為の認定後に被害者の権利を法的に確認し、賠償責任について事例ごとに個別に確認するなど、刑事司法機関の基準に基づいて、賠償の対象と範囲、様式が決定される手続として確立されてきた。刑事司法機関による賠償命令は、被害者にとっては公的な機関による犯罪者の行為の責任と自らが受けた害との関係性と被害が認知される意義を持つ。

（1）賠償命令の社会的意義

　ICC における上述の事件の賠償判断の特徴として、個人賠償から集団賠償への力点の移動、加害者と被害者の二者関係に立脚した責任ベースの賠償から、第三者による寄付金等を巻き込んだ連帯ベースの賠償の強調が指摘されており、これら変化については、地域社会の復興という行政的・政策的目的をもった賠償へのシフトとして論じられる[63]。

　ICC が補完性の原則に基づく刑事裁判所であるとしても、これまでの事件は、いずれも国内の裁判所で処遇することが不可能なものであった。その意味でICC における賠償制度の設立は、適切な取り扱いが確実ではない民事訴訟を国内で再度提起する負担を軽減する役割を担う[64]。ICC の賠償命令は、たとえそ

---

[62] 裁判部はいずれの事件においても、被告が経済的に困窮していることを理由に、信託基金に対して賠償支払いを補うことを要請した。

[63] 古谷「前掲論文」（注14）360-361頁。

[64] 稲角光恵「国際刑事裁判所における被害者の権利保障」『法律時報』第79巻第4号（2007年4月）49頁。

の範囲と様式が限定的であるとしても、賠償命令における原則により、有罪確定者に対する賠償命令の厳格化、賠償命令による有罪確定者の責任の確立、賠償の方法の特定、被害者が受けた害の特定、賠償を得る被害者の特定を具体化した。くわえて賠償命令は、国際的な刑事司法機関による、被害者が受けた害の公的な認知となり、さらに直接および間接の被害者に対して、原状回復や金銭賠償、リハビリテーションなどの実施に加えて、被害者の状況を改善するためのキャンペーンなど他の形態の賠償措置の可能性も示唆する[65]。

　この賠償命令の実施については信託基金により実施計画案が準備され、その案に対して被害者と加害者はそれぞれ見解を提示できる。これは実施される賠償に対して、当事者が自らの利益と権利に影響する事項について見解を述べることによる実施計画への関与である[66]。また信託基金を通じての支援活動や集団賠償は、現地のNGOなどパートナーとの共同により実施される。つまり賠償と支援活動は、賠償と支援活動に従事する者や組織にとっては、共同体が受けた被害について、現地の人々が対応する機会となり、またそれは彼らの能力向上にも結びつくのである。

　ICCは賠償命令を通じて、犯罪行為により被った害を修復するという個別の目的の達成と、犯罪行為の再発の構造的な阻止、加害者および被害者の和解の促進という社会的な意義を提示する。「賠償は、あらゆる不正義に対処しなければならず、その実施において、裁判所は犯罪行為の前に存在していた差別的な慣行や構造の繰り返しを避けなければなら」ず[67]、「賠償は、犯罪被害者、被害を受けた共同体、有罪確定者の間の和解の促進」を支援する[68]。つまり、ICCにおける賠償命令は、被害者に対する措置でありながらもその含意はより広範である。賠償は尊厳を回復し被害を確認しつつ、国際法違反行為により被害を受けまた分断された集団や共同体を和解させる措置でもある。さらには賠償により、違法な行為を防止し再発を防ぐ状況を生み出し、これにより平和と安全

---

[65] Prosecutor v. Dyilo, *supra* note 31, paras. 239-240.

[66] Prosecutor v. Dyilo, *supra* note 32, paras. 240-243, Prosecutor v. Katanga, *supra* note 37, para. 311, Prosecutor v. Al Mahdi, *supra* note 39, para. 148.

[67] Prosecutor v. Thomas Lubanga Dyilo, ICC-01/04-01/06-3129-AnxA, Order for Reparations (3 March 2015), para. 17.

[68] Prosecutor v. Al Mahdi, *supra* note 39, para. 28.

が確保される[69]。

このように、犯罪行為により権利を侵害された個人やその集団が、国際的な刑事司法から認知され具体的な賠償を得ることにより、被害者の権利や尊厳の回復が目指されるのであり、被害者に対する賠償による救済と、国際的な刑事裁判所の社会的な役割が確認される。ルバンガ事件において、ICC は、加害者と被害者、共同体の関係修復に比重を置く修復的正義の要請と、事件により影響を受けた人々の被害回復を行うという被害者の権利救済の間で適切な賠償手続の在り方を模索した[70]。その後の賠償判断においても、ICC はこの複数の要請に応える判断を行っている。実際に、ICC をはじめとする国際的な刑事裁判所は、国内の裁判所と比較して、より野心的な様々な目標を実現しようとしており、その際には競合する目標の中でバランスをとらなければならないのである[71]。

(2) 信託基金による支援活動の意義

ICC は、一方で管轄権が及ぶ犯罪行為により害を受けた被害者に対しては賠償を行い、他方でそれに該当しない被害者に対しては、信託基金を通じて支援活動を実施してきた。後者については、リハビリテーションなど人道支援活動と類する活動が行われているが、それについて次の点が論じられる。

第1に、支援活動の法的根拠についてである。支援活動は ICC の管轄権が及ばない犯罪行為の被害者に対する措置であり、犯罪行為者と被害者の関係における賠償のスキームには含まれない。むしろこれは、事実上の被害者に対して、ICC 信託基金を通じて講じられる措置である。この支援は、ICC の下では犯罪行為者と被害者の間の法的関係が明確ではない状況において、しかしながら社会的要請に基づいて実施される。自立的な刑事司法機関である ICC が信託基金に支援措置を命じることは、ICC の権限の行使と捉えられる。他方で支援活動の意義としては、侵害行為について賠償を得る資格はないものの ICC

---

[69] Dwertmann, *supra* note 30, pp. 37-39.

[70] 越智萌「ルバンガ事件における国際刑事裁判所（ICC）の被害者賠償手続：修復的正義の要請と国際法上の意義」『国際公共政策研究』第20巻 2 号（2016年）31-46頁。

[71] Jenia I. Turner, "Pluralism in International Criminal Procedure," Darryl K. Brown, Jenia I. Turner and Bettina Weisser (eds.), *The Oxford Handbook of Criminal Process* (Oxford University Press, 2019), pp. 993-1017.

が処遇する事態の下での被害者に対して支援を行うことにより、ICC の一機関
による被害者に対するある種の公的な認知となりまた被害者が具体的な利益を
得る意義がある[72]。また ICC の管轄権が及ばない犯罪行為についても、ICC に
おいて審議された事態については、信託基金により支援活動が行われる。つま
り信託基金は、伝統的な刑事司法機関にはみられなかった独自の機能を担うこ
とが要請される。上述の通り、国連の平和維持活動の展開によりハイチにコレ
ラが蔓延した際に、国連により設立された信託基金による支援が、被害者の法
的な権利の行使を損なうことが批判された。ICC の信託基金は、ICC による賠
償命令を実施する一方で ICC の管轄下にある事態についても支援活動を行う。
このように最も重大な犯罪の被害者に対する支援は刑事司法機関の機能を補う
ものと位置づけられ、従来の信託基金とは異なる意義を有する。

　第 2 に、ICC の信託基金による支援活動と、他の援助機関による活動との差
異についてである。信託基金が一般の人道支援とどう異なるのか、十分な資源
と実績、専門的知見を有する国連難民高等弁務官事務所（UNHCR）や国連児
童基金（UNICEF）といった援助機関に対していかなる優位性があるのか、そ
もそも司法機関である ICC が裁判外の人道支援を行うべきかについて、論じ
られる[73]。

　これに関しては 2 つの意義が考えられる。第 1 に ICC による支援活動は、
人道支援機関や開発機関による活動との間隙を埋める支援として捉えられ
る[74]。例えば北部ウガンダにおける信託基金による支援活動は、紛争後に人道
支援機関が任務を終了し、開発援助機関が任務を開始するまでの活動として位
置づけられた。つまりこれまでの援助機関の活動では十分に対応できなかった
期間の活動である。さらにこの支援活動は、ICC の管轄権内の犯罪の被害者に

---

[72] ディクソン（Dixon）は、ICC 信託基金の支援が被害者に対する認知の形式であると論じる。
Peter J. Dixon, "Reparations, Assistance and the Experience of Justice: Lessons from
Colombia and the Democratic Republic of the Congo," *International Journal of Transitional
Justice*, Vol. 10 (2016), p. 98. 実際には ICC 信託基金が行う支援活動も、ICC における賠償の
被害者の確認もいずれも国際的な刑事司法機関による公的な認知としての意義があると思わ
れる。

[73] 尾崎久仁子「国際刑事裁判所の現在」『法律時報』第90巻10号（2018年 9 月）14頁。

[74] Anne Dutton and Fionnuala Ní Aoláin, "Between Reparations and Repair: Assessing the
Wok of the ICC Trust Fund for Victims Under Its Assistance Mandate," *Chicago Journal
of International Law*, Vol. 19, No. 2 (2019), p. 521.

対して行われており[75]、検察による捜査の下で「事態」と特定された状況により害を被った人を被害者と位置づけ、措置を講じることになる。

　第2に、支援活動が「害」を修復するという観点から行われていることである。すなわちこの活動は、人道支援や開発援助のように人々の「ニーズ」に対してではなく、国際法違反行為により引き起こされた害を軽減するという視点で実施される。この観点は支援活動の対象者が受けた被害の根本原因である紛争により被った身体的精神的影響に着目する[76]。このような紛争により受けた被害に対処する明確な視点を有する支援により、個人または集団が受けた害に対して、実質的に救済を行うことが目指されるのである。つまり信託基金による支援活動は、被害者の害への着目と、その実施時期、さらには活動の目的の観点から、人道支援や開発援助とは異なる独自の機能を担うといえる[77]。

　ICCによる賠償の判断と取組みからは、一般的な特徴として次の点が示される。まず個人に対する賠償が、国際機構により直接に行われる傾向である。特に裁判機関による賠償は、従来の補償委員会による賠償とは異なる意義を有する。救済とは侵害された権利の回復であるが、より広義には、侵害された事実について第三者機関により公的に認定され、それにより被害者の主張の正しさが認められ、また被害者に措置が講じられることにより、被害者自身が救済されたという意識を持つことも含まれる。ICCによる賠償命令と支援措置は、刑事司法機関による裁定に基づくもので、さらにはその決定が手続的にも正当でありまた国際社会として権威あるものと受けいれられていることにより、被害者にとっては、自らの被害が公的に確認されその被害について賠償が命じられること自体が意義を持つのである。さらにこのような被害者に対する支援措置は、個人に加えて被害を受けた共同体を対象に含める取組みとして捉えることができるだろう。

---

[75] Trust Fund for Victims, Background Information, https://www.icc-cpi.int/iccdocs/TFV/180613_TFV_back.pdf.

[76] Dutton and Ní Aoláin, *supra* note 74, p. 522. この調査は北部ウガンダにおいて実施された一事例ではあるが、支援活動の特徴を明らかにする調査結果として参考になる。

[77] その一方で、コンゴ民主共和国における集団賠償として行われる元子ども兵への医療サービスや職業訓練などは、すでに信託基金により行われている支援計画と類似するものであり、この賠償の修復的な価値については、今後の課題である。Luke Moffet, "Reparations for victims at the International Criminal Court: a new way forward?," *The International Journal of Human Rights,* Vol. 21, No. 9 (2017), p. 1208.

結び　平和構築機能を担う国際刑事司法の可能性

　大規模な人権侵害行為への国際社会の関心の高まりにより国際的な原則が確立され、国際人権規範の発展をもたらした。人権侵害行為により被害を受けた多数の人々に対する措置については、個別の委員会や信託基金が設立されてきた。しかしながら、非司法的な措置については、その重要性は確認されながらも手続上も実態上も限界を抱えているといえる。

　ICC は平和構築機能を担うことを主眼として設立されてはいない。しかし独自の制度の発展と判例に着目すると、ICC は加害者の訴追、被害者に対する賠償や支援を通じて、被害を受けた個人の権利の回復に加えて人々や共同体の関係性の修復や復興といった、社会からの要請に対応する措置も講じるようになっている。つまりは刑事裁判所においても平和構築と位置づけられる機能が求められ、またその機能を、ICC は自ら発展させていると考えられる。ICC が被害者の権利の回復を目指して賠償命令を下し、また事実上の被害者に対して支援活動を行うことは、ICC が紛争により被害を受けた社会と個人に対して、害を修復し関係性を構築する能力を向上させる役割を果たしていることを意味するのである。

　ルバンガ事件において、ICC は「ローマ規程における賠償は、独自の特徴を有するのみならず、それは要となる独自性であり、裁判所の成功は賠償制度の成功とある程度関連する」[78]と述べた。本章の分析を通じて、次の結論が示される。第 1 に、ICC による賠償の決定は、被害者が被った侵害行為の特定に加えて、共同体が受けた被害の公的な認知、社会における被害者と加害者の和解など、より広範な意義を有する。第 2 に、ICC の管轄権が及ばない行為や被告人が無罪となった場合にも、広義の被害者に対しては信託基金を通じて支援活動が行われており、これは裁判所による事実上の被害者に対する公的な認知機能と位置づけられる[79]。

---

[78] Prosecutor v. Thomas Lubanga Dyilo, Decision on the Prosecutor's Application for a warrant of arrest, Article 58, ICC-01/04-01/06-1-Corr-Red (17 March 2006), para. 136.

[79] Conor McCarthy, "The Rome Statute's Regime of Victim Redress Challenges and Prospects," Carsten Stahn (ed.), *The Law and Practice of the International Criminal Court* (Oxford University Press, 2015), p. 1215.

その一方で、本来であれば個人の権利侵害を回復する賠償命令について、社会における意義を強調することは、刑事司法機関における個人の救済の機能との関係性をどのように説明するのかという問題を提示する。また賠償命令の実施が国際社会により提供されることについても検討が求められる。これまでの事件においては、いずれの有罪確定者も賠償を払う資源を持たず、それ故にICC規程の締約国からの自発的拠出金により信託基金が負担してきた。最も重大な犯罪を行った者の違法行為から生じた被害に対して国際社会が賠償を支払うことが、救済の観点からは、理論上どのように説明されるのか[80]。またICCにおいて訴追される者が限定される中で、本来であれば補完性の原則に基づく国内の機関といかに関係を構築するか、さらにはICCによる賠償の実施計画をどのように策定し実行するのかなど、被害者への救済を着実に実践していく可能性について、今後も検討が望まれるであろう。

　本章は、日本学術振興会科学研究補助金基盤研究（C）課題番号20K01539に関する研究成果の一部である。

---

[80] 重大な国際人道法違反行為の被害者に対して、国際社会が費用を負担することは、国際社会における集団連帯の原則を含意するものであると主張される。Jorda and de Hemptinne, *supra* note 24, p. 1416. なお古谷は、刑事司法機関を含む賠償メカニズムの包括的検討から、メカニズムの財政的基盤として、連帯に基づく資金（solidarity-based funding）の必要性を説く。これは犯罪行為者の法的あるいは道義的責任にかかわらず、公益上の基金を募るものとして説明され、例として第三国や国際機構、企業、NGO、個人による自発的拠出金が挙げられる。Furuya, *supra* note 14, pp. 86-87. 国際法違反行為の被害者との連帯については、2005年指導原則の前文でも確認されている。国際社会において、連帯の意識が共有され、その上で自発的な拠出金が支払われているのかについては必ずしも明白ではないが、連帯の概念は自発的拠出金の意義を捉えなおす概念となるだろう。この議論を進めるにあたっては、犯罪行為やその被害とは直接に関係のない個人や社会が他者との連帯意識をどのように涵養し、共有し定着させていくのかについても検討が求められる。

参考文献

稲角光恵「国際刑事裁判所における被害者の権利保障」『法律時報』第79巻第4号（2007年4月）48-53頁。

尾崎久仁子「国際刑事裁判所の現在」『法律時報』第90巻10号（2018年9月）9-15頁。

越智萌「ルバンガ事件における国際刑事裁判所（ICC）の被害者賠償手続：修復的正義の要請と国際法上の意義」『国際公共政策研究』第20巻2号（2016年）31-46頁。

――『国際刑事手続法の体系―「プレミス理論」と一事不再理原則―』（信山社、2020年）。

申惠丰「国際人権法および人道法の違反に対する責任と救済―国際人道法の重大な違反の被害者が救済を受ける権利の承認をめぐって」坂元茂樹編『国際立法の最前線：藤田久一先生古稀記念』（有信堂高文社、2009年）405-428頁。

中谷和弘「湾岸戦争の事後救済機関としての国連補償委員会」柳原正治編『国際社会の組織化と法：内田久司先生古稀記念論文集』（信山社、1996年）354-359頁。

野口元郎「第7章　被害者信託基金とその活動」村瀬信也・洪恵子共編『国際刑事裁判所：最も重大な国際犯罪を裁く（第二版）』（東信堂、2014年）338-354頁。

東澤靖「第6章　ICCにおける被害者の地位―実現された制度と課題―」村瀬信也・洪恵子共編『国際刑事裁判所：最も重大な国際犯罪を裁く（第二版）』（東信堂、2014年）295-327頁。

古谷修一「国際人道法違反と被害者に対する補償―国際的制度の展開」『ジュリスト』No. 1299（2005年）64-72頁。

――「被害者救済の機関としての国際刑事裁判所」芹田健太郎・戸波江二・棟居快行・薬師寺公夫・坂元茂樹編集代表『国際人権法の国際的実施』（信山社、2011年）451-476頁。

――「国際刑事裁判所における被害者賠償の展開―個別的損失補塡から行政目的の集団的賠償へ―」平覚・梅田徹・濱田太郎編集代表『国際法のフロンティア：宮崎繁樹先生追悼論文集』（日本評論社、2019年）337-361頁。

望月康恵「国際刑事裁判所(ICC)における被害者信託基金―平和構築の予備的考察―」西海真樹・都留康子編著『変容する地球社会と平和への課題』（中央大学出版部、2016年）101-125頁。

Cassese, Antonio, Paola Gaeta, John R.W.D. Jones, *The Rome Statute of the International Criminal Court: A Commentary Volume II* (Oxford University Press, 2002).

Correa, Cristián, Shuichi Furuya and Clara Sandoval, *Reparation for Victims of Armed Conflict* (Cambridge University Press, 2021).

Dixon, Peter J., "Reparations, Assistance and the Experience of Justice: Lessons from Colombia and the Democratic Republic of the Congo," *International Journal of Transitional Justice,* Vol. 10, (2016), pp. 88-107.

Dutton, Anne and Fionnuala Ní Aoláin, "Between Reparations and Repair: Assessing the Work of the ICC Trust Fund for Victims Under Its Assistance Mandate," *Chicago Journal of International Law,* Vol. 19, No. 2, (2019), p. 490-547.

Dwertmann, Eva, *The Reparation System of the International Criminal Court: Its Implementation, Possibilities and Limitations* (Martinus Nijhoff Publishers, 2010).

Evans, Christine, *The Right to Reparation in International Law for Victims of Armed Conflict* (Cambridge University Press, 2012).

Jorda, Claude and Jerome de Hemptinne, "The Status and Role of the Victim," Antonio Cassese, Paola Gaeta, John R.W.D. Jones, *The Rome Statute of the International Criminal Court: A Commentary Volume II* (Oxford University Press, 2002).

McCarthy, Conor, "The Rome Statute's Regime of Victim Redress Challenges and Prospects," Carsten Stahn (ed.), *The Law and Practice of the International Criminal Court* (Oxford University Press, 2015), pp. 1203-1221.

Moffett, Luke, "Reparations for victim at the International Criminal Court: a new way forward?," *The International Journal of Human Rights,* Vol. 21, (2017), pp. 1204-1222.

Nowicki, Marek, Christine Chinkin, Françoise Tulkens, "Final Report of the Human Rights Advisory Panel," *Criminal Law Forum,* Vol. 28, (2017), pp. 77-97.

Okada, Yohei, "Interpretation of Article VIII, Section 29 of the Convention on the Privileges and Immunities of the UN: Legal Basis and Limits of a Human Rights-based Approach to the Haiti Cholera Case," *International Organizations Law Review,* Vol. 15, (2018), pp. 39-76.

Stahn, Carsten, "Reparative Justice after the *Lubanga* Appeal Judgment: New Prospects for Expressivism and Participatory Justice of 'Juridified Victimhood' by Other Means?," *Journal of International Criminal Justice,* Vol. 13, (2015), pp. 801-813.

Triffterer, Otto (ed.), *Commentary on the Rome Statute of the International Criminal Court: Observers' Notes, Article by Article, Second Edition* (C.H.Beck/Hart, 2008).

Turner, Jenia, I., "Pluralism in International Criminal Procedure," Darryl K. Brown, Jenia I. Turner and Bettina Weisser (eds.), *The Oxford Handbook of Criminal Process* (Oxford University Press, 2019), pp. 993-1017.

Van Boven, Theo, "Victims' Rights to a Remedy and Reparation: The New United Nations Principles and Guidelines," in Ferstman, Carla, Mariana Goetz and Alan Stephens (ed.), *Reparations for Victims of Genocide, War Crimes and Crimes against Humanity* (Martinus Nijhoff Publishers, 2009), pp. 20-40.

国連文書

Basic Principles and Guidelines on the Right to Remedy and Reparation for Victims of Gross Violations of International Human Rights Law and Serious Violations of International Humanitarian Law, U.N. Doc. A/RES/60/147, Annex, 16 December, 2005.

Declaration of Basic Principles of Justice for Victims of Crime and Abuse of Power, U.N. Doc. A/RES/40/34, Annex, 29 November 1985.

Letter dated 9 November 2000 from the President of the International Criminal Tribunal for Rwanda addressed to the Secretary-General, U.N. Doc. S/2000/1198, Annex, 15 December 2000.

Report of the International Criminal Court, U.N. Doc. A/60/177, 1 August 2005.

The Human Right to an Effective Remedy: the Case of Lead-Contaminated Housing in Kosovo, U.N. Doc. A/HRC/45/CRP.10, 4 September 2020.

Victims' Compensation and Participation, U.N. Doc. S/2000/1063, Appendix, 3 November 2000.

判決 （国際刑事裁判所）

Prosecutor v. Thomas Lubanga Dyilo, ICC-01/04-01/06-1-Corr-Red, Decision on the Prosecutor's Application for a warrant of arrest, Article 58, (17 March 2006).

Prosecutor v. Thomas Lubanga Dyilo, ICC-01/04-01/06-1432, Judgment on the appeals of the Prosecutor and the Defence against Trial Chamber I's Decision on Victims' Participation of 18 January 2008 (11 July 2008).

Prosecutor v. Thomas Lubanga Dyilo, ICC-01/04-01/06, Decision establishing the principles and procedures to be applied to reparations (7 August 2012).

Prosecutor v. Thomas Lubanga Dyilo, ICC-01/04-01/06-AA2A3, Public document judgment on the appeals against the "Decision establishing the principles and procedures to be applied to reparations" of 7 August 2012 with AMENDED order for reparations (Annex A) and public annexes 1 and 2 (3 March 2015).

Prosecutor v. Thomas Lubanga Dyilo, ICC-01/04-01/06-3129-AnxA, Order for Reparations (3 March 2015).

Prosecutor v. Thomas Lubanga Dyilo, ICC-01/04-01/06-Conf, Public Redacted version of Filing regarding symbolic collective reparations projects with Confidential annex: Draft Request for Proposals (19 September 2016).

Prosecutor v. Germain Katanga, ICC-01/04-01/07, Order for Reparations pursuant to Article 75 of the Statute (24 March 2017).

Prosecutor v. Ahmad Al Faqi Al Mahdi, ICC-01/12-01/15, Reparation Order (17 August 2017).

Prosecutor v. Jean-Pierre Bemba Gombo, ICC-01/05-01/08, Final observations on reparations following the acquittal of Mr. Jean-Pierre Bemba (6 July 2018).

おわりに

　平和構築が論じられるようになってから約30年が経つ。この間、紛争を経験した社会における人権の保護と促進を目指して、国際的な諸機関が平和構築において様々な措置を講じてきた。本書は、この一連の取組みや活動における法現象を救済の国際法と位置づけ、平和構築における国際法の機能とその意義、さらに課題を提示した。本研究の概要を最後に改めて紹介する。

　第1章では、平和構築の変遷について、国連の政策文書に着目し検討した。国際社会では、平和を維持し構築する取組みを通じて、平和の定着が目指され、その実現に向けた支援がなされてきた。人々の権利の保護と促進を含む、個人の救済について、国際法の議論の必要性を論じた。

　第2章では、戦時と平時という区分において生じる規範の空白を埋める議論から生じたユス・ポスト・ベルム論を検証し、その必要性と実現可能性を探った。多国籍軍やその派遣国と国連暫定統治の平和構築活動に関する分析を通じて、平和構築に適用される人権規範がいまだ存在していないことや、移行期における人権保護義務の担い手に関する規律が不十分であるなど、平和構築において、人権の保護と促進が行われる法的根拠が存在しない問題点が確認された。その上で、ユス・ポスト・ベルムの形成に向けた当面の対応が論じられた。

　第3章では、国連による暫定統治機構が領域住民に対して直接に権限を行使する機能に注目した。暫定統治機構の任務には、人権の保護と促進が含まれるものの、同機構が国際人権基準を遵守する義務を負うのかについては、国際法上、不明確であることが論証された。暫定統治機構による人権侵害に対しては、司法的救済やその他の救済手段を用いることの課題が指摘される一方で、個別の暫定統治機構において人権侵害に対する救済手段を設立しようとする動きは、個人の救済にとって肯定的な取組みとして評価された。

　第4章では、平和活動に携わる要員による性的搾取・虐待について、法的な課題を検討した。平和活動の要員による性的搾取・虐待を一律に禁止する国際法規定は存在せず、義務違反の認定、行為の帰属、裁判権免除に関する法的課題が存在するために、加害者の法的責任の追及が困難となっていることが指摘された。同時に加害行為防止と被害者の救済のために、自発的なコンパクトの締結が提唱され、また被害者中心のアプローチとしての信託基金が設立される

など、法的な限界を克服しようとする国連における実践上の取組みとその意義についても、検討が行われた。

第5章は、国際刑事裁判所における被害者賠償の取組みについて検討した。国際法違反行為の被害者に対する救済は、紛争の被害者に着目する国際社会の潮流を反映したものであること、賠償命令においては被害を受けた対象が広範に捉えられ、金銭賠償から象徴的な賠償を含む措置が命じられたことを確認した。この刑事司法機関の賠償メカニズムは、違法な行為により被害を受けた者を公的に認知し、また違法な行為を償うのみならず、被害を受けた社会の再建にも関わる平和構築の機能を担うことを論じた。

上記の検討を通じて、本書は、救済の国際法と位置づけられる平和構築における一連の取組みから生じる法現象を検討した。これにより、紛争を経験した地域において実施される平和構築が、人権の保護や促進を含む救済を目的とした国際法に基づく営為を包含することを示した。平和構築は、紛争により被害を受けた人々の人権の保護と促進を目指すことを1つの目標としている。そのプロセスにおいては、国際社会における様々な主体による、国際法に基づいた国際的な人権基準に合致する制度の構築が目指されている。

平和構築を通じての人権の保護と促進に向けた取組みに加えて、本書は平和構築から生じうる人権侵害への対処、平和構築における国際法の適用の実態と限界、さらにはその限界を克服する取組みについても論じた。平和構築を担う機関による人権侵害行為については、その主体に付与されている免除故に、侵害を回復する手続きや措置が確立していないなどの課題もある。そのような状況に対処するために、コンパクトの策定や信託基金の設立など、代替となる救済手段が用いられている。

本研究において、救済の国際法は試論であり、今後さらに精緻化される必要がある。本書の検討から措定しうるのは、救済の国際法とは、紛争等により被害を受けた個人に対して、国際機構などが国際人権規範を直接に適用し、個人の権利を保護しまた促進するための広義の法概念であるということである。ここには、実定法に加えて、ソフト・ローと位置づけられる人権基準や、また国際機構により人権侵害を被った個人に対する救済の措置や手続きも含まれる。さらにこの救済の国際法においては、従来の議論では見過ごされてきた多数の被害者も、法の規律や適用の直接の対象となる。

　救済の国際法をより精緻化するための今後の検討課題として、以下の点が挙げられる。

　第1に、その範囲についてである。本研究では平和構築の文脈において救済の国際法を提唱した。これは戦時と平時に区分されてきた国際人道法と国際人権法を架橋する国際法の必要性を提示する。それでは救済の国際法が平和構築においてのみ説明可能な概念であるのか、あるいは平和構築に限定されずより広範に説明されるのか、さらなる検討が求められる。

　第2に、救済の国際法に含まれる法規範の精緻化である。本研究は、平和構築における法規範の適用について検証したが、法の適用が不確かな状況において、国際法の新たな解釈や適用、さらには創造とさえみられる営為についても明らかにした。今後は、救済の国際法に含まれる法規範の内容をより明確にしていくことが必要となるだろう。

　第3に、救済の国際法に関与する主体についてである。これまでは、平和構築における義務主体、責任主体としての国際機構の役割については十分に論じられてこなかった。また活動要員等の個人の責任では十分に対応できないことを受けての国際機構の法的位置づけを、既存の国際法体系において再検討する必要性が本研究により提示された。つまり、本研究からは、人権侵害を受けた個人を救済する義務を、誰がどのように担うのかという、救済を求める被害者の視点からの既存の国際法体系を再検討する必要性が確認されたといえる。「国家間の法」として発展してきた国際法が、国際人権法、国際人道法、国際刑事法の発展に伴って個人の救済に直接関わる機会が増大し、また国際機構を含めた非国家主体の法的責任が問われる事態が増加するなど、現実の社会問題が国際法体系の構造的変革を促している現状を、本研究は反映しているのである。

　以上の通り、本書では、平和構築における人権の保護や促進、救済を目的とした法現象に着目し、紛争を経験した地域や状況における国際法の独自の役割について明らかにした。国家の機能を回復しまた強化する平和構築における法現象は、個別の活動において確認されながらも、個人の権利の保護と促進を目指す共通の特徴と作用を有する。本研究において検証された平和構築を通じての独自の法現象は、今後もさらに展開していくと考えられ、その展開を含めて本書の提起した国際法に関する諸問題について、より一層の検討が必要であろう。

索　引

か　行

●執筆者紹介（執筆順）

望月 康恵 （もちづき　やすえ）

関西学院大学法学部教授、専門は国際法、国際機構論。

【主要業績】

『移行期正義―国際社会における正義の追及』（法律文化社　2012年）、"Roles and Functions of Transitional Justice Mechanisms in the Asia-Pacific Region in the Development of International Law", *Chinese (Taiwan) Yearbook of International Law and Affairs* Vol. 35 (2018), pp. 70-98、共編著『国際機構論―活動編』（国際書院　2020年）。

片柳 真理 （かたやなぎ　まり）

広島大学学術院教授、専門は国際人権法、平和構築論。

【主要業績】

Human Rights Function of UN Peacekeeping Operations (Kluwer Law International, 2002)、'UN Peacekeeping and Human Rights', in Jared Genser and Bruno Stagno Ugarte, eds, *The United Nations Security Council in the Age of Human Rights* (Cambridge University Press, 2014), pp. 123-153、「人権に基づく転換的平和構築」『国際政治』第186号（2017年）64-79頁。

坂本 一也 （さかもと　かずや）

岐阜大学教育学部教授、専門は国際法。

【主要業績】

「人道に対する犯罪」村瀬信也・洪恵子共編『国際刑事裁判所：最も重大な国際犯罪法を裁く（第二版）』（東信堂、2014年）、「国連平和維持部隊による違法行為の帰属と派遣国の責任」『岐阜大学教育学部研究報告（人文科学）』63巻2号（2015年）63-93頁、「国連平和維持活動に関わる国連の裁判権免除について」『岐阜大学教育学部研究報告（人文科学）』64巻2号（2016年）21-40頁、「PKO要員による性的搾取および虐待に対する国連の取組み」『岐阜大学教育学部研究報告（人文科学）』67巻2号（2019年）49-64頁。

清水 奈名子 （しみず　ななこ）

宇都宮大学国際学部准教授、専門は国際関係論、国際機構論。

【主要業績】

『冷戦後の国連安全保障体制と文民の保護―多主体間主義による規範的秩序の模索』（日本経済評論社、2011年）、共著『資料で読み解く保護する責任 ―関連文書の抄訳と解説』（大阪大学出版会　2017年）、「人道的介入は正当か」日本平和学会編『平和をめぐる14の論点―平和研究が問い続けること』（法律文化社、2018年）。

平和構築と個人の権利 ― 救済の国際法試論

Peacebuilding and Human Rights: Saving Individuals under International Law

2022 年 1 月 20 日　初版発行

著　　者　片柳　真理・坂本　一也

清水奈名子・望月　康恵

発 行 者　越智　光夫

発 行 所　広島大学出版会

〒 739-8512
東広島市鏡山 1-2-2　広島大学図書館内
電話　082-424-6226
E-mail press@hiroshima-u.ac.jp

印　刷　（株）ニシキプリント　　　　　ISBN978-4-903068-55-8　C3032
定価（本体 3,000 円 + 税）